中国智库索引(CTTI)首批来源智库
江西省哲学社会科学重点研究基地

江西理工大学
有色金属产业发展研究中心

智 库 成 果

国家社会科学基金重点项目（11AJL006）
江西省软科学研究重大项目（20152BBA10003）

稀土产业管制研究

毛克贞　吴一丁　张修志◎著

中国社会科学出版社

图书在版编目（CIP）数据

稀土产业管制研究/毛克贞，吴一丁，张修志著. —北京：
中国社会科学出版社，2016.12
ISBN 978 - 7 - 5161 - 9405 - 8

Ⅰ. ①稀… Ⅱ. ①毛… ②吴… ③张… Ⅲ. ①稀土金属—矿
产资源开发—管制—研究—中国 Ⅳ. ①F426.32

中国版本图书馆 CIP 数据核字（2016）第 288151 号

出　版　人	赵剑英	
责任编辑	王　曦	
责任校对	周晓东	
责任印制	戴　宽	

出　　版	中国社会科学出版社	
社　　址	北京鼓楼西大街甲 158 号	
邮　　编	100720	
网　　址	http：//www.csspw.cn	
发 行 部	010 - 84083685	
门 市 部	010 - 84029450	
经　　销	新华书店及其他书店	

印　　刷	北京君升印刷有限公司
装　　订	廊坊市广阳区广增装订厂
版　　次	2016 年 12 月第 1 版
印　　次	2016 年 12 月第 1 次印刷

开　　本	710×1000　1/16
印　　张	18.5
插　　页	2
字　　数	276 千字
定　　价	69.00 元

序

　　稀土是不可再生的重要战略资源，由于其在高科技领域具有广阔的应用前景以及难度较大的可获得性，稀土在全球引起了高度关注。我国是世界上稀土资源较为丰富的国家之一，经过艰苦不懈的努力，我国已成为世界上最大的稀土资源国、稀土生产国、稀土出口国和稀土消费国，稀土产业在我国有着良好的发展基础和发展潜力。然而，我国稀土产业在发展中存在着环境破坏突出、资源浪费严重、资源消耗过快、产能盲目扩张、高端应用水平低下、产业结构不合理、价格严重背离价值、大量稀土初级产品廉价外流等诸多"稀土问题"，严重制约了稀土产业的良性发展。早在 1998 年，稀土问题就引起了国家高度重视，相继出台了稀土出口配额、稀土出口关税、稀土产量计划控制、稀土企业准入、提高资源税率、稀土行业整合、稀土储备试点等一系列稀土管制措施。但是，稀土管制政策的高密度出台和实施，对稀土产业存在的深层次问题并未有效解决，稀土问题依然严峻。

　　稀土涉及众多利益主体，国际上存在着国家间的利益博弈，国内也存在着国家、地方和企业间的利益博弈，稀土产业发展中存在的问题与各利益主体激烈的博弈密切相关。各利益主体站在不同的立场上，对诸如稀土资源是否稀缺、中国稀土资源储量依然丰富还是即将枯竭、稀土价格与价值是否背离、需不需要限制出口、要不要国家储备、稀土的环境问题究竟如何等存在着不一致的看法，造成了有关稀土信息的混乱，直接导致了对稀土产业的管制政策出现偏差。管制目标模糊、管制措施运用条件不具备、管制政策过多、相互重叠、过分使用行政管制手段等，致使稀土产业管制政策无法实现预期目标。

从某种意义上来说，解决问题的方法比问题本身更加重要。只有正确、合理的产业管制政策，才能真正解决稀土问题，有偏差的管制政策不但难以解决稀土问题，而且还会产生新的问题，并对稀土产业的长期发展造成隐患。我国对稀土产业的管制实践及管制结果已经表明，需要对稀土问题进行客观、理性的认识，更需要对已经实施的管制政策进行认真反思。因此，对稀土产业管制政策本身进行研究极为必要。

毛克贞等三位学者撰写的专著《稀土产业管制研究》应时而出，对于全面系统了解稀土资源、稀土产业以及我国稀土产业管制政策大有益处，同时该书也是以稀土产业为案例研究政府管制理论的一部创新之作，该书特点主要体现为：

1. 对稀土资源、稀土矿物、稀土元素、稀土产品、稀土原料、稀土材料、轻稀土、重稀土、稀土应用、稀土产业链等众多稀土概念进行了明确界定，并对稀土的稀缺性、功效、价值、产业发展规模和我国稀土的发展现状等进行了细致研究。澄清了对稀土的诸多模糊或不正确认识，使"稀土问题"更加客观、理性地得以展示，为我国稀土产业发展中的核心问题确定奠定了基础。

2. 从稀土产业发展的历程出发，对我国稀土产业施行国家管制的缘由进行了系统梳理，并对所采取的管制措施进行排序、分类和详尽分析。不仅为我国稀土产业管制目标、管制意图和管制思路的研究提供了真实素材，而且为厘清已实施各项管制措施之间的相互关系提供了清晰的图景。

3. 在借鉴现代管制理论的基础上，对产业管制的必要性、正当性、有效性和合理性进行了界定和区分，创新性地构建了一个产业管制合理性的理论分析框架，拓展和深化了产业管制理论。为进一步对我国稀土产业国家管制的必要性和正当性进行判断，以及管制措施有效性和合理性评价提供了有价值的理论支持。

4. 从管制目标设定、管制实施效果和管制过程存在的问题等角度，对出口配额、出口关税、禁止出口、资源税、产品储备、生产工艺限制、指令性生产计划、行业准入、投资审批、污染物排放标准、专用发票、期货市场等稀土管制措施进行了逐一分析和评估。不仅较为客观地认识了各项稀土产业管制政策运用的利弊得失，而且为稀土产业管制政策的调整提供了重要依据。

5. 根据我国稀土产业发展现状，提出了稀土产业发展目标，进而明确了稀土产业管制目标。以此为指向，在稀土资源控制、环境保护、产业整合、产业升级等方面提出了大量有价值的管制创新思路，为稀土产业管制政策的调整提供了在具体操作层面上的指导依据。

该书以稀土产业为背景进行的产业管制研究，不仅为政府合理管制稀土产业提供了决策依据，同时也为我国政府管理产业模式的改革提供了理论和实践经验的借鉴。因此，特为之序，以期该书能够发挥更大的作用。

中国工程院原副院长

中国工程院院士

中国稀土行业协会会长

中国稀土学会理事长

目　录

绪　论

　　稀土是一组金属元素，因其具有独特的物理化学性质，广泛应用于新能源、新材料、节能环保、航空航天、电子信息等高科技领域，是现代工业中不可或缺的重要元素，在经济社会发展中的用途日益广泛。随着社会对高科技产品的依赖逐步加深，稀土的地位将越来越重要，稀土对社会经济的影响力将越来越大，稀土在世界范围内的开发利用呈现出方兴未艾的发展趋势。稀土资源是不可再生的重要自然资源，全球的分布极不均衡，具有开采价值的稀土资源并不多，稀土资源的开采工艺复杂，对环境的危害巨大。由于稀土具有广阔的应用前景以及难度较大的可获得性，导致全球对稀土资源的争夺日益激烈。

　　我国是全世界稀土资源较为丰富的国家之一，虽然稀土资源发现得较晚，但自20世纪50年代以来，经过艰苦不懈的努力，我国稀土产业取得了很大进步。目前已经形成了稀土采选、冶炼分离、新材料以及稀土应用产品生产等较为完整的产业体系，并且成为世界上最大的稀土资源国、生产国、出口国和消费国，稀土产业在我国有着良好的发展基础和发展潜力。对于稀土原料产业来说，我国在世界上具有很大的比较优势，全世界高科技产业的发展对我国稀土原料产品有着极强的依赖。在进入21世纪以后，我国以占世界约23%的稀土储量，为全世界提供90%—95%的稀土元素需求。就稀土的重要性、稀土产业的世界发展趋势和我国稀土产业的发展条件来说，发展好我国的稀土产业、使之成为世界上最具有竞争力的产业是极为必要的，也是最有可能实现的。

　　然而，我国稀土资源在开发利用过程中也存在着严重制约稀土产业健康发展的诸多"稀土问题"：稀土资源开发利用过程中对环境破坏问题极为突出；资源无序粗放开采、浪费严重、利用效率低下、资源消耗过快；稀土原料产业的企业数量多、规模小、竞争力差、产业集中度低、恶性竞争、生产盲目扩张；稀土高端应用水平低、与国外发达国家存在着巨大差距、产业结构不合理；稀土价格严重背离价值、大量稀土初级产品廉价外流、稀土定价话语权缺失、围绕稀土的各方利益冲突激烈等。我国稀土的资源优势并未转化为高新技术的产业优势，稀土产业对我国经济的贡献极为有限；反而稀土资源开发使我国背负了沉重的环境成本，我国目前的稀土产业发展模式不具有可持续性。

早在 1998 年，稀土问题就引起了国家的高度重视，相继出台了稀土出口配额、稀土出口关税、稀土生产量计划控制、稀土企业准入、提高资源税率、稀土行业整合、稀土储备试点等一系列稀土管制政策。特别是 2011 年 5 月，国务院颁布了《关于促进稀土行业持续健康发展的若干意见》，把保护资源和环境、实现可持续发展摆在更加重要的位置，依法加强对稀土开采、生产、流通、进出口等环节的管制。高密度稀土管制政策的出台和实施，使部分"稀土问题"得到了一定程度的缓解，但稀土产业存在的深层次问题并未有效解决，同时又演化出了新的问题。由于对稀土出口采取了必要的限制政策，虽然我国仍承担全球稀土原料市场 90% 以上的供给，但仍引起了国际上激烈的稀土贸易争端，2012 年 3 月，美国、欧盟和日本向 WTO 提起了主要针对我国稀土原材料出口限制的诉讼；稀土管制政策的实施，也促使了国内稀土囤积和稀土炒作，稀土原料价格大幅波动，严重影响到了稀土下游产业的正常生产；各地对稀土的利益争夺、稀土的非法生产以及稀土出口走私更为严重；我国对稀土产业的管制政策，也直接促使了其他国家加速稀土资源的开发，对我国稀土产业造成了冲击。

稀土涉及众多的利益主体，国际上存在着国家间的利益博弈，国内也存在着国家、地方和企业间的利益博弈，稀土产业发展中存在的问题和稀土产业管制中存在的问题与各利益主体激烈的博弈密切相关。各利益主体站在不同的立场上产生了颇多的争论，诸如稀土是否稀缺、中国稀土资源储量依然丰富还是即将枯竭、稀土是否被"贱卖"、中国究竟对稀土定价是否有话语权、中国需不需要限制出口、中国稀土要不要国家储备、稀土的环境问题究竟如何等。由于在一些基本问题上的看法不一致，不但造成了有关稀土信息上的混乱，也导致国家在稀土产业管制上的困难并遇到了重重阻力。

稀土资源型产业是我国具有较强国际竞争力的优势产业之一，稀土产业目前在我国又是一个年产值不到 1000 亿元的小产业（2011 年由于稀土价格暴涨，我国稀土原料及稀土新材料的工业增加值达到了最高水平 850 亿元人民币，2011 年至今均未再达到这一水平）。随着社会对高科技产品的依赖逐步加深，稀土产业的地位将越来越重要，稀土产业的影响力将越来越大。对于我国稀土产业的发展来说应志存高远，与其他产业相比，其战略定位应该更高。通过产业管制解决稀土产业发展中存在的问题，是社会各界较为一致的看法。但是，从稀土产业的管制实践来看，其管制效果并不理想，管制政策本身也出现了问题。稀土产品并非公共产品，稀土产业属于竞争性产业，这和较为成熟的产业管制理论有很大的差别。稀土产业又有其极为特殊的一面，对这一产业的管制要有创新思维。

本书通过对稀土产业的特殊性、产业发展中存在的问题和我国对稀土产业实施管制的缘由分析，厘清有关稀土问题争论的真实状况；从经济理论上证明我国对稀土产业管制的必要性，以及国家对特殊产业进行管制的正当性；在对稀土产业管制需要的条件、管制内容和管制方法等的分析基础上，结合我国已实施的稀土产业管制措施，评价我国稀土产业管制的有效性，总结管制的成功经验，探讨管制中存在的各种问题。根据稀土产业的发展趋势，明确我国稀土产业发展的核心问题，以此来确定我国稀土产业的管制目标。在此基础上，设计出我国稀土产业的创新性管制策略。

第一章　稀土资源与稀土产业

第一节　稀土资源

一　稀土是什么

很多人按字面意思将稀土理解为"稀少的土"，其实稀土既不稀少也不是"土"。稀土属于金属元素，它不单单指某一种金属元素，而是指一组金属元素，包括了化学元素周期表中的镧系元素（15 个）以及与镧系的 15 个元素密切相关的钇和钪共 17 种元素，常用 R 或 RE 表示。它们具体的名称和化学符号是钪（Sc）、钇（Y）、镧（La）、铈（Ce）、镨（Pr）、钕（Nd）、钷（Pm）、钐（Sm）、铕（Eu）、钆（Gd）、铽（Tb）、镝（Dy）、钬（Ho）、铒（Er）、铥（Tm）、镱（Yb）、镥（Lu）。它们的原子序数是 21（Sc）、39（Y）、57（La）到 71（Lu）。稀土元素是元素周期表中最大的一族，在已知天然产出的 83 个元素中，稀土元素大约占 1/5，17 种稀土元素中，除钪以外，其他 16 种元素的化学性质极为相似，在矿物中通常密切地共生在一起，很难将它们分离开来获得纯净的单一元素化合物，并且它们的化学性质十分活泼，不容易还原为金属。

稀土元素在 18 世纪末期才开始被人们发现，1794 年芬兰人加多林（J. Gadolin）首先分离出了钇元素，历经 150 多年，其他稀土元素也陆续被发现。最后一个被发现的稀土元素是钷，1947 年美国人马林斯基（J. A. Marinsky）、格兰德宁（L. E. Glendenin）和科列尔（C. D. Coryell）用离子交换分离，在铀裂变产物的稀土元素中获得。

过去认为自然界中不存在钷，直到 1965 年，芬兰一家磷酸盐工厂在处理磷灰石时发现了痕量的钷。稀土元素一般是以氧化物状态分离出来的，把不溶于水的固体氧化物称为"土"是当时人们的一种误称。

早期由于科技水平相对落后，稀土元素很罕见、难以获得，发现的数量很少，因而给这些金属元素冠之以"稀"。事实上，如果以稀土的 17 种元素总体而论，稀土并不稀少。现代科技发现，稀土作为伴生矿，存在于大多数的矿石中，含量非常丰富。地质勘探表明稀土元素约占地壳总量的 0.016%，其在地壳中的丰度比我们常见的金属如铜、铅、锌、锡还要多，甚至比钨、金、汞等元素多出几十倍、几千倍。虽然稀土的绝对量很大并不是"稀少"，但其在地壳中的分布却极为"稀散"。全球大多数稀土矿中稀土元素含量极低，开采成本高，需要经过极为复杂的开采工艺才能从稀土矿中提取出少量的稀土元素。以目前的开采工艺而论，全球真正具有经济开采价值的稀土矿并不是很多，而且稀土资源在全世界的分布极不均匀。现有资料表明，全球稀土资源丰富的国家仅中国、俄罗斯、美国、澳大利亚、南非、印度等为数不多的几个国家。

由于稀土元素的电子结构中有一个没有完全充满的内电子层，所以稀土元素的物理和化学性质非常活跃，而 17 种稀土元素的电子数不同，使每一个元素都具有独特的个性。通常根据稀土元素间物理化学性质的某些差异和分离工艺的不同对稀土元素进行分类，目前有两分法和三分法两种分类方法。

两分法：将稀土元素分为轻稀土和重稀土两组。稀土元素中的镧、铈、镨、钕、钐、铕为轻稀土（又叫铈组稀土）；钆、铽、镝、钬、铒、铥、镱、镥以及性质与之相近的钇和钪为重稀土（又叫钇组元素）。

三分法：将稀土元素分为轻稀土、中稀土和重稀土三组。稀土元素中的镧、铈、镨、钕、钐为轻稀土；铕、钆、铽、镝为中稀土；钬、铒、铥、镱、镥、钇为重稀土。也有将中稀土和重稀土统称为中重稀土。

由于钷元素是放射性元素，且稀土矿物中还没有发现钷，现在的稀土研究和生产应用中也不包括钷，所以没有将钷元素归类；稀土中的钪元素是分散性元素，一般不与其他稀土元素共生于同一矿物中，其化学性质也与其他 16 个元素有较大差别，通常将钪划归到稀散元素中。重稀土在地壳中的含量远远低于轻稀土（邱巨峰，2001），如果说稀土的 17 种元素总量在地壳中的丰度并不稀少，只是稀散，那么对重稀土元素来说既稀散又稀缺。

二　稀土元素的应用

稀土元素具有独特的物理和化学性质，稀土元素的应用给很多产业的发展带来了革命性的变化，对产业升级、提高产业竞争力起到了很大的推动作用。稀土元素不但被应用于传统产业领域（冶金、石化、玻璃陶瓷、轻纺、农业等），更是被广泛地应用于电子、信息、通信、新能源、汽车、航空航天、环保、医疗等诸多高新技术领域，在现代工业中，稀土元素扮演着极为特殊的角色。在各领域中用量少、作用大，主要作为添加剂使用，因此被称为"工业维生素"或"工业味精"。随着科学技术的发展，稀土元素新的应用领域和新的用途被不断发现，全世界与稀土元素有关的发明专利层出不穷。有一种说法"当今世界每 5 项发明专利中便有 1 项和稀土有关"，虽然这一说法未经严格证实，但稀土元素广阔的应用前景和大量的新发明却是不争的事实。稀土元素已经发现的用途很多，但是在产业化中已大量运用的与可能运用的用途之间还有很大差距，表 1 – 1 显示了 17 种稀土元素已发现的用途和国内外主要终端用途。

表 1 – 1　　　　　　　　　　17 种稀土元素的用途

稀土元素	已发现的用途	目前国内外主要的终端用途
镧 La	石油流化裂化催化剂、制备棱镜用光学玻璃、充电电池、打火石、抗弯镁合金、压电材料、电热材料、热电材料、磁阻材料、发光材料（兰粉）、储氢材料、激光材料、各种合金材料、光转换农用薄膜、对作物有独特的作用（被称为作物"超级钙"）	储氢材料、石油提炼催化剂、混合式发动机、金属合金

续表

稀土元素	已发现的用途	目前国内外主要的终端用途
铈 Ce	汽车尾气催化净化剂、特种玻璃、炼钢的氧化剂、荧光粉生产中的敏化剂、稀土陶瓷、陶瓷电容器、压电陶瓷、燃料电池原料、永磁材料、储氢材料、热电材料、抛光粉、电弧电极、塑料工业中的红色颜料、金属合金用来制造喷气推进器零件、几乎所有的稀土应用领域中都含有铈	汽车催化剂、石油精炼、金属合金
镨 Pr	永磁材料应用于各类电子器件和马达、陶瓷颜料、特种玻璃、石油催化裂化剂、磨料抛光、光纤	永磁材料
钕 Nd	永磁材料用于硬盘驱动器、音圈马、风力发电机、汽车电机、医用磁共振成像装置、玻璃与瓷砖的着色、CRT 显示器、特种玻璃、激光、微波与绝缘材料、合金用作航空航天材料、橡胶制品的添加剂	永磁材料、激光、陶瓷电容器
钐 Sm	永磁体用于电子监视器、航天装置、微波技术及伺服电机等在较高温度下工作的小型电子装置、激光和绝缘材料、微波量子放大器、乙醇脱水脱氢催化剂、原子能反应堆的结构材料、屏蔽材料和控制材料	永磁材料
铕 Eu	荧光粉、CRT 显示屏、液晶显示屏的背光源、彩电阴极射线管、有色镜片和光学滤光片、磁泡储存器件、原子反应堆的控制材料、屏蔽材料和结构材料	红色和蓝色的荧光粉
钆 Gd	磁性材料、特种玻璃、激光、医疗核磁共振成像、示波管、X射线荧光屏基质栅网、荧光粉基质、磁泡记忆存储器、固态磁致冷介质、核电站连锁反应抑制剂、电容器	磁性材料、高折射指数玻璃、中子捕获装置
铽 Tb	磁光储存材料用作计算机存储元件、荧光粉、制备 X 射线荧光粉、燃料电池的晶体稳定剂、磁光玻璃、磁致伸缩合金、声呐	荧光粉、永磁材料
镝 Dy	永磁体添加剂、荧光粉激活剂，大磁致伸缩合金、磁光存贮材料、特殊照明光源、中子吸收剂、磁致冷材料	永磁材料
钬 Ho	激光治疗仪、金属卤素灯添加剂、钇铁或钇铝石榴石的添加剂、磁致伸缩合金、光纤激光器、光纤放大器、光纤传感器	玻璃着色、激光
铒 Er	激光材料、光学玻璃及装饰玻璃器皿、纤放大器、荧光粉、冶金添加剂	荧光粉

续表

稀土元素	已发现的用途	目前国内外主要的终端用途
铥 Tm	激光材料、荧光材料激活剂、X光机射线源、临床诊断和治疗肿瘤、照明光源添加剂	医用 X 光机
镱 Yb	激光材料、硅光电池、热屏蔽涂层材料、磁致伸缩材料、测定压力元件、磨牙空洞的树脂基填料、荧光粉激活剂、无线电陶瓷、电子计算机记忆元件（磁泡）添加剂、玻璃纤维助熔剂、光学玻璃添加剂	激光、合金钢
镥 Lu	特殊合金、石油裂化催化剂、聚合反应催化剂、磁泡储存器、能源电池、荧光粉的激活剂、特殊合金、致变色显示和低维分子半导体	石油精炼催化剂
钇 Y	特种蚀陶瓷、高强度合金、激光材料、荧光粉、高温质子传导材料、耐高温喷涂材料、原子能反应堆燃料的稀释剂、永磁材料添加剂、电子工业中的吸气剂	荧光粉、陶瓷、金属合金剂
钪 Sc	制造特种金属合金、各种半导体器件、计算机磁芯、酒精脱氢及脱水剂、生产乙烯和用废盐酸生产氯时的高效催化剂、特种玻璃、钪钠灯、示踪剂、医治癌症	航空航天工业用金属合金
钷 Pm	为真空探测和人造卫星提供辅助能量、核电池、便携式 X 射线仪、荧光粉、催化剂	核电池、流体压裂催化剂

从目前稀土元素总的应用状况来看，轻稀土元素主要用于汽车催化剂、金属合金、石油精炼等领域，而重稀土则主要用于荧光粉、永磁体、陶瓷等领域。稀土元素除被应用于民用高科技产品外，其优良的性能也被应用于军事领域，在高性能军事装备中稀土元素起到了关键性的作用。但稀土元素在军事上的使用比例很小，根据 2010 年防御部门的有关报告：世界上高性能武器最多的军事强国——美国，其稀土元素在军事上的消费量还不到美国稀土总消费量的 5%（Levkowitz，2010；Ratnam，2010）。现如今，稀土元素已经成为高新技术新材料的宝库和主要发源地之一，很多发达国家已将稀土列为发展新技术产业的关键元素。2006 年美国国防部公布的 35 种高技术元

素中，包含了除钷以外的 16 种稀土元素，占 45.7%，日本科技厅选出的 26 种高技术元素中，16 种稀土元素包括在内，占 61.5%。

稀土元素之所以被赋予很高的价值，是因为稀土元素的应用方向与人类的科技发展方向高度一致。当代科学家通常将信息、生物、新材料、新能源、空间和海洋推为六大新的科技群，而稀土元素在这六大科技群中都有着广阔的应用空间。稀土元素除了已实实在在地推动科技发展、带给人们更多的生活便利以外，还包含人们对它的更多、更神奇、更美好的期望。稀土元素远未被人们完全认识，下大力气研究稀土元素的应用应该是一项长期的任务。

三 稀土资源及其分布

稀土元素在地壳中主要以矿物形式存在，通常称之为稀土矿，所说的稀土资源就是指稀土矿的赋存状态。稀土矿主要有三类：第一类，稀土元素作为矿物的基本组成元素，以离子化合物的形式赋存于矿物晶格之中，构成了矿物必不可少的成分，这类矿物通常被称为"稀土矿物"，如独居石、氟碳铈矿等；第二类，稀土元素作为矿物的杂质元素，以类质同象置换形式，分散于造岩矿物和稀有金属矿物中，这类矿物被称为"含有稀土元素的矿物"，如磷灰石、萤石等；第三类，稀土元素呈离子状态被吸附于某些矿物的表面或颗粒间，这类矿物主要是各种粘土矿物、云母类矿物。

地壳中已经发现的稀土矿物约有 250 种，其中有工业价值的稀土矿物有 50—60 种，而具有经济开采价值的只有 10 种左右，目前全球实际用于工业提取稀土元素的矿物主要有氟碳铈矿、独居石矿、磷钇矿和风化壳淋积型矿（又称离子型稀土矿）四种。氟碳铈矿是一种氟碳酸盐矿物，我国内蒙古包头白云鄂博矿和美国加利福尼亚州芒廷帕斯矿是世界上最大的氟碳铈矿，我国四川、山东都有较大规模的氟碳铈矿，该种类型的稀土矿物易开采，具有重要的工业价值；独居石矿主要来源于冲积矿或海滨砂矿，常与其他重要矿物伴生，最重要的海滨砂矿床分布在澳大利亚、巴西以及印度等沿海，南非、马来西亚、中国、泰国、韩国、朝鲜等地都有独居石的重砂矿床，南非的班隆斯多普是专门开采独居石的矿山，1953—1963 年曾是世界独居石矿的主要来源，由于独居石矿中含有放射性元素易产生环保问题，因而该矿的生产呈逐步下降趋势；磷钇矿广泛分布于火成岩、变质岩和伟晶岩中，马来西亚、印度尼西亚和泰国等国的磷钇矿通常作为冲击型锡矿的副产品回收，澳大利亚的磷钇矿是开采重砂矿的副产品；离子型稀土矿，是我国所特有的稀土矿物，稀土元素不以化合物的形式存在，而是呈离子状态吸附于粘土矿物中，该矿开采相对容易，资源主要分布在我国江西、广东、湖南、广西、福建等地。

稀土各元素在稀土矿中的含量并不相同（矿物中稀土元素含量之间的比例关系称为稀土配分），一般将含有较高比例轻稀土元素的稀土矿称为轻稀土矿，含有较高比例重稀土元素的稀土矿称为重稀土矿。氟碳铈矿和独居石矿中，轻稀土元素含量较高；磷钇矿中，重稀土元素和钇元素含量较高；离子型稀土矿的中重稀土元素含量最高，属于典型的中重稀土矿。从全球稀土矿分布来看，轻稀土矿数量较多，分布较广；中重稀土矿数量较少，主要分布在我国的南方各省（区）。

稀土各元素作为一个整体在不同稀土矿中的含量并不相同，考察稀土资源量的大小是以稀土元素赋存量的多少来衡量。由于稀土元素易于氧化，开采出的稀土元素主要以氧化物形式呈现，因此稀土元素更多地被称为稀土氧化物（REO）。稀土资源的赋存形式以稀土矿物的类型来反映，而稀土资源量的多少则以稀土氧化物的储量来衡量。表 1－2 以产出的稀土矿物类型反映了全球主要稀土资源的分布状况。

表 1－2　　　　　　　　全球主要稀土矿物的产地分布

主要稀土矿物	独居石	磷灰石	氟碳铈矿	磷钇矿	离子型稀土矿
稀土资源类型	轻稀土	轻稀土	轻稀土	重稀土	重稀土
主要产地	澳大利亚 美国 印度 中国广东	澳大利亚 俄罗斯	中国内蒙古 美国	马来西亚 中国广东	中国江西

资料来源：罗斯基尔信息服务公司，2005 年。

需要注意的是，重稀土元素并不是只存在于重稀土矿物中，轻稀土矿物中也存在重稀土元素，只是重稀土元素在轻稀土资源中的含量较低罢了。

了解稀土资源的分布状况，更为通常的方法是以稀土氧化物（REO）的数量来计量稀土资源量。一方面随着勘探技术的发展和勘探投入的增加，新的稀土资源不断地被发现；另一方面原有的稀土资源不断地被开发，资源储量迅速下降。更为重要的是当各国纷纷将稀土作为战略性资源时，稀土资源储量常常是一个保密数据。正因如此，全球稀土资源储量有多种不同的说法，不管是哪一种说法，只能是大致反映全球稀土状况。根据 2012 年美国地质调查局出版的矿产品报告显示，目前世界已探明的稀土工业储量为 11377.8 万吨 REO（本书以下均以 REO 计），见表 1 – 3。

表 1 – 3　　　　　　　　　　世界稀土（REO）资源量

国家	中国	独联体	美国	澳大利亚	巴西	印度	马来西亚	其他	合计
工业储量 （万吨）	5500	1900	1300	160	4.8	310	3	2200	11377.8
占比（%）	48.34	16.70	11.43	1.41	0.04	2.72	0.03	19.34	100

资料来源：U. S. Department of the Interior, Mineral Commodity Summaries, USGS。

我国稀土储量为 5500 万吨，约占世界总储量的 48%；美国稀土储量为 1300 万吨，约占世界总储量的 11%，其中位于加利福尼亚州芒廷帕斯的稀土矿储量为 430 万吨，占世界总储量的 3.9%；澳大利亚稀土储量约为 160 万吨，约占世界总储量的 1%；印度稀土储量约为 310 万吨，约占世界总储量的 3%；其他重要的稀土资源位于独联体国家境内，约为 1900 万吨，约占世界总储量的 17%（见图 1 – 1）。

美国地质调查局公布的数据显示我国拥有较大的稀土资源储量优势，然而我国稀土的实际储量远远低于上述报告中公布的数据，由于我国稀土的过量开采（长期供应了世界稀土需求的 95%），特别是对稀土资源的滥采盗挖以及稀土原料的大量走私，我国稀土资源储量快速下降。2012 年 6 月，国务院发布的《中国稀土状况与政策》白皮书中公布我国稀土储量为 1859 万吨（2009 年的稀土储量），约占世界稀土资源储量的 23%。我国稀土资源的储量优势正在迅速消失。

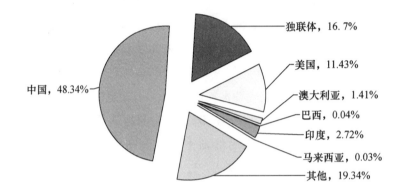

图 1-1 世界稀土工业储量分布

注：图中数据经过四舍五入处理。

我国稀土资源成矿条件十分有利，矿物类型齐全、分布面广且相对集中，目前我国在 22 个省市区发现上千处稀土矿床、矿点和矿化产地，稀土资源集中分布的区域主要在内蒙古白云鄂博、江西赣南、广东粤北、四川凉山。除此之外，在山东、湖南、广西、云南、贵州、福建、浙江、湖北、河南、山西、辽宁、陕西、新疆等省（区）也发现有稀土矿床，只是资源量相对要少得多。我国开发利用的稀土矿主要有五种：氟碳铈矿、离子型稀土矿、独居石矿、磷钇矿和磷灰石矿。

根据中国稀土学会地采选专业委员会的统计数据，我国内蒙古、南方七省区（指江西、广东、广西、湖南、云南、福建和浙江）、四川、山东等地区集中分布了全国稀土资源总储量的 97%，其中内蒙古包头市白云鄂博的稀土资源储量最多，占全国稀土资源储量的 83%，该矿也是世界上最大的稀土矿。稀土资源在我国的分布状况见图 1-2。

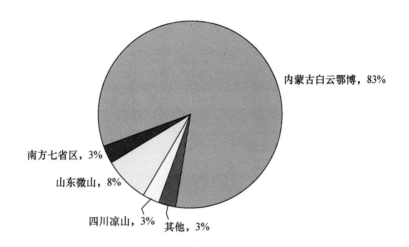

图 1 - 2 我国稀土资源分布

注：图中数据经过四舍五入处理。

资料来源：王柄根（2010）。

我国所拥有的稀土资源从类型上看，内蒙古、四川、山东的稀土资源属于轻稀土，比如内蒙古白云鄂博稀土矿物中轻稀土元素含量占90%以上；南方七省区的稀土矿物是离子型稀土矿，属于中重稀土资源。在地理分布上我国稀土资源呈现出"北轻南重"的特点。

中重稀土资源在我国仅占稀土资源储量的3%左右，而全球绝大部分的中重稀土资源又分布在我国，由此可见，中重稀土资源在全球稀土资源总量中的比重是非常低的。通常所说的地壳中的稀土并不稀缺，应该是指轻稀土资源并不稀缺，而中重稀土资源还是稀缺的。

我国所独有的中重稀土资源具有稀土元素类型配分齐全、使用价值高的稀土元素含量高、开采提取工艺简单、放射性低等特点，是迄今为止国内外独具特点、最优良的稀土资源。该类稀土矿床的发现，丰富了世界稀土矿床的类型，为世界中重稀土资源的开发利用提供了可靠的资源保证。

我国南方离子型稀土矿主要分布在南方七省区（江西、广东、广西、湖南、云南、福建、浙江），其中江西、广东、福建、广西、湖南是离子型稀土矿的主要产地，已探明储量约为150万吨。离子型稀土矿在我国各省区的分布状况见表1-4和图1-3。

表1-4   我国离子型稀土矿在各省（区）所占比例

省（区）	江西	广东	福建	广西	湖南	云南	合计
占比（%）	36	33	15	10	4	2	100

注：表中数据经过四舍五入处理。

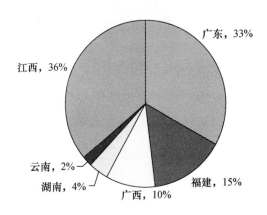

图1-3　我国离子型稀土矿的分布

注：图中数据经过四舍五入处理。

江西省是南方离子型稀土矿储量最大的地区，占南方总储量的36%左右，并且这些中重稀土资源的90%又主要集中在江西省赣州市，因此赣州市被称为"稀土王国"。

第二节　稀土产业

稀土元素是自然资源，其使用价值通过人类的生产活动创造出能够满足人类需要的各种产品体现出来。在现代经济社会中，将自然资源转化为各种有用产品主要是由产业组织的活动完成的，产业组织的效率高低对自然资源的利用程度至关重要。产业发展过程中一般是按市场要求不断地提高组织效率，但市场有时是失灵的，这就提出了政府对产业进行管制的问题。本书要探讨的是稀土产业管制问题，因而首先要对稀土产业及其发展状况有明确的认识。

一　稀土产业的界定

对稀土产业的界定就是要明确稀土产业所包含的范围以及稀土产业内的分类。稀土产业界定之所以重要，是因为目前对稀土产业存在问题的探讨常常是在对稀土产业不同理解的情况下展开的，这使得对问题的探讨无法深入。

对产业定义是为了能够准确地进行产业分类，遗憾的是产业定义的模糊性导致了产业分类方法的多样性。西方早期产业组织理论对产业概念的定义是，生产同类产品或提供同类服务的企业（具有紧密替代弹性）的集合。《辞海》中对产业的解释是：产业是指由利益相互联系的、具有不同分工的、由各个相关行业所组成的业态总称，尽管它们的经营方式、经营形态、企业模式和流通环节有所不同，但是它们的经营对象和经营范围是围绕着共同产品而展开的，并且可以在构成业态的各个行业内部完成各自的循环。其中，行业一般是指其按生产同类产品或具有相同工艺过程或提供同类劳动服务划分的经济活动类别，如采掘行业、钢铁行业、饮食行业、服装行业、机械行业等。除了这两种引用较多的定义外，国内外按不同研究目的，对产业有多达数十种定义，但不管是哪一种定义，都无法涵盖所有的产业划分类型。

总的来说，产业是由微观生产组织（企业是微观生产组织最一般的表现形式）集合构成的，而能够归类到同一产业中的企业一定要有共同的东西，要么有共同的工艺、要么有共同的产品、要么有共同的经营方式、要么同处在一个发展阶段，等等。一个企业如果有多种共同的特征，这并不影响将其归入不同的产业类别中，比如一个稀土采掘企业，可以归入原料产业、有色金属产业、基础产业、传统产业、前端产业、上游产业、资源型产业、第二产业、周期性产业、战略性产业，等等。因此，只要将具有某一种共同特征的企业归入一个特定的产业都有其合理性。当然这一共同特征是属于这个企业的主要特征还是次要特征，决定了这个企业与归入的特定产业间关系的紧密度。

　　稀土产业的显著特征与稀土元素有关，为了研究上的方便，我们将所生产的产品含有稀土元素的企业都归入稀土产业，这并不排斥某些与稀土有关的企业按照传统习惯同时可以归入其他产业类型。比如，生产电机的企业，既生产含有稀土元素的永磁电机，也生产不含稀土元素的普通电机，对这类企业按传统习惯属于机电产业，也完全可以归入稀土的高端应用产业。

　　按某种共同特征已归入某类产业的所有企业再按照其他特征进一步分类属于产业内分类。在同一产业内按照产品的上下游关系（上下游产业链）进行分类，是目前较为流行的一种产业内分类方法，其优点是研究产业链升级非常方便。产业链中的上游企业是相对下游企业而言的，上游企业是整个产业中生产和业务初始阶段的厂家，这些厂家主要生产下游企业所必需的原材料或初级产品，下游企业主要是对上游企业的产品进行深加工和改性处理。可以说，上游企业和下游企业是相互依存的，没有上游企业提供的原材料，下游企业犹如无米之炊；若没有下游企业的生产，上游企业的产品也将无用武之地。上下游产业链的实质就是处于不同环节上的企业之间的关联，而这种关联是各环节中的企业之间供给与需求关系。

　　按含有稀土元素的产品来确定稀土产业的范围，按含有稀土元素产品的承上启下关系来确定稀土产业链。由于稀土元素有 17 种之多，每种元素的应用路线差异较大、产业链的长短不同，形成的含稀土元素产品数量众多，产品中稀土元素占比不同，因而不管是确定的稀土产业范围还是按稀土产业链进行的产业内分类，仅仅表现出了稀土产业的大致状况，但这并不影响对稀土产业存在问题的分析。图 1 - 4 是按稀土产品的上下游关系划分的稀土产业链。

　　稀土资源的具体表现形式就是各种稀土矿物，稀土矿物是自然界形成的，对人类来说只是能否发现，而非能否生产。将稀土矿物中的稀土元素提取出来形成最为初级的稀土原料产品，这时的稀土产品是众多稀土元素混合在一起的化合物状态，并不能直接用于生产终端产品或生产功能性材料。将稀土原料产品进一步冶炼分离，形成纯度更高的单一稀土元素或少数稀土元素混合物产品（稀土氧化物或稀土金

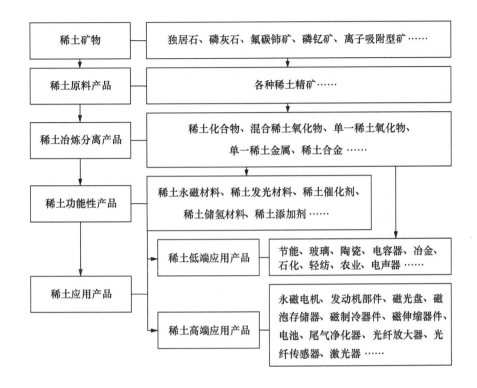

图 1 - 4　稀土产业链产品分类

属）。其中，部分稀土冶炼分离产品必须继续生产成含有稀土的功能
材料才可用于终端产品生产，部分稀土冶炼分离产品可直接应用于终
端产品的生产，而部分稀土冶炼分离产品既可以用于生产功能材料，
也可以直接用于终端产品生产。稀土冶炼分离产品的生产是整个稀土
产业的关键一环，稀土原料产品不经过冶炼分离并不能直接使用，没
有实际价值，稀土具有神奇功能的起点应该是稀土冶炼分离产品。稀
土冶炼分离环节的技术难度大，我国正是因为在这一环节上的技术突
破，才使得丰富的稀土资源得以大规模开发，也因此奠定了我国稀土
在国际上的重要地位。稀土功能材料和高端应用产品的生产是真正体
现稀土价值的环节，这一环节的科技投入大、涉及领域多，也是人们
对稀土充满期望的环节，在这一环节我国相对落后。

　　稀土从矿物资源开始到终端应用产品有很长的产业链，由于稀土产业链在每一个环节上都有众多的产品，而且越往后端延伸涉及的领域越多，形成的产品种类越多，因此从产业链角度来说，稀土产业要远比其他产业复杂得多，这也导致了稀土产业链延伸方向的众多争论。

稀土产业包含的范围不能从工艺技术角度来划定，因为稀土产业链不同环节的生产工艺有着根本的不同，即便是在产业链的同一环节不同产品的生产工艺也不相同，甚至同一稀土产品的生产工艺也存在差异，因此稀土产业包含的范围通常以产品来进行划定。本身是生产稀土元素的企业当然属于稀土产业，比如稀土原料产品和稀土冶炼分离产品的生产，最为狭义的稀土产业被界定为稀土开采、选矿和冶炼分离的集合；大多数学者认为，含有稀土元素的产品生产也属于稀土产业，但稀土元素在产品中的含量过低就不应划入稀土产品，其生产就不属于稀土产业，比如稀土功能型产品（稀土新材料）的生产就应属于稀土产业，而稀土新材料应用在元器件、电机等终端产品（虽然这些产品含有稀土元素，但含量很低）的生产则不属于稀土产业。以此为原则，稀土产业被界定为稀土的开采、选矿、冶炼分离和稀土新材料的生产。国家发改委、工信部及中国稀土协会对稀土产业进行管理时所确定的稀土产品范围包括了稀土矿产品、稀土冶炼产品和稀土新材料。

我们认为，元器件、电机等终端产品的生产在传统意义上的确不属于稀土产业，但是含有稀土元素的元器件、电机等终端产品和不含有稀土元素的此类产品之间，在性能上有很大的差别，最为关键的是高性能终端产品的市场需求对稀土产业的发展（包括产业规模和产业走向等）产生巨大的影响，很多所谓的稀土产业问题实际上是由稀土材料在高端应用上产生的问题而引起的。为能够更深入地研究问题，我们将稀土产品延伸到含有稀土的元器件、电机等终端产品上，形成最广义的稀土产业范围界定。考虑到这类产品的特殊性，将这类产品进一步界定为稀土高端应用产品，这类产品在归入稀土产业的同时，并不排斥可以归入其他类型的产业之中。如果将一种含稀土元素的产品所涉及的两种产业结合在一起进行产业界定，对稀土产业的理解会更加准确、内涵也更加丰富，比如稀土电子元器件产业、稀土电池产业、稀土电机产业、稀土玻璃产业等，这样既可区别于非稀土元器件产业、非稀土电机产业等，以突出含稀土元素终端产品的高性能，又可以明确稀土产业的延伸方向。

在稀土产业内产业链上的各个环节，不管是产品的性质、所运用的生产工艺，还是生产的组织方式都存在着巨大的差别，各环节所遇到的问题也不相同。比如在稀土开采环节，提供新的产品不是这一环节的主要问题，而环境问题、开采工艺问题是这一环节最为突出的问题；在稀土新材料高端应用环节，研发新产品、投资稀土应用新领域、开拓新市场等是这一环节的主要问题，生产的环境破坏问题在这一环节基本不存在。因此，如果说稀土产业存在环境问题而又不特别指明，则会使人产生很大的误解，这对正确认识稀土产业极为不利。稀土开采除了属于稀土产业外，还属于资源开采产业，它有稀土产业的特性，更有资源开采产业所具有的共同特性，稀土产业链上的其他环节也同样如此。在稀土产业内进一步分类，对应我们已经较为熟悉的产业类别，有助于消除对稀土产业诸多不正确、不客观的认识。

图1-5是根据稀土产业链的产品分类，对照传统产业类别的进一步分类。由于传统产业类别的界定本身就很模糊，因此这种分类更多的是一种习惯上的分类，有很大的主观性。虽然如此，这种分类对于了解稀土产业、建立合理的稀土产业分析框架仍然是有价值的。

二　稀土产业发展历程

（一）世界稀土产业发展历程

虽然18世纪末期发现了稀土元素，但此后很长时间稀土元素并未得到实际应用，稀土矿物也就没有进行实质性的工业化生产。经过了近一个世纪的时间，在1886年，由奥地利科学家发明了硝酸钍加少量稀土制造汽灯纱罩的技术，该技术在德国获得了制造发明专利。此后，挪威和瑞典开始进行稀土矿开采，从此稀土产业建立和发展起来。稀土终端应用的研发对稀土产业的发展起到了至关重要的作用，20世纪50年代以前，由于人类在稀土应用方面的发明很少，导致稀

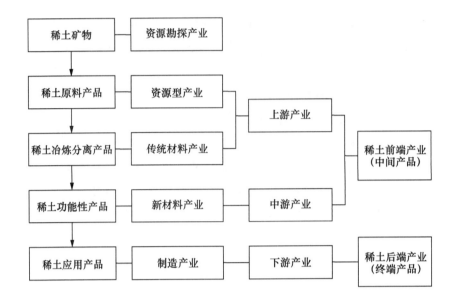

图1-5 稀土产业的分类界定

土产业的发展极其缓慢。比如，从1886年到1930年仅有三项发明，即汽灯纱罩、打火石和用混合稀土的氟化物制作的弧光灯碳极芯子，尽管这一时期全世界汽灯纱罩的累计消费量已达50亿支，还生产了千余吨打火石，弧光灯碳极芯子已用于探照灯和电影的放映，但全世界累计稀土消费量仅有3000吨左右。这一时期的稀土产品大多呈混合物的形式，稀土原料主要产于巴西、印度和澳大利亚。

从稀土应用来看，20世纪40年代以后，稀土逐步应用到玻璃陶瓷领域；第二次世界大战后，稀土在钢铁和石油催化领域开始大量应用；60年代以后，稀土红色荧光粉、稀土永磁体、稀土三基色荧光粉、稀土光学玻璃、稀土镍氢电池、稀土巨磁致伸缩材料、稀土磁光材料等相继发明问世，全球对稀土的需求越来越大。从稀土原料生产来看，20世纪50年代中期，美国科学家发明了离子交换法分离稀土技术，制得了各种高纯单一的稀土元素。由于稀土分离技术的发明，促使稀土原料产品价格大幅下降，这为稀土元素在更广泛领域的应用提供了原料上的保证。从稀土原料供给来看，一直到20世纪80年代，美国是世界稀土原料的主要供给国。1949 年在美国加利福尼亚的芒廷帕斯发现了大型氟碳铈矿矿床，1952 年开始少量开采，1954 年正式投产。在这一时期，稀土元素主要应用在冶金、石油化工和玻璃陶瓷等传统领域，美国不仅是稀土资源大国，也是稀土元素生产和消费大国。

20 世纪 80 年代初到 90 年代末，稀土元素应用研发加快，在高新技术领域中的应用迅猛发展，这导致了稀土元素消费量骤增，促使了稀土产业快速发展，比如稀土仅在钕铁硼和抛光粉领域的消费量就突破 1 万吨。这一时期，世界稀土原料产品逐渐由传统的低附加值产品向高纯单一产品转变，日本取代美国，成为世界上最大的稀土消费国；世界稀土原料供给格局也发生了巨大的变化，全世界稀土产量在迅速增加，除了美国芒廷帕斯矿产量在 1985 年达到历史最高的 2.5 万吨外，中国、澳大利亚、马来西亚、印度、巴西、苏联、南非等国的稀土产量也得到快速发展，1986 年中国稀土原料产品的产量达到 11860 吨，超过美国成为世界最大的稀土生产国。

进入 21 世纪以后，由于稀土元素在电子、信息、节能、环保领域的大量应用，稀土新材料产业获得了空前发展，钕铁硼、抛光粉、荧光粉、催化剂、储氢合金等被市场大量需求，驱动了全球稀土原料产量大幅增加。中国占据稀土原料生产的主导地位，美国、澳大利亚等国的稀土原料产量逐渐减少，直至停产。2000 年中国的稀土原料产量约占全世界的 87.46%，2009 年约占全世界的 97.29%。同时，中国稀土新材料产业规模成为世界第一，其他国家主要在稀土高端应用领域取得了优势。

（二）中国稀土产业发展历程

1927 年在我国内蒙古包头发现了白云鄂博铁矿，1934 年在白云鄂博矿石标本中发现有两种含稀土元素的矿物，但是并没有对稀土进一步研究和开发。1950 年东北科学研究所（长春应用化学研究所前身）成立了稀有元素利用研究小组，开展了从褐廉石矿物中分离钍和稀土元素的方法研究，1952 年选用广西八步平桂矿务局开采锡矿过程中产生的独居石作为提取分离钍的原料，稀土作为副产品而得到分离。

20 世纪 50 年代,我国对白云鄂博矿进行了大量研究,查明白云鄂博矿体外的白云岩含稀土元素矿物,品位达到工业要求,稀土远景储量大大超过已知的铁矿体中的稀土储量。同时创造性地用硅铁还原法从高炉渣中回收了稀土,制取成硅铁稀土合金;首次在国内完成了15 个单一稀土元素的制备。20 世纪 60 年代,我国开展了稀土资源的调查,证明白云鄂博矿不仅是大型铁矿和稀土矿,而且是大型的铌矿;解决了稀土在钢中的应用;成功研制出一系列大块优质高折射率、低色散稀土玻璃;以独居石为原料生产各种稀土产品、金属和打火石的跃龙化工厂在上海建成,开创了我国稀土工业的先河。20 世纪70 年代,我国在江西发现了离子型稀土矿,开始了世界中重稀土矿物的开发研究;1972 年,徐光宪教授提出了世界领先的稀土串级萃取理论,在分离轻稀土矿方面取得了重大进展,制得99.5%的氧化钕、氧化镧,99%的氧化镨,并得到钐铕钆富集物四种产品;到 1979 年,我国稀土矿产品产量达到了 1000 多吨。总的来说,在 20 世纪 80 年代以前,我国在稀土领域主要处于资源的发现、稀土元素分离和应用的技术研发阶段,稀土原料产品的生产开始起步。这一阶段稀土产业从无到有,从实验室走向产业化,为我国稀土产业在后来的大发展奠定了坚实的基础。

20 世纪 80 年代初到 90 年代末,我国稀土原料产业进入了一个蓬勃发展阶段。这一时期,国家进一步加强了稀土科研力度,对全国稀土科研及产业化投资了 7000 多万元,有力地促进了我国稀土产业的发展。内蒙古包头的稀土原料产品产量大幅度提高,南方又陆续发现一些中重型稀土矿床,并开始规模化开采。1986 年我国稀土原料产品的生产量达到了 11860 吨,超越美国成为世界稀土原料最大生产国。

进入 21 世纪,我国稀土原料产业继续高速增长,生产能力不断扩张,2006 年我国稀土原料产品产量达到了最高的 132506 吨,约占全世界的 97.33%,2000—2011 年我国稀土原料产品产量平均占世界总产量的近 95%。由于对稀土资源的过快开采,我国稀土储量迅速下降,为此国家对稀土原料产业开始加强管理,力图控制稀土原料产业的生产规模，2009 年以后，我国稀土原料产品产量有较大幅度下降。这一期间，从稀土产业链来看，我国稀土产业结构调整出现了积极变化，稀土新材料产业得到快速发展。特别是稀土磁性材料发展迅猛，技术装备水平和生产规模有了很大提高。到 2010 年，我国稀土新材料产业对稀土原料产品的消费量达到了 8.7 万吨，占全球总消费量的近 70%，是全球最大的稀土消费国。

三 稀土产业发展状况

（一）稀土原料产品生产状况

稀土原料产品是从自然赋存的稀土矿物中提取的含较高比例的稀土氧化物（REO），主要以稀土精矿产品为代表（或称为稀土矿产品），不管是轻稀土精矿还是中重稀土精矿，均按稀土元素含量比例折算成 REO 进行计量。稀土原料产品是整个稀土产业链中的最初环节，不管后续再如何加工，稀土元素使用量中的绝大部分来源于此环节，只有很小一部分来源于稀土元素的循环利用，当然随着稀土元素存量的不断提高，以及稀土循环利用产业的发展，循环利用稀土元素的供给比例会不断提高。

世界上能够生产稀土精矿的国家主要有中国、美国、印度、独联体国家等，由于我国稀土原料产品质优价廉，具有绝对的市场竞争力，许多国家都关闭了自己的稀土矿山。目前我国是世界上最大的稀土原料产品生产国，进入 21 世纪，我国稀土原料产品产量多年平均约占世界总产量的 95%。表 1-5 是 2000—2011 年世界各国稀土原料产品产量的汇总情况。

表 1-5　　世界各国稀土原料产品生产情况（2000—2011 年）　　单位：吨

年份	美国	巴西	中国	印度	马来西亚	斯里兰卡	独联体国家	泰国	其他	总计
2000	5000	200	73000	2700	450	120	2000	0	0	83470
2001	5000	200	80600	2700	450	120	2000	0	0	91070
2002	5000	0	88400	2700	450	120	2000	0	0	98670
2003	0	0	92000	2700	250	0	2000	2200	0	99150

续表

年份	美国	巴西	中国	印度	马来西亚	斯里兰卡	独联体国家	泰国	其他	总计
2004	0	0	98310	2700	250	0	2000	2200	0	105460
2005	0	0	118709	2700	750	0	—	0	400	122559
2006	0	730	132506	2700	200	0	—	0	—	136136
2007	0	650	120800	2700	380	0	—	0	—	124530
2008	0	650	124500	2700	380	0	—	0	—	128230
2009	0	550	129405	2700	350	0	—	0	—	133005
2010	0	550	89259	2700	350	0	—	0	—	92859
2011	0	550	84943	3000	–	0	—	0	—	88493

资料来源：周圆圆、付水兴：《稀土资源国内外供需状况分析》，《矿产勘查》2013 年第 1 期。

全球稀土原料产品产量在 2006 年达到历史最高水平（13.61 万吨），恰恰在这一年我国稀土原料产品产量也达到历史最高水平（13.25 万吨），占世界稀土原料产品总产量的比重为 97.33%，同样也是历史最高水平。显然，全球稀土元素的最初来源几乎全部来自我国的稀土资源。图 1-6 是我国稀土原料产品产量占世界总产量比重，反映了全球稀土原料对我国的依赖程度。

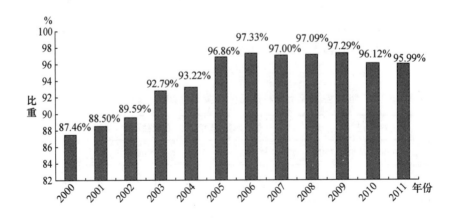

图 1-6 中国稀土原料产品产量占世界总产量比重

2000—2011 年，全球稀土原料产品生产的波动性很大，最高年份产量比最低年份产量高出 63%。我国的波动性更大，最高年份产量比最低年份产量高出了近 82%。全球稀土原料产品产量的波动形态与我国的波动形态基本吻合，这说明我国稀土原料产业左右着全球稀土原料产品的供应。2009 年以后，我国稀土原料产品产量有较大幅度的下降，这是因为我国政府对稀土原料产业规模的控制政策产生了效果。可以发现，当我国稀土原料产品供应规模较大幅度下降后，并没有其他国家能够填补我国稀土原料产品产量下降的空间，全球稀土原料产品产量的减少量几乎等于我国稀土原料产品产量的减少量，这表明至少在短期内其他国家恢复稀土开采或大幅度增加稀土原料生产的难度较大。

从 2000 年开始的十多年时间里，世界稀土原料产业在经过了大起大落后，稀土原料产品产量基本又回到了 2000 年的初始水平。而在这同一时期，稀土材料产业对稀土原料产品的消费量稳步上升，并没有出现大幅度下降情况。以 2010 年为例，世界稀土原材料产品总量为 92859 吨，同期在催化剂、玻璃、抛光粉、冶金、磁体、荧光粉、陶瓷等 8 个领域对稀土原材料产品的消费总量为 136100 吨。由于全球稀土原料产量的下降是由我国稀土原料产量下降造成的，我国稀土原料产量下降不是因为全球稀土原料需求量下降引起的，而是人为的稀土控制政策造成的，因而必然会产生稀土原料产品供给和需求的缺口。弥补这一缺口只能用库存（或是储备）的稀土原料，但从缺口持续的时间来看，如果的确是用库存（或储备）来弥补稀土原料的供给缺口，那么这种库存（或储备）的量是极其庞大的；如果没有这么庞大的稀土库存（或储备），那么极有可能存在着非法生产的稀土。

稀土原料产品（稀土精矿）来源于各种稀土矿物，国外稀土原料产品主要是开采氟碳铈矿、独居石、磷钇矿和铈铌钙钛矿获得。我国稀土原料产品的矿源主要是混合型稀土矿、氟碳铈矿和离子型稀土矿。表 1 - 6 反映了我国稀土原料产品生产的矿源结构。

表1－6   中国主要稀土矿种生产稀土原料

产品的情况（2000—2011年）   单位：吨、%

年份	混合型稀土矿		氟碳铈矿		离子型稀土矿		其他		合计
	产量	占比	产量	占比	产量	占比	产量	占比	
2000	40600	55.62	12900	17.67	19500	26.71		0.00	73000
2001	46600	57.82	10400	12.90	19200	23.82	4000	5.46	80600
2002	55400	62.67	13000	14.71	20000	22.62		0.00	88400
2003	54000	58.70	15000	16.30	23000	25.00		0.00	92000
2004	46610	47.41	21700	22.07	30000	30.52		0.00	98310
2005	49000	41.28	25709	21.66	44000	37.07		0.00	118709
2006	50377	38.02	37000	27.92	45129	34.06		0.00	132506
2007	69000	57.12	6800	5.63	45000	37.25		0.00	120800
2008	66000	53.01	22500	18.07	36000	28.92		0.00	124500
2009	65000	50.23	31710	24.50	32695	25.27		0.00	129405
2010	49900	55.90	24637	27.60	14722	16.49		0.00	89259
2011	49960	58.82	24769	29.16	10214	12.02		0.00	84943

资料来源：根据1999—2011年《稀土信息》的相关数据整理而得。

我国稀土原料产品由内蒙古包头混合型稀土矿（氟碳铈矿与独居石混合矿）、四川晃宁氟碳铈矿和以江西为主的离子型稀土矿供应，其中稀土原料产品的一大半来自混合型稀土矿。2011年和2000年相比四川省氟碳铈矿生产的稀土原料产品比重有较大幅度的提高，氟碳铈矿的稀土原料产品产量增幅最大。

离子型稀土矿的开采量变化很大，最高年份（2006年）稀土原料产品产量达到45129吨，最低年份（2011年）稀土原料产品产量只有10214吨，最高产量是最低产量的4.42倍。伴随着产量的剧烈变动，离子型稀土矿对我国稀土原料产品的贡献比例也发生着巨大的变化，从最高占比37.25%，下降到12.02%。离子型稀土矿为世界上独一无二的中重稀土矿，是世界各国最为关注的矿山之一，也是我国稀土矿的优势所在，其稀土原料产品产量的降低完全是我国政府对离子型稀土矿开采规模的管控所致。虽然国家对于离子型稀土矿的控制较为严格，但实际开采量一直居高不下，就现已发现的离子型稀土矿储量而言，以现有的开采速度，我国离子型中重稀土矿在30年后就会被开采完（王珺之，2011）。

内蒙古包头混合型稀土矿和四川晃宁氟碳铈矿都属于轻稀土资源，只有江西等南方省份的离子型稀土矿属于中重稀土资源，因此我国稀土资源开发也主要以轻稀土资源为主。从稀土元素来看，全世界轻稀土元素产量远远超过了中重稀土元素的产量。

为了保护稀土资源，我国政府实施了严格的计划产量政策控制开采规模，导致我国稀土原料产品的生产能力并未充分释放出来。从全球来看，日本、欧洲和美国等发达国家基于我国对稀土开采量的控制，已在寻找新的稀土资源，并重启原有稀土矿山、建设新的稀土矿山。目前包括美国、澳大利亚、南非等国共有11个稀土矿山项目已公告建设进度，预计到2016年年底，除中国和印度外的全球稀土矿山产能将达22.8万吨。由此可见，对于稀土原料产品的需求来说，从产能角度不存在供给短缺问题。

（二）稀土冶炼分离产品生产状况

将稀土原料产品的稀土元素进一步分离、提纯、冶炼，就形成了单一稀土氧化物、单一稀土金属、稀土化合物、稀土合金等传统稀土材料，又称稀土冶炼分离产品，部分稀土冶炼分离产品可直接用于生产终端产品的生产。20世纪70年代前，由于国外对稀土分离技术的封锁，我国稀土分离技术还处于试验阶段。1972年，徐光宪教授提出了世界领先的稀土串级萃取理论，在稀土分离技术方面取得了重大进展，到80年代，稀土分离技术进入工业化生产，目前我国的稀土分离技术已经达到世界先进水平，分离纯度可达到99.9999%。

全球从事稀土冶炼分离生产的国家主要有中国、日本、法国和美国，此外，奥地利、爱沙尼亚、印度、吉尔吉斯斯坦、挪威、英国也进行少量生产。由于对稀土材料的应用要求不同，稀土冶炼分离的加工深度不同，再加上国外不公布稀土冶炼分离产品产量，所以全球稀土冶炼分离产品产量难以准确估计。我国稀土原料产品生产占到了世界的95%，而我国出口的稀土产品基本上全部为稀土冶炼分离产品，据此可以判断出目前我国是世界上最大的稀土冶炼分离产品生产国。同时由于在稀土分离技术、效率及成本上的优势，我国也是世界上唯一能够大量供应各种级别、不同品种稀土冶炼分离产品的国家。根据《中国的稀土状况与政策》白皮书，2011 年我国稀土冶炼分离产品产量为9.69 万吨，占世界总产量的90%以上。

日本虽然没有稀土资源，曾经却是全球稀土冶炼分离产品的主要生产国之一。20 世纪 80 年代，日本主要以氯化稀土和碳酸稀土为原料进行稀土冶炼分离产品生产。到 90 年代，日本稀土冶炼分离生产逐步下降，目前主要生产少量的高纯稀土氧化物和其他稀土产品，大量稀土冶炼分离产品从我国进口。法国也没有稀土资源，所需稀土原料全部依靠进口，法国的罗地亚电子与催化剂公司曾是世界上最大的稀土冶炼分离加工企业，该公司是世界上第一个将液—液萃取工艺用于工业生产的工厂，其稀土处理能力达到每年 1.1 万—1.3 万吨。近年来，拉罗歇尔厂的经营重点转向汽车催化剂及其他特殊产品（如用于荧光粉及特种颜料的稀土氧化物），其稀土冶炼分离产品产量只达到产能的 60%—70%，即每年 6000—7000 吨。据报道，罗地亚是世界上最大的氧化钐、氧化钕生产商之一，氧化钐年生产能力为 150 吨以上，氧化钕年生产能力为 2000 吨以上（苏文清，2009）。美国生产稀土冶炼分离产品的主要有钼公司、格雷戴维森公司及活性金属和合金公司，目前还有少量的稀土冶炼分离产品生产。

我国稀土冶炼分离产品主要包括稀土盐类（如碳酸稀土、氯化稀土）、稀土合金（如 Mg-Nd，Fe-Dy）、稀土氧化物（如各种单一稀土氧化物）和稀土金属（如各种单一稀土金属，混合金属）等，其中稀土盐类、稀土合金等产品是对稀土原料产品（稀土精矿）进行冶炼分离的初级产品，2000 年初级产品占到了稀土冶炼分离产品的50%。随着我国在稀土冶炼分离环节的技术水平不断提高，高纯、高附加值的单一稀土氧化物和稀土金属产量逐年上升（见表 1-7）。

表 1-7　　　　　　　　中国稀土冶炼分离产品结构　　　　　单位:%

产品＼年份	2006	2007	2008	2009	2010	2011
氯化稀土	2.67	4.85	4.39	4.16	2.97	2.53
碳酸稀土	3.09	3.10	3.53	3.86	3.39	3.64
稀土合金	8.06	3.02	1.52	1.62	1.49	1.12
混合稀土金属	5.84	4.19	3.50	4.00	3.58	4.28
镝铁合金	1.18	1.29	2.26	1.01	1.28	1.09
其他初级产品	4.33	1.88	5.40	2.50	1.87	2.53
氧化钇	5.75	6.91	13.94	6.58	6.50	5.42
氧化镧	12.57	13.13	11.20	13.31	14.86	13.61
氧化铈	14.38	15.11	8.32	14.94	17.53	20.20
氧化镨	1.46	2.21	2.57	2.44	2.09	1.40
氧化钕	7.23	7.97	11.83	8.81	9.04	7.99
氧化镨钕	4.41	5.39	0.92	4.70	4.62	6.13
氧化钐	1.01	1.25	3.50	1.49	1.23	0.85
氧化铕	0.23	0.67	0.59	0.60	0.63	0.63
氧化钆	2.95	1.35	0.95	1.24	0.97	1.11
氧化铽	0.39	0.39	0.36	0.38	0.36	0.20
氧化镝	1.47	2.02	1.62	1.51	1.44	0.77
氧化铒	0.61	0.72	0.44	0.76	0.67	0.68
其他氧化物	2.61	3.21	2.75	4.58	3.62	4.27
金属镧	1.30	2.10	2.83	2.21	2.56	3.32
金属钕	4.48	7.56	5.22	6.07	6.19	5.07
金属镨钕	9.24	7.91	9.32	9.96	9.40	8.90
金属钐	0.31	0.21	0.29	0.22	0.25	0.27
金属镝	0.82	0.01	0.02	0.02	0.02	0.05
金属铽	0.03	0.02	0.03	0.03	0.03	0.09
其他金属	3.60	3.52	2.68	2.99	3.42	3.88
合计	100.00	100.00	100.00	100.00	100.00	100.00

资料来源:《稀土信息》。

　　2010 年以后,初级产品仅占稀土冶炼分离产品总量的 15% 左右,而单一稀土氧化物和稀土金属已占到 85%。这一方面表明我国稀土冶炼分离产品已进入国际先进行列;另一方面表明世界对稀土冶炼分离产品的需求结构在发生变化,初级产品的需求在下降。我国自 2006

年出台相关政策限制某些稀土初级产品的出口，到 2008 年禁止了所有稀土初级产品的出口，这也导致了稀土初级氧化物和稀土金属产量的急剧下降，而单一稀土氧化物和稀土金属的产量却大幅度增加。2006 年我国稀土冶炼分离产品达到了最高产量 156969 吨，随后产量逐渐下降，这是我国政府为保护稀土资源而对稀土生产规模控制的结果。从稀土冶炼分离产品的生产能力上看，我国的稀土冶炼分离年生产能力已达 20 万吨，这样的年产能力已经超过世界年需求量的一倍（王薇，2010）。产能过剩成为我国稀土冶炼分离产品生产中迫切需要解决的问题。

（三）稀土功能性产品生产状况

可将部分稀土冶炼分离产品进一步加工制备成稀土功能性产品（又称为稀土新材料、稀土功能性材料，或有些文献中直接称之为稀土应用产品）。稀土产业在这一环节的产品生产技术含量高，有大量的产品专利存在。稀土功能性产品产量的计量单位与稀土精矿和稀土冶炼产品不同，是按自然吨计算的，因此稀土功能性产品并没有一个总产量的概念，而是按功能性产品品种大致进行的计量。目前，对稀土功能性产品的大致分类包括稀土永磁材料、稀土发光材料、稀土储氢材料、稀土催化剂材料、稀土抛光材料、稀土陶瓷材料，以及其他如稀土超磁致伸缩材料、巨磁阻材料、磁致冷材料、光致冷材料、磁光存储材料等。

由于稀土功能性产品种类繁多，产品规格和质量差异很大，各种功能性产品的工业制备工艺完全不同，不同种类稀土功能性产品的稀土元素含量不同，同类稀土功能性产品的不同规格稀土元素含量也不相同，特别是各种稀土功能性产品数量只能用自然单位计量，无法用统一的计量单位进行汇总。因此，从各种稀土功能性产品的生产数量角度对这一环节的产业发展状况进行总体描述并不现实。此外，现有的稀土功能性产品产量统计资料极为缺乏，难以支持对这一产业的相应分析。除了少数稀土功能性产品，因其产品种类少、规格相近，其产量资料相对健全外（如稀土永磁体），其他稀土功能性产品的生产数量难以掌握。

虽然生产了多少稀土功能性产品的数量难以掌握，但是稀土功能性产品的生产都需要消耗稀土元素，因此各种稀土功能性产品消耗的稀土元素数量可以从一个侧面反映稀土功能性产品的生产状况，通常将稀土在各种功能性产品生产中的使用量称为稀土消费量。需要注意的是，稀土使用量（或消费量）并不等同于稀土功能性产品的生产数量，由于生产技术的差异，使用相同数量的稀土元素，生产出性质相同的某种稀土功能性产品的数量不相同，技术差异越大，用稀土使用量反映稀土功能性产品生产数量的准确性越低。目前从世界上主要稀土功能性产品生产技术差异来看，用稀土使用量还是大致能反映稀土功能性产品的生产状况。

1. 世界稀土功能性产品生产对稀土的消耗情况

对于稀土元素在稀土功能性产品生产领域的使用分类，世界上主要采用罗斯基尔信息服务公司（Roskill）和 IMCOA 咨询公司的划分方法，即将稀土运用领域划分为永磁体（包括永磁合金）、冶金、催化剂、抛光粉、玻璃添加剂、荧光粉与颜料、陶瓷以及其他（包括农业）八个领域。表 1-8 反映了全球稀土主要使用领域及使用量情况。

表 1-8　　　　　　　全球稀土主要使用领域及使用量　　　　单位：吨、%

年份	2000		2010		2010 年比 2000 年
使用领域	使用量	比重	使用量	比重	增长百分比
催化剂	17500	22.15	20500	16.40	17.14
玻璃添加剂	14000	17.72	11500	9.20	-17.86
抛光粉	11500	14.56	15750	12.60	36.96
冶金	12500	15.82	24000	19.20	92.00
永磁体	10500	13.29	33250	26.60	216.67
荧光粉与颜料	6000	7.59	8000	6.40	33.33
陶瓷	3000	3.80	4500	3.60	50.00
其他	4000	5.06	7500	6.00	87.50
合计	79000	100	125000	100	58.23

资料来源：中国稀土信息网编译的《世界稀土经济》（第 10 版、第 11 版和第 12 版）、美国地质调查局（USGS）公布数据、罗斯基尔信息服务公司《世界稀土经济与市场展望》。

　　2010 年与 2000 年相比，全球稀土功能性产品的生产结构发生了很大变化。2000 年全球稀土元素使用最多的是生产催化剂，占总使用量的 22.15%，而 2010 年全球稀土元素使用最多的是生产永磁体，占总使用量的 26.6%。经过十年的发展，全球稀土使用量增长了58.23%。其中，用于永磁体生产的使用量增长最大，达到了 2.17 倍，不但是目前稀土功能性材料中最重要生产领域，也是发展最快的领域，它代表着稀土功能性材料未来的发展方向。稀土催化剂生产的增长相比于其他领域增长较慢，而稀土元素在玻璃中的使用量则有较大幅度的下降。2000 年稀土元素在玻璃中的使用量达到 14000 吨，占总使用量的 17.72%，排第二位，属于稀土元素的重要使用领域。但到 2010 年稀土元素在玻璃添加剂中的使用量下降到 11500 吨，仅占总使用量的 9.2%，该产业的生产明显收缩。稀土元素在陶瓷领域的使用量相对较小，但这一领域的发展速度较快。从稀土元素的消耗角度看，永磁体、冶金、催化剂、抛光粉、玻璃添加剂都属于世界稀土功能性产品生产规模较大的产业。

　　稀土元素除了在永磁体、冶金、催化剂、抛光粉、玻璃添加剂等主要领域使用外，还有大量其他使用领域。这些领域生产规模小，使用量不大，可能每年只需要几吨至几百吨稀土原料，但是这些小领域所需的稀土原料往往是高纯度、高价值的稀土化学品或金属。

　　2. 我国稀土功能性产品生产对稀土的消耗情况

　　进入 21 世纪后，为了获得稳定的稀土原料供应，世界稀土功能性产品生产明显在向我国转移，我国稀土功能性材料产业呈高速发展态势。2000—2010 年间我国在稀土功能性产品生产上的稀土使用量年均增长率约为 8%，而全球年均增长率为 5%。2000 年我国稀土功能性产品的稀土使用量占全球的 24%，而到 2010 年占全球的近 70%，这从一个侧面说明我国已是世界上最大的稀土功能性产品生产国。但这并不是指我国生产的稀土功能性产品总产量占全球的 70%，也并不意味着在所有种类的稀土功能性产品生产上我国都是全球的最大生产国。表 1 - 9 是我国稀土的主要使用领域及使用量情况。

表1-9　　　　　　　中国稀土主要使用领域及使用量　　　单位：吨、%

年份	2000		2010		2010年比2000年增长百分比
使用领域	使用量	比重	使用量	比重	
催化剂	2000	10.42	11500	13.22	475.00
玻璃添加剂	1250	6.51	7750	8.91	520.00
抛光粉	2000	10.42	6350	7.30	217.50
冶金	5500	28.65	18500	21.26	236.36
永磁体	3500	18.23	27000	31.03	671.43
荧光粉与颜料	1000	5.21	5500	6.32	450.00
陶瓷	750	3.91	4000	4.60	433.33
其他	3200	16.67	6400	7.36	100.00
合计	19200	100	87000	100	353.13

资料来源：美国地质调查局、中国稀土信息中心、澳大利亚矿物公司。

2000年在稀土功能性产品的生产结构上，我国与世界的差别比较大，我国稀土主要使用在冶金领域（占28.65%），而世界稀土主要使用在催化剂领域（占22.15%），永磁体和其他领域是我国稀土的重要使用领域，而玻璃添加剂是世界稀土的重要使用领域；到2010年，由于我国已是世界上最大的稀土功能性产品生产国，因此世界稀土功能性产品的生产结构在与我国趋同。

2010年与2000年相比，我国稀土使用量增长最快的是永磁体的生产，这与世界稀土使用量增长最快的领域是相同的。不同的是，我国玻璃添加剂生产上的稀土元素使用量有大幅度增长，增长幅度仅次于生产永磁体的使用量，而世界玻璃添加剂生产上的使用量却有大幅度下降，这表明世界原来主要的稀土玻璃添加剂生产国在逐步放弃生产。在催化剂、荧光粉和陶瓷领域，我国都有较快的发展。从对稀土元素的消耗量角度来看，我国主要稀土功能性产品生产规模的排序为永磁体、冶金、催化剂、玻璃添加剂、其他。

3. 世界稀土功能性产品生产的地理分布情况

2010年世界稀土按照地区及应用划分的消费情况（张群，2014）

显示，世界稀土功能性产品生产主要集中在我国，除抛光粉，其他稀土功能性产品生产规模我国均超过世界的一半以上。日本及其他亚洲国家和地区（主要包括韩国、中国台湾和东南亚国家）是稀土功能性产品的世界第二大生产地区，抛光粉生产排世界第一（见表 1 - 10）。

表 1 - 10 世界稀土功能性产品生产的稀土使用地理分布情况 单位：%

使用领域	中国	日本及其他亚洲国家和地区	美国	其他国家
永磁体	81.20	15.94	1.35	1.50
冶金	77.08	19.17	2.08	1.67
催化剂	56.10	18.54	21.95	3.41
抛光粉	40.32	53.97	3.17	2.54
玻璃添加剂	67.39	26.09	2.17	4.35
荧光粉	68.75	21.25	6.25	3.75
陶瓷	88.89	6.67	2.22	2.22
其他	85.33	9.33	2.67	2.67
总计	69.60	22.32	5.60	2.48

注：日本及其他亚洲国家和地区不包括中国；永磁体包括磁体合金；荧光粉包括颜料；其他包括农业。

资料来源：美国地质调查局、中国稀土信息中心、澳大利亚矿物公司。

我国稀土主要使用在永磁体、冶金和催化剂领域，日本及其他亚洲国家和地区主要使用在抛光粉、永磁体和冶金领域，而美国主要使用在催化剂领域，美国催化剂生产使用的稀土量占美国稀土总消耗量的 64%。

4. 稀土永磁体生产

永磁体是目前世界上稀土功能性材料中最大的生产类别，消耗了全球稀土元素总量的 27%。消耗量只能大致反映永磁体的生产状况，由于永磁体的种类相对较少，我们可以通过永磁体产品生产数量更准确地考察这一产业的生产状况。

稀土永磁体的发明在日本、美国及欧洲，生产也主要集中在这些国家和地区。永磁体主要包括钕铁硼磁体和钐钴磁体，在工艺上又分为烧结磁体和粘结磁体，目前世界上绝大部分永磁体是钕铁硼磁体。表1-11是世界钕铁硼磁体生产情况。

表1-11　　　2006年、2008年及2010年世界钕铁硼磁体产量　　单位：吨

年份	2006	2008	2010
烧结钕铁硼磁体	50280	63580	93000
粘结钕铁硼磁体	5200	5400	6000
总计	55480	68980	99000

资料来源：《磁性材料及器件》，中国稀土信息中心，美国地质调查局，罗斯基尔信息服务公司，IMCOA咨询公司。

2006—2010年，世界钕铁硼磁体年均增长约为16%，2010年达到99000吨，其中烧结钕铁硼磁体占94%，粘结钕铁硼磁体占6%。

自我国占据全球稀土原料产品的90%后，为便于获得稳定的稀土原料供应并降低永磁体的生产成本，日本、美国及欧洲企业陆续将永磁材料生产转移到我国。进入21世纪后，我国稀土永磁体产量以每年约29%的速度递增，目前我国是世界上永磁体最大生产国。表1-12是我国钕铁硼磁体生产情况。

表1-12　　　　　　2006—2010年中国钕铁硼磁体产量　　　　单位：吨

年份	烧结钕铁硼磁体	粘结钕铁硼磁体	总计
2006	39300	1900	41200
2007	48000	2300	50300
2008	46000	2800	48800
2009	52000	3000	55000
2010	78000	4000	82000
年平均增长率（%）	18.69	20.46	18.78

资料来源：中国稀土信息中心、《中国化工报》、中国磁材商情网、罗斯基尔信息服务公司、IMCOA咨询公司。

2006—2010 年，我国钕铁硼磁体年均增长率约为 19%，2010 年达到 82000 吨，占世界总产量的 82.83%，其中烧结钕铁硼磁体占 95%，粘结钕铁硼磁体占 5%。2010 年世界钐钴磁体产量为 800 吨，其中 600 吨为烧结磁体，由我国生产。日本是世界上第二大稀土永磁体生产国，2010 年烧结钕铁硼磁体产量为 10500—13300 吨，粘结钕铁硼磁体磁体产量约 600 吨。世界上其他国家稀土永磁体产量极低。据报道，2008 年欧洲的产量为 990 吨，美国的产量为 137 吨（美国不生产烧结钕铁硼磁体），其他国家的产量为 275 吨。我国的生产规模还在不断地扩大，目前的产能已严重过剩。

（四）稀土应用产品生产状况

将稀土矿产品到稀土功能性产品的生产界定为稀土产业，是目前大多数人的看法。实际上，稀土功能性产品还需要使用到具体终端产品上，否则稀土使用价值并不能得到体现。特别是稀土在高技术产品领域的使用情况决定着稀土功能性产品的发展方向，也决定着稀土矿产品一直到稀土功能性产品的生产规模变化。仅考虑稀土中间产品而不考虑稀土应用情况对稀土产业发展极为不利。由于稀土应用产品极为广泛，在传统产业分类中将稀土应用产品生产划归到各种各样的产业之中，加之稀土功能性产品在高技术领域的应用情况为各国所保密，因此这部分的生产状况难以准确掌握。但是从世界稀土高端产品的技术走向和国际稀土产品的贸易状况，我们仍能对稀土高端应用产品生产状况有个粗略了解。

目前我国稀土功能性产品的应用主要在传统低附加值领域，稀土高端应用产品生产主要在日本、欧洲和美国，我国在这一领域与稀土应用发达国家还有巨大的差距。

第三节　主要结论

稀土资源包含了多种金属元素，每种稀土金属元素的储量、性质、应用方向、应用功效等都不同。稀土产业更是包含了多个生产特点差异很大的价值创造环节，以及生产出众多性质各异的稀土产品。围绕稀土有很多概念，如稀土资源、稀土矿物、稀土元素、稀土产品、稀土原料、稀土材料、轻稀土、重稀土、稀土应用、稀土产业、稀土产业链等，这些概念有着不同的界定，概念之间也存在巨大的差别。而在现实中人们常常只用"稀土"这一名称笼统地代表稀土的所有方面，这导致了人们对稀土资源及稀土产业存在诸多模糊或不正确的认识。比如，单纯地讲"稀土需求"就非常模糊，无论是指稀土矿产品的需求，还是指稀土新材料的需求或是指某种稀土元素的需求，这几个需求之间是完全不同的；再比如，常常讲稀土生产的环境破坏大，这并不准确，从稀土产品生产的角度来看，只在稀土矿产品生产过程中产生环境破坏，而稀土其他产品的生产对环境的影响很小。另外，除了对稀土的概念模糊外，过分夸大某些稀土元素和某些稀土产品的功效，致使稀土被极大地神秘化。我们通过对稀土资源及稀土产业的梳理，希望能够对稀土有一个客观的认识。

（一）对稀土稀缺性的认识

就稀土元素总量来说，稀土不仅不稀缺，还非常丰富，但绝大多数稀土元素的存在方式非常分散，稀散是稀土元素在地壳中赋存的一个主要特征；稀土资源是指稀土元素含量达到一定比例的矿物，并不是所有的稀土资源都值得开采。在目前的开采技术和稀土元素的应用价值条件下，具有经济开采价值的稀土资源相对较少。但随着开采技术或稀土元素应用价值的提高，具有经济开采价值的稀土资源会增加。

稀土元素分为轻稀土和重稀土，由此稀土资源也分为轻稀土资源和中重稀土资源。在大多数已发现的稀土资源中，不管是轻稀土资源，还是中重稀土资源都包含有绝大部分种类的稀土元素。轻稀土资源中并不是不包含重稀土元素，只是重稀土元素的含量较低罢了，同样中重稀土资源也包含轻稀土元素。目前全球发现的稀土资源中，主要是轻稀土资源，中重稀土资源很少，由此推断，重稀土元素在全球的赋存量远远低于轻稀土元素。因此，全球稀土资源总量并不稀缺，但中重稀土资源相对稀缺。

　　我国具有经济开采价值的稀土资源较为丰富，但全球稀土资源新的发现量和我国现有稀土资源的开采量，都会影响我国稀土资源占全球的比例。从目前来看，全球对稀土资源的勘探投入在增加，国外新的稀土资源不断被发现，我国对现有稀土资源的长期大规模开采，使我国稀土资源储量在世界上的优势地位不断下降。从稀土资源的种类来看，全球中重稀土资源的绝大部分在我国，虽然对中重稀土资源进行了大规模开发，但目前我国中重稀土资源在世界上仍然有很大的优势。

　　（二）对稀土功效的认识

　　由于在大多数稀土产业研究中，将稀土功能性材料作为稀土元素的终端应用产品，因而对稀土功效的考察往往停留在稀土功能性材料领域。从产业链来看，稀土功能性材料虽然距离终端消费品最近，但它毕竟不是最终消费品，稀土功能性材料仍然属于中间产品，稀土应用产品应该延伸到终端消费品。稀土元素对终端消费品的影响大致有两种：一种是稀土元素在生产终端消费品时产生的影响（提高生产效率，改进终端消费品的性能、质量等），终端消费品本身并不含有稀土元素；另一种是稀土元素直接应用在终端消费品中，终端消费品本身含有稀土元素。稀土在生产终端产品以前的各种产品（包括稀土矿产品、稀土冶炼分离产品和稀土功能性产品）都是稀土中间产品，也可以称为广义上的稀土原料，使用稀土中间产品生产的终端消费品称为稀土应用产品。"稀土"的概念比较泛，但最狭义的稀土概念一般是指稀土元素或稀土资源。稀土元素或稀土资源的应用提高了终端消费产品（稀土应用产品）的效能就是稀土的功效。

　　稀土既可以运用到高新技术产业的产品生产中，也可以运用到传统产业的产品生产中。高新技术产品的价值比较高，所以这类稀土应用产品又被称为稀土高端应用产品，相应的稀土在传统产业产品中的应用称之为稀土低端应用产品，这种划分并不是绝对的，因为传统产业中也有高价值产品。稀土的应用领域很广，在高新技术产业领域的应用前景远大于传统产业领域。目前，已发现的稀土应用产品虽然很多，但真正工业化生产的稀土应用产品却十分有限。一方面，大多高科技领域的稀土应用产品尚处于实验室阶段,并未真正实现产业化;另一方面,很多传统产品的自身价值很低,不值得使用稀土。

稀土各个元素的应用功效、应用领域、应用产品的产业化进程等都不相同,这导致稀土各元素的使用量并不均衡。目前,全世界轻稀土的使用量较大,2010 年仅铈、钕、镧三种元素的使用量就占全部稀土元素使用量的 80% 以上;重稀土使用量极少,只有钇元素的使用量较大(2010 年钇元素使用量占全部稀土元素使用量的约 9%),很多重稀土元素并没有应用到终端产品生产之中。但是重稀土元素功效更高,常常被用于高端产品制造,在高科技领域,重稀土元素的应用前景更为广阔。稀土各个元素的应用功效、应用领域及使用量取决于科技的发展,但由于受资源量的限制,重稀土元素使用量始终会小于轻稀土元素。

稀土是否具有可替代性与稀土在终端产品生产中的作用有关。当稀土的作用主要在于提高产品的性能、质量或提高生产效率时,稀土是具有可替代性的,不使用稀土最多使终端产品的性能、质量、生产效率等降低;当稀土的作用在于形成产品的新功能时,稀土是不具有可替代性的。另外,稀土应用于替代品较多的终端产品时,稀土的可替代性增强,稀土应用于替代品较少的终端产品时,可替代性减弱。从目前的稀土应用技术来看,大多数稀土应用产品都具有可替代性,高端稀土应用产品的可替代性相对较弱。

(三) 对稀土价值的认识

稀土之所以被广泛关注,其中的一个重要原因就是人们认为稀土的价值很大。稀土可以应用在国民经济的众多领域,尤其是稀土对高科技领域产生重要的影响,少量稀土的使用就可以产生巨大的功效,由此人们认为稀土应该有更高的价格。事实上,人们在谈论稀土的价值时常常将稀土的使用价值和价值混淆在一起,用稀土的使用价值代替稀土的价值。使用价值虽然是价值的载体,但却不是商品价值量高低的决定因素。马克思认为商品价值量的高低由凝结在商品中的劳动决定,而商品价格的高低由价值决定并受供求关系的影响。古典经济学认为商品价格的高低由商品的供给和需求决定。稀土的有用性、巨大的功效和应用的广泛性固然决定了稀土有极高的使用价值，但是这并不意味着稀土因为使用价值大就一定应该有较高的价值（或价格）。影响稀土价格（价值）的因素有很多，其价格形成机制极为复杂，关于这一问题我们在后面的章节详细分析。

稀土的使用价值最终由稀土应用产品体现出来，稀土在高端产品上的应用比在低端产品上的应用更能够提高稀土的使用价值，并且随着稀土应用技术的提高稀土的使用价值会不断提高。目前，稀土在国外的使用价值高于在国内的使用价值，稀土未来预期使用价值（或者是期望的使用价值）高于现实的使用价值。稀土的使用价值很大，但并不是所有稀土元素的使用价值都很大，大多数稀土元素的使用价值并没有被很好地开发出来，这是导致稀土元素使用极不平衡的重要原因，但是现在使用价值不大的稀土元素在将来可能会很大。

有观点认为，稀土元素相比于其他元素对国民经济，特别是高新技术产业的发展更重要。从全社会角度看，稀土的应用历史和应用领域都比不上铁、铜、铝等大宗金属，没有铁、铜、铝等金属的后果远比没有稀土的后果可怕得多。以此判断，稀土对国民经济的重要性不如铁、铜、铝等金属；从对高新技术产业的作用来看，高新技术产业中的很多高性能产品生产没有稀土是不行的，但是没有其他元素也是不行的，所以不能说稀土就一定比其他元素更重要。宏观视角下对稀土价值的客观认识应该是：稀土对高新技术产业竞争力的提升起着重要的、关键性作用，稀土对国民经济的影响主要是通过推动高新技术产业的发展来实现的，如果稀土应用仅停留在传统产业领域，那么稀土对国民经济的影响是极其有限的。

（四）对稀土产业发展规模的认识

将稀土矿产品和稀土冶炼分离产品的生产作为稀土上游产业，稀土功能性产品生产作为稀土中游产业，稀土应用产品生产作为稀土下游产业。以全球市场为考察对象，产业链各环节之间的发展规律通常表现为：上、中、下游产业的发展规模依次提高，并且在上游产业生产不受限制的情况下，下游产业的发展规模制约着上游产业的发展规模。如果产业链各环节出现区域分工，在全球市场开放度较低时，上、下游产业之间相互制约的关系显著；在全球市场开放度较高时，下游产业对上游产业发展规模的制约显著。从全球产业目前的发展状况和未来发展趋势看，上游产业对下游产业的制约越来越弱，下游产业（特别是终端产品生产环节的产业）对上游产业发展的制约越来越突出。

稀土上游产业的发展规模既受到稀土终端应用产品生产对稀土原料需求的限制，又受到稀土资源储量的限制。稀土元素应用在终端产品生产中的一个显著特征就是用量少，正是因为这一显著特征，稀土被称为"工业味精"或"工业维生素"。因此，要想增加稀土原料的使用量，就必须极大地扩展稀土在终端产品上的应用领域，这意味着稀土应用产业的规模要远远超过稀土原料产业。另外，稀土应用产品生产中的稀土元素减量技术和稀土元素替代技术也有较快的发展，这无疑减缓了稀土原料使用量的增长速度，限制了稀土上游产业的规模。稀土资源储量与稀土上游产业的发展规模是一对矛盾，稀土上游产业发展的规模越大，稀土储量就会下降得越快；反过来就会制约稀土上游产业的发展规模。对一个特定区域来说，单纯的资源开采产业发展是不可持续的，区域资源优势可以在一段时间里支撑区域资源产业规模扩张，当资源耗竭时，区域资源产业规模迅速缩小，直至消失。因此，稀土在终端产品生产中的应用特点和稀土资源的禀赋特点，决定了稀土上游产业始终是一个相对较小的产业。从全球稀土上游产业发展看，目前制约稀土上游产业发展规模的主要因素是稀土下游产业的发展速度，而稀土资源对稀土上游产业发展规模的制约影响在短期内比较明显，长期影响较弱。

稀土中游产业生产的稀土产品在大类划分上仍然属于稀土原材料，因此稀土中游产业发展状况与稀土上游产业发展状况极为相似，其产业规模虽然大于稀土上游产业，但仍然是一个规模相对较小的产业。目前稀土中游产业的发展规模严重受制于稀土下游产业的发展，而稀土上游产业对稀土中游产业的影响比较小。

稀土下游产业的发展规模主要受到稀土应用技术进步的影响，应用技术发展得越快，稀土在终端消费品的使用领域就越广泛，产业规模就会越大。目前稀土下游产业对稀土元素的应用并不平衡，真正较大规模使用的稀土元素并不多。如果稀土应用技术能够将使用较少的稀土元素开发利用起来，即便是稀土上游产业保持现有的生产规模，稀土下游产业的发展规模也会有很大的扩张。因此，创新稀土应用方法、扩展稀土应用新领域、使所有稀土元素都能够得到充分利用是稀土下游产业发展的重要方向。此外，稀土上游产品的价格降低虽然有利于稀土下游产业的发展，但稀土原料会因价格低廉而被大量使用到低端产品之中，这对稀土资源是一种浪费，并不有利于稀土产业的长远发展。

总之，稀土资源和稀土应用的特点使稀土上游和中游产业（都属于稀土原材料产业）的规模难以做大，从可持续发展的角度看，稀土原材料产业的规模也不宜做得太大；而稀土下游产业的发展空间极其广阔，应该是稀土产业链中最重要的发展环节，也是最需要发展的环节。

（五）对我国稀土产业的认识

我国已建立起了从稀土矿产品到稀土应用产品生产的完备稀土产业链。从所生产的稀土产品数量来看，不管是稀土矿产品、冶炼分离产品、功能材料产品，还是稀土应用产品，几乎在稀土产业链的所有环节，我国的生产规模都是世界上最大的。

我国生产了世界上绝大部分的稀土矿，这些稀土矿全部在国内被用来生产稀土冶炼分离产品。稀土冶炼分离产品的71%在国内用于稀土功能性产品和稀土应用产品的生产，只有29%出口国外（2010年数据）。稀土功能性产品的绝大部分在国内用于稀土应用产品的生产，比如稀土功能性产品中消耗稀土最多的永磁材料，2010年有80%用于国内稀土应用产品的生产，有20%出口国外。由此可见，我国生产的大部分稀土元素并没有被国外使用，而是使用到了稀土终端产品的生产中。

进入21世纪后，我国供应了全球约95%的稀土需求，但同时我国也消费了全球约70%的稀土。有一种观点认为，由于我国向国外大量廉价供给稀土原料，致使我国的稀土资源迅速减少。这一说法并不客观，事实上我国稀土原料的约 1/4 供给国外，3/4 被国内使用。国内稀土元素消费过大是我国稀土资源迅速减少的主要原因。

在稀土矿产品和稀土冶炼分离产品的生产环节，无论是生产技术、产品质量，还是生产规模，我国都有巨大的产业优势；在稀土功能性产品生产环节，我国的生产规模是世界最大的，但在稀土元素的利用效能上与世界先进水平相比尚有差距，所使用的功能性产品生产专利绝大部分是国外的；在稀土应用产品生产环节，我国稀土元素的应用数量在全世界规模最大，但创造的产值却远远比不上日本。我国稀土元素主要应用在传统的低端产品生产上，而日本等发达国家的稀土应用主要在高新技术领域，这是我国稀土产业大而不强的主要原因。

第二章　我国稀土产业管制缘由及管制措施

20世纪80年代起我国稀土原料产业进入了一个快速发展阶段，到1986年我国稀土原料产品产量超过美国，成为世界最大的稀土生产国。此后，我国稀土产业不但在原料生产领域，而且在稀土深加工的各个领域都呈现出高速发展的局面。1991年我国将稀土矿列为国家实行保护性开采特定矿种，以此为标志，我国稀土产业进入管制时期。但在2006年之前，我国稀土产业管制措施出台的数量少、执行的力度小、管制多流于形式，对稀土产业发展并没有起到实质性影响。从2006年开始，我国出台的稀土产业管制措施越来越多、管制力度越来越大，对稀土市场和稀土产业发展都产生了巨大的影响。那么，是什么原因导致我国政府要对稀土产业进行管制？稀土产业发展中出现了什么问题？我国出台了哪些稀土产业管制措施？这些管制措施的政策目的是什么？

第一节　我国稀土产业管制缘由

从我国稀土产业的发展历程和管制历程来看，专家学者对稀土产业存在问题的研究和呼吁，促使了国家对稀土产业加强管制。

一　专家学者对稀土产业存在问题的看法和呼吁

中国科学院院士徐光宪是我国稀土产业的功臣，20世纪70年代，徐光宪院士提出创新的稀土分离理论，实现了稀土回流串级萃取，开创了新的稀土生产工艺，使我国的稀土分离技术达到了世界领先水平，被尊称为"稀土之父"，获2008年度国家最高科学技术奖。

2005 年，徐光宪、师昌绪等 15 位院士向国务院提交了《关于保护白云鄂博矿稀土和钍资源，避免黄河和包头受放射性污染的紧急呼吁》。报告指出世界最大的稀土矿——白云鄂博主矿和东矿存在无序开采、环境破坏、资源耗竭等问题，并分析了由此可能造成的严重后果，建议国家实施限制开采政策。该报告引起了国家层面的高度重视。国务院两位领导人都曾做出重要批示，要求研究政策措施解决稀土过度开采、产能过剩、无序竞争、大量廉价出口的状况。文摘 2 - 1 是上述呼吁中的部分内容摘录。

文摘 2 - 1：

我国最主要的稀土和钍矿在白云鄂博主矿和东矿，现两矿作为铁矿已开采了 40%，但其中的稀土利用率不到 10%，钍利用率则为零。

20 世纪 50 年代包钢开始建厂，白云鄂博主、东矿被设计为单纯的铁矿，未考虑稀土和钍的综合利用。自 1958 年包钢投产以来，主、东矿已开采 2.5 亿吨，尚余 3.5 亿吨。现每年开采量达 1000 万吨，照此下去，主、东矿不到 35 年就开采完毕。

白云鄂博矿如若不加强管理，规范有序开采，任其发展下去，包头的稀土资源和钍资源很快将丧失殆尽，届时我国将沦为稀土和钍资源小国，重蹈钨矿的覆辙。

建议国家采取紧急措施保护白云鄂博矿稀土和钍资源，限制白云鄂博主矿和东矿的开采量，增加西矿开采量。主、东矿 2004 年实际开采 1000 万吨，建议从 2005 年起逐年减少，至 2007 年减少到 500 万吨，至 2009 年减少到 300 万吨，从 2012 年起停止开采，把主、东矿封存起来，用尾矿坝提供稀土的需要，并恢复植被，保护环境。

资料来源：徐光宪等：《关于保护白云鄂博矿稀土和钍资源，避免黄河和包头受放射性污染的紧急呼吁》。

　　2006 年徐光宪等院士再次上书国务院，呼吁对稀土限制开采量。2007 年国土资源部下达稀土开采指标，限制稀土生产 8 万吨，小于世界需求量 10 万吨。

　　2009 年，在由包头市政府、中国工程院、中国稀土学会主办的首届"中国包头·稀土产业发展论坛"上，徐光宪院士针对稀土的性质、稀土的重要性以及我国稀土产业存在的问题发出了"强烈呼吁国家建立稀土战略元素储备制度"的呼声。徐光宪院士认为稀土是"不能替代的高新技术和军事战略元素"，而我国稀土低价出口将对未来造成极其不利的影响，国家应该"拨出十亿左右美元用于在稀土价格低迷时收购稀土作为战略储备，强化资源保护，以夺回国际定价权"。徐光宪院士的呼吁引起了社会广泛关注，随后大量的新闻报道和稀土产业研究相关文献将该呼吁作为政府应该加强稀土管制的重要依据。文摘 2 - 2 是徐光宪的《强烈呼吁国家建立稀土战略元素储备制度》全文。

文摘 2 - 2：

　　稀土是不可再生的宝贵战略资源，是工业"维生素"，用量不多，但不可缺少。具有 1—13 个 4f 电子的 13 个元素的电子能级达 1639 个，能级之间有 199177 个可能跃迁，比其他化学元素多几十倍到几千倍。因此稀土元素具有非常丰富的光、电、磁、超导、催化、活性等优异性能，是不能替代的高新技术和军事战略元素。可以毫不夸张地说，"没有稀土就没有高新技术"，"没有稀土，美国就打不成海湾战争"。

　　我国对稀土很重视，从周恩来总理开始就一直关注稀土，方毅副总理曾经八上包头，在邓小平、江泽民等中央领导多次指示、全国稀土科技工作者的共同努力下，在稀土冶炼和萃取分离理论及技术等方面已取得世界领先的成果，并在全国普遍推广应用。20 世纪 90 年代以来单一高纯稀土的产量已占世界 90% 的份额。但由于科技界、企业界对于知识产权保护的意识薄弱，本来只在包头、上海、珠江三个国营稀土大厂推广的分离技术，迅速扩散到地方和私

营企业，建厂达几十个之多，生产能力达 12 万—15 万吨，大于全
世界的需求量 10 万吨，造成供过于求、人为压低稀土价格的情况，
使全国稀土行业面临无利的艰难困境。中国稀土学会名誉理事长周
传典以及全体会员，国家发改委稀土专家组组长李东英院士领导下
的全国稀土专家们（包括我也在内）都感到非常惋惜，多次在各
种会议上呼吁，我国稀土行业应该像欧佩克那样，自律限制产量，
提升价格，但没有达成一致意见。

　　早在 2005 年和 2006 年，我们就两度上书国务院，得到温总理
的迅速批示，下令国土资源部从 2007 年起，限制稀土生产 8 万吨，
小于世界需求量 10 万吨。这个消息公布后，2006 年的稀土价格就
上升 1—3 倍，2007 年一直维持高位，那时我们才知道国土资源部
是有宏观调控能力的。但在 1995 年至 2005 年的 10 年中我国稀土
出口损失外汇几十亿美元，凭空使日本、韩国等收购储备了可供
20 年使用的中国的廉价高质量单一稀土。

　　从 2008 年起，由于世界金融危机，稀土价格大幅回落。但更
重要的实际原因是，日本等国已经有了 20 年的稀土储备，现在看
到稀土价格高了就不买了，使它们反而有了国际稀土定价权。这种
教训是十分惨痛的！

　　英国《泰晤士报》今年 3 月 9 日发表文章指出：（1）全球
95% 以上的稀土金属都将由中国生产供应。它们被广泛应用于手
机、激光器和航空业等方面。随着世界各国在能源利用率方面加大
力度，中国的主导地位将变得更具有战略决定性，因为很多重要的
环保技术，例如风力涡轮机、低能耗灯泡和混合动力车等都非用稀
土不可。（2）随着中国大幅削减每年的稀土金属出口配额，中国
在稀土供应方面日益崛起的实力及其明显要把它作为"21 世纪的
经济武器"的意图令日本政府感到担忧。有日本政府人士对《泰
晤士报》说，对日本业界来说，这是一种无形的海啸恐慌。日本几
乎 100% 的稀土进口都来自中国，因此它将这些元素看作未来贸易
战的一个潜在战场。（3）稀土资源将为中国高技术产业提供一个繁

荣的机会，允许它们获得对亚洲、欧洲和美国竞争者的巨大竞争优势。没有这些"技术性金属"元素，也就谈不上什么技术。中国已经开始研究如何使这些金属给本国企业以他国企业难以匹敌的竞争力。

为此，我强烈呼吁国家建立稀土战略元素储备制度，拨出十亿左右美元用于在稀土价格低迷时收购稀土作为战略储备，强化资源保护，以夺回国际定价权。包钢稀土集团公司也在考虑储备稀土，如有国家作为后盾，就可以收回稀土的国际定价权。现在稀土的价格低于1985年的水平是很不合理的，还有很大的上升空间。对于国家而言，储备不可再生的稀有金属，可以分散购买大量美国国债的风险，也是一种有利的选择。现在美国将其稀土矿完全封存起来，等待几十年后稀土紧缺，价格飙升到100—1000倍时才去开采，那时的战略地位可就大不一样了。

资料来源：徐光宪：《强烈呼吁国家建立稀土战略元素储备制度》，《中国高新区》2009年第2期。

引起专家学者以及社会公众对稀土问题进行广泛讨论的另一篇影响巨大的文章，是国务院发展中心鲁志强研究员2006年9月19日在国务院发展研究中心《调查研究报告》（2006年第216号）发表的《为什么"稀土卖成土价钱"》一文。随后，该报告形成了在国家发改委稀土办2006年10月24—27日召开的"稀土工业发展座谈会"上的讲话，引起与会代表强烈反响。该文总结了我国稀土存在的五方面问题，认为"中国稀土既没有表现出战略功能，也没有表现出清晰的战略意识，更没有可辨识的战略目标、战略重点和战略行为。稀土行业最主要的诉求目标似乎就是提高稀土产品价格"。文摘2-3是该文的部分内容摘录。

文摘2-3：

　　稀土的确是当今重要的资源，中国的确拥有巨大的资源和产业优势，但这些数字却难掩稀土行业五方面的问题：

　　（一）滥采滥挖，浪费资源

　　滥采滥挖，浪费资源不是稀土资源独有的现象。但由于稀土资源独有的成矿条件，无证开采、越界开采、采富弃贫、采易弃难、丢矿压矿等现象更为严重。北方白云鄂博一直作为铁矿开采，稀土回收利用仅为10%左右，约90%的稀土资源作为二次资源进入尾矿坝堆存。南方的离子型稀土属国家保护性开采矿种，但回收率仅为40%—60%。稀土企业规模普遍偏小，采选技术落后。如江西省年产稀土不足1万吨，经核准的矿山企业就有88个。一些采用池浸法开采的稀土矿，有的回收率甚至只有20%。杀鸡取卵式的掠夺开采，一直禁而不绝。

　　（二）生产粗放，污染环境

　　南方离子型稀土矿使用的池浸法工艺，对环境生态破坏十分严重。"池浸工艺每开采1吨稀土，要破坏200平方米的地表植被，剥离300平方米表土，造成2000立方米尾砂，每年造成1200万立方米的水土流失。"开采稀土造成的"瘌痢头"在南方秀丽的青山绿水中十分刺眼。即使改进后的原地浸矿法依然破坏地表和山体结构。大量使用的草酸和硫铵浸出液污染地表、地下水，形成大范围的水域污染。稀土选矿、分离、提炼、加工的全过程都会产生废渣、废水。北方大量的稀土作为尾矿堆存起来，极易成为污染源。考虑环境生态和资源破坏等外部成本，可以说，稀土产业的进步是以巨大社会成本为代价的。

　　（三）开发滞后，缺乏创新

　　据资料统计，稀土产品价值从低端向高端呈裂变式增长，其幅度比其他产业更为显著。稀土精矿、新材料和元器件价值之比达到1：50：500，终端产品增值更高。而我国稀土产业主要是低端产品，包括永磁材料、发光材料、储氢材料和抛光粉等。我国从20世纪 50 年代就开始进行稀土提取和应用研究工作，目前已拥有 5700 多名科研人员。但面临两大难题，一是力量分散，我国有数百家科研院所、企业和高等院校涉及稀土研究；二是科研条件不佳，面临资金短缺，设备落后等制约。我国最大的包头稀土研究院人数最高时曾达 2000 多人，目前已萎缩到 200 多人。稀土基础理论和应用研究双薄弱，多数科研机构只能跟踪国外动态，仿制多而独创少，新材料领域基本没有自主知识产权。而稀土是典型的科技依赖性产业，失去了强大的科技支撑，稀土产业必然沦为廉价资源供给者。

（四）产能过剩，低价竞销

据统计，"全世界稀土市场每年需求折合成 100% 稀土氧化物约 8 万吨，而目前我国稀土的生产能力已经达到 18 万吨"，超过全球需求 1 倍以上。"但各地扩大生产能力的欲望仍很强烈，新的加工生产能力不断增加"。产能过剩而又缺乏有效的协调机制，占领市场的手段必然是低价竞销，结果必然是产量越来越大，价格越来越低。"1990 年到 2005 年，中国稀土的出口量增长了近 10 倍，可是平均价格却被压低到当初价格的 54%。在世界高科技电子、激光、通信、超导等材料需求呈几何级数增长的情况下，中国的稀土价格并没有水涨船高。"2015 年 5 月国家取消了稀土出口退税，大量压缩出口配额企业名额，稀土市场经历 6 年低迷期后，今年上半年价格开始大幅回升，但距历史最高价格仍有相当距离。"目前，稀土生产企业的利润一般只能维持在 1% 至 5%。即使达到 5% 的利润率，稀土卖的也是土价钱。"可以说，稀土是典型的优势资源、弱势产业、微利行业。

（五）优势缩水，前景堪忧

随着全球稀土新矿带不断发现，国际稀土资源格局悄然发生了变化，我国稀土占世界稀土储量的比重不断下降。20 世纪 60 年代，仅白云鄂博稀土氧化物储量就占世界的 90% 左右；1989 年美国《矿产品概览》统计，中国占世界稀土工业储量的 80%；近年来，有专家估计我国稀土氧化物资源储量约占世界的 60%；国外更有人估计:"全世界具有前景的稀土资源储量高达 6 亿吨",如属实,则我国储量占有率将降为 15%。目前,许多国家因价格等原因停止开采本国稀土资源,转而购买中国廉价的稀土产品,中国稀土资源消耗不断加速。有专家分析,即使按现在的开采规模,我国已探明的南方离子型稀土资源仅能开采 14 年,而包头矿的枯竭期约为 50 年。稀土业内一些有识之士"对于稀土资源储量消耗过快,特别是铽、镝等高价值战略元素流失严重,对稀土资源可持续利用和产业安全感到深深的忧虑。"一旦失去资源优势,稀土还有什么?

　　资料来源:鲁志强:《为什么"稀土卖成土价钱"》,国务院发展研究中心《调查研究报告》2006 年第 216 号,2006 年 9 月 19 日。

　　此外,2009 年出版了苏文清撰写的《中国稀土产业经济分析与政策研究》一书,受到了徐光宪和李东英两位院士的高度评价,认为该书的出版对我国稀土行业是一件十分有益的事,并将对今后研究我国稀土产业产生积极的影响。苏文清在该书中分析了中国稀土国际贸易特征,用稀土的出口价格变化说明"稀土出口产品定价权不在中国企业"的论断,并且认为"从每次中国政府对稀土产业的整顿和宏观调控中,明显看到政府政策对稀土产品价格的正面影响"。该书是目前为止在稀土产业政策研究中引用量最多的文献,足见其影响力巨大。后来的稀土产业管制实践表明,该书也的确对我国稀土产业管制政策的实施产生了重要影响。文摘 2 - 4 是该书中关于"稀土出口产品定价权不在中国企业"部分内容的摘录。

文摘 2 - 4:
　　(三)稀土出口产品定价权不在中国企业
　　应该说有垄断的产品就有垄断的利润,但中国的稀土产品恰恰相反。中国生产世界 85%—90% 的稀土商品量,市场份额不是绝对垄断也可以说是相对垄断,但商品的定价权却不在中国,而是国外厂商。从两次大的稀土出口数量增加而价格持续下跌中，感受强烈。1988—1993 年，中国稀土产品出口量增长了 53%，其中能反映深加工水平的单一稀土产品的比重从 3.2% 上升到 19.6%，而体现产品价格的创汇额基本没有提高。特别是 1992 年以后，出现了稀土出口量增加、创汇额反而下降的负增长局面。1992 年的价格降低 24%，1993 年又继续下滑 10%，稀土产品价格达到了 1987 年以来的最低点。

2000—2003 年，中国出口稀土产品中单一稀土产品的比重已达到 60% 左右，说明出口产品的质量提高到一个新的水平，但出口价格再次走入低迷，稀土产品出口创汇额却大幅下降。稀土出口产品吨均创汇额从 2000 年的 1.07 万美元下降到 2001 年的 0.63 万美元，2002 年降为 0.58 万美元。2002 年吨均价格不足 1988 年和 1989 年吨均价格的一半。

1987—2007 年，除 2007 年比较特殊外，前 20 年的稀土产品出口平均价格基本没有变化。1987—1990 年出口稀土产品吨均出口额或创汇额为 1.21 万美元；1991—1995 年出口稀土产品吨均出口额为 0.98 万美元；1996—2000 年出口稀土产品吨均出口额为 0.99 万美元；2001—2005 年出口稀土产品吨均出口额为 0.77 万美元；2006 年出口稀土产品吨均出口额为 1.36 万美元；2007 年出口稀土产品吨均出口额为 2.41 万美元。这些稀土产品出口中，是在稀土深加工产品和磁体等新材料产品所占比重以及产品质量逐年提高情况下的出口价格状况，其中尽管存在产品结构上的巨大价格差异，但后期包括更多稀土深加工产品和磁体等新材料产品情况下的吨均出口额，却不如初期绝大多数为稀土原材料产品出口的吨均出口额，是匪夷所思的。

影响中国稀土产品出口价格的因素是多方面的，但主要原因在中国国内。从每次中国政府对稀土产业的整顿和宏观调控中，明显看到政府政策对稀土产品价格的正面影响。2007 年中国稀土出口数量比 2006 年下降了 14.6%，但出口额却增长了 51%。虽然这与

当年世界资源价格上涨的大环境有关，但更直接和更大的原因是
2007 年中国政府出台了许多控制稀土产品出口的政策。

　　资料来源：苏文清：《中国稀土产业经济分析与政策研究》，中国财政经
济出版社 2009 年版。

　　在对我国稀土产业存在问题的探讨中，稀土出口价格过低问题成
为焦点。不管是大众媒体还是严谨的学术研究，也不管是专业人士还
是普通公众，凡论及稀土必谈稀土出口价格。"稀土卖成了白菜价"、
"稀土卖成土价钱"等既是社会大众也是学术界对稀土出口价格过低
的形象比喻。稀土出口价格过低成为整个社会的普遍共识，由此也成
为需要政府对稀土产业进行管制的最重要理由。在探讨我国稀土出口
价格为什么过低时，普遍认为"稀土定价权缺失"（或"没有稀土价
格话语权"）是最重要的原因。沿着这一思路，大量文献继而探讨
"稀土定价权缺失"的原因，由此演化成稀土产业存在的其他问题都
成为"稀土定价权缺失"的原因，而最终希望能通过政府对稀土产业
管制，夺回"稀土定价权"。

　　姜友林（2008）在《中国稀土出口价格表象及实质分析》一文
中认为，中国稀土出口价格严重偏低与定价权的丢失，除了企业经营
行为的非理性外，更多的是源于我国出口导向政策的泛化和稀土产业
化政策的失误、对稀土战略价值认识模糊以及产业管理方面的软弱。
加大政府、企业对稀土产业的科研投入，实行国家专营，理顺中央与
地方的关系，建立稀土战略储备等，是解决这一问题的必要举措。

　　丘惠萍（2009）在《稀土资源优势亟需转化为价格话语权优势》
一文中对我国稀土缺失价格话语权进行了分析，认为产业结构矛盾突
出，产能过剩使稀土产品低价外销；非法开采、乱采滥挖等现象猖
獗，致使稀土卖了"土价钱"；产品附加值低令我国稀土产品价格受
制于人；稀土矿产品价格形成机制不完善等。而要想掌握稀土国际价
格话语权，国家需要调整稀土产业结构，控制生产总量，杜绝地方对
稀土的无序开发以及偷盗行为；加强科技创新，加快产业升级，提高

稀土矿产品附加值；加重征收资源税，建立科学合理的矿产品价格体系，加强价格监管；成立稀土价格联盟，建立价格联动机制等。

宋文飞、李国平（2011）等在《稀土定价权缺失、理论机理及制度解释》一文中对我国稀土定价权缺失的现实根源和理论机理进行了深入探讨，认为我国稀土定价权缺失的根本原因是稀土出口的买方垄断市场结构、内部原因是稀土生产的无序状态，重要原因是中国没有形成实现稀土产品增值的技术创新网络，同时稀土定价权缺失与不合理的矿产资源税制结构息息相关，也反映了国际金融秩序的不合理，而稀土定价权缺失的本质是垄断资本对发展中国家的经济掠夺。提出解决稀土定价权缺失问题，政府可以采取征收环境税、提高稀土企业进入标准、规制稀土价格等措施，同时加快稀土产业兼并重组步伐，形成稀土出口市场双寡头结构；建立稀土期货交易中心，获得稀土金融定价权；加大稀土技术创新力度等。

廖泽芳、刘可佳（2011）在《中国稀土的国际定价地位研究》一文中对我国参与稀土国际定价权进行了实证检验，认为稀土过度开采、出口企业分散、我国处于稀土产业链的低端、信息利用率低等原因导致我国稀土出口在世界市场上不具有国际定价权，造成了我国稀土出口呈现出"福利恶化型增长"。而谋取稀土出口定价权可以从增加稀土储备、制定行业发展战略、稀土企业形成"联盟"定价机制、增强稀土科技自主创新能力、提高信息利用效率等方面入手。

周代数、李小芬、王胜光（2011）在《国际定价权视角下的中国稀土产业发展研究》中提出，我国缺乏稀土国际定价权的根本原因在于：产业链后端研发能力欠缺、资源开发过度、产业集中度偏低、行业协会发展缓慢、期货市场跟进不足、信息共享平台缺失等。重构稀土国际定价体系，实现稀土产业健康发展，政府应完善稀土战略储备制度，实现资源合理化应用；提升稀土产业集中度，建立稀土欧佩克组织；发展稀土产业技术创新战略联盟、共建行业公共信息服务平台；从技术标准上实现创新，打造中国稀土标准；利用垄断优势，获取合理利润，并加快发展稀土下游产品；培育成熟有效的期货市场，形成稀土国际定价中心。

陈果、张寿庭（2011）在《我国稀土定价权的影响因素及应对措施》一文中从观念因素、产业结构因素、技术创新因素、贸易监管因素分析了我国没有稀土定价权的原因，提出必须从观念上科学对待稀土资源，通过调整产业结构、提高稀土产业准入门槛、规范稀土市场价格、实施战略储备、成立稀土期货市场等措施争夺稀土定价权。

通过 CNKI 文献检索可以发现，2005—2014 年有关我国稀土产业研究文献中 95% 的研究都涉及了稀土价格问题。在这些研究中绝大多数都是将稀土出口价格过低或稀土出口定价权缺失作为既定的研究前提，对我国稀土产业存在问题的归纳有高度一致性认识。对稀土产业存在问题的解决，所有研究都认可政府必须有所作为，并且所提出的政府干预措施（政策建议）也有高度的一致性。正是因为大量专家学者对我国稀土产业存在的问题形成了较为一致的看法，并积极呼吁政府出面解决，直接推动了国家加强对稀土产业的管制。

二　政府对稀土产业存在问题的看法

专家学者对稀土产业的看法和呼吁，通过媒体的广泛宣传（有相当一部分对稀土产业的认识，来自媒体记者自身的调查和判断，而这部分媒体看法又在很大程度上成为专家学者的研究依据和看法），引起了社会的强烈反响，对稀土产业实施国家管制成为整个社会的共识。对稀土产业进行管制，政府必须对稀土产业发展中存在的诸多问题有一个明确认识，才能据此制定出具体的管制措施并加以实施，因此我国政府对稀土产业存在问题的看法是稀土产业国家管制的最重要依据。

从公开资料上看，最具权威性的、代表我国政府对稀土产业总体看法的文献有两个：一是 2011 年 5 月国务院发布的国发〔2011〕12号文《国务院关于促进稀土行业持续健康发展的若干意见》（简称《若干意见》），二是 2012 年 6 月国务院新闻办发布的《中国的稀土状况与政策》白皮书。两份文献都清楚地反映出我国政府对稀土产业存在问题的看法，前者对存在问题的表述极为简洁，主要是针对问题提出管制措施；后者给出了存在问题的判断依据，目的是解释我国对稀土产业进行管制的合理性。

文摘2-5是《若干意见》中的部分内容摘录。

文摘2-5：

稀土是不可再生的重要战略资源，在新能源、新材料、节能环保、航空航天、电子信息等领域的应用日益广泛。有效保护和合理利用稀土资源，对于保护环境，加快培育发展战略性新兴产业，改造提升传统产业，促进稀土行业持续健康发展，具有十分重要的意义。经过多年发展，我国稀土开采、冶炼分离和应用技术研发取得较大进步，产业规模不断扩大。但稀土行业发展中仍存在非法开采屡禁不止，冶炼分离产能扩张过快，生态环境破坏和资源浪费严重，高端应用研发滞后，出口秩序较为混乱等问题，严重影响行业健康发展。要进一步提高对有效保护和合理利用稀土资源重要性的认识，采取有效措施，切实加强稀土行业管理，加快转变稀土行业发展方式，促进稀土行业持续健康发展。

资料来源：《国务院关于促进稀土行业持续健康发展的若干意见》（国发〔2011〕12号）。

在《若干意见》中，国家首次明确地将稀土界定为"重要战略资源"。从全世界范围来看，只要是战略资源，国家就应该进行干预。《若干意见》在肯定我国稀土产业发展成绩的同时，提出了我国稀土产业存在五个方面的问题。虽然在对稀土产业存在问题的表述中没有直接指出"稀土价格问题"，但在《若干意见》第八条健全税收、价格等调控措施中明确提出"改革稀土产品价格形成机制，加大政策调控力度，逐步实现稀土价值和价格的统一"，这等于将"稀土价格过低没有反映稀土价值问题"作为一个不争的事实看待。从《若干意见》通篇所表达的观点来看，国家对稀土产业的看法与专家学者以及社会公众对稀土产业的看法是一致的。

文摘2-6是《中国的稀土状况与政策》白皮书中的部分内容摘录。

文摘 2 - 6：

中国稀土行业的快速发展，不仅满足了国内经济社会发展的需要，而且为全球稀土供应做出了重要贡献。长期以来，中国认真履行加入世界贸易组织的承诺，遵守世界贸易组织规则，促进稀土的公平贸易。当前，中国以 23% 的稀土资源承担了世界 90% 以上的市场供应。中国生产的稀土永磁材料、发光材料、储氢材料、抛光材料等均占世界产量的 70% 以上。中国的稀土材料、器件以及节能灯、微特电机、镍氢电池等终端产品，满足了世界各国特别是发达国家高技术产业发展的需求。

在快速发展的同时，中国的稀土行业存在不少问题，中国也为此付出了巨大代价。主要表现在：

——资源过度开发。经过半个多世纪的超强度开采，中国稀土资源保有储量及保障年限不断下降，主要矿区资源加速衰减，原有矿山资源大多枯竭。包头稀土矿主要矿区资源仅剩 1/3，南方离子型稀土矿储采比已由 20 年前的 50 降至目前的 15。南方离子型稀土大多位于偏远山区，山高林密，矿区分散，矿点众多，监管成本高、难度大，非法开采使资源遭到了严重破坏。采富弃贫、采易弃难现象严重，资源回收率较低，南方离子型稀土资源开采回收率不到 50%，包头稀土矿采选利用率仅 10%。

——生态环境破坏严重。稀土开采、选冶、分离存在的落后生产工艺和技术，严重破坏地表植被，造成水土流失和土壤污染、酸化，使得农作物减产甚至绝收。离子型中重稀土矿过去采用落后的堆浸、池浸工艺，每生产 1 吨稀土氧化物产生约 2000 吨尾砂，目前虽已采用较为先进的原地浸矿工艺，但仍不可避免地产生大量的氨氮、重金属等污染物，破坏植被，严重污染地表水、地下水和农田。轻稀土矿多为多金属共伴生矿，在冶炼、分离过程中会产生大量有毒有害气体、高浓度氨氮废水、放射性废渣等污染物。一些地方因为稀土的过度开采，还造成山体滑坡、河道堵塞、突发性环境污染事件，甚至造成重大事故灾难，给公众的生命健康和生态环境带来重大损失。而生态环境的恢复与治理,也成为一些稀土产区的沉重负担。

——产业结构不合理。冶炼分离产能严重过剩。稀土材料及器件研发滞后,在稀土新材料开发和终端应用技术方面与国际先进水平差距明显,拥有知识产权和新型稀土材料及器件生产加工技术较少,低端产品过剩,高端产品匮乏。稀土作为一个小行业,产业集中度低,企业众多,缺少具有核心竞争力的大型企业,行业自律性差,存在一定程度的恶性竞争。

——价格严重背离价值。一段时期以来,稀土价格没有真实反映其价值,长期低迷,资源的稀缺性没有得到合理体现,生态环境损失没有得到合理补偿。2010 年下半年以来,虽然稀土产品价格逐步回归,但涨幅远低于黄金、铜、铁矿石等原材料产品。2000年至 2010 年,稀土价格上涨 2.5 倍,而黄金、铜、铁矿石价格同期则分别上涨 4.4 倍、4.1 倍、4.8 倍。

——出口走私比较严重。受国内国际需求等多种因素影响,虽然中国海关将稀土列为重点打私项目,但稀土产品的出口走私现象仍然存在。2006 年至 2008 年,国外海关统计的从中国进口稀土量,比中国海关统计的出口量分别高出 35%、59% 和 36%,2011年更是高出 1.2 倍。

资料来源:《中国的稀土状况与政策》白皮书,2012 年 6 月。

《中国的稀土状况与政策》白皮书所归纳的我国稀土产业存在问题与《若干意见》中所提问题基本相同,其表述得更为详尽和具体。特别是对稀土价格过低问题不但直接指出"稀土价格没有真实反映其价值,长期低迷,资源的稀缺性没有得到合理体现,生态环境损失没有得到合理补偿",而且通过 1986—2010 年中国稀土价格变化图、2000—2010 年稀土与其他产品价格涨幅对比图以及 1986—2010 年稀土与黄金、铜、铁矿石价格变化比较图来说明稀土价格的确过低。

我国专家学者对稀土产业国家管制的呼声最终转变为政府对稀土

产业全方位管制的行动，专家学者以及社会公众对稀土产业存在问题的看法与政府看法的高度一致，说明我国稀土产业国家管制的推动力来源于专家学者的呼吁以及社会公众的普遍关注。

三　对稀土产业存在问题的总结

对我国稀土产业管制，专家学者以及社会公众的呼吁只是一种推动力量，而应不应该管制、管制什么以及怎样管制则是由稀土产业发展中存在的问题所决定的。我国专家学者对稀土产业的相关研究把主要精力放在了发现问题和解决问题上，其目的是为了提供行之有效的管制措施。从现有文献看，虽然各种研究对稀土产业存在问题的归纳视角和表述方式有所不同，但对于稀土产业存在的大类问题却有着高度一致性的认识。

1. 稀土廉价出口问题

最早引起人们对稀土关注的是我国稀土出口价格持续走低。1990年以后，稀土出口价格的总趋势是不断下降的，2004年的价格已经不到1990年的一半，与此相伴随的是我国稀土出口数量的增加。1998年我国开始实施稀土出口配额制度，但是出口配额数量远高于国际市场需求量，并未能阻止稀土出口价格下降的趋势。当稀土的价值在高科技领域凸显出来，并且我国供给了世界稀土需求量的95%时，人们自然会认为稀土的价值很高，我国稀土又具有垄断地位，我国稀土出口价格应该而且可以很高，但现实是价格很低，那么到底稀土产业出现什么问题导致了这种局面。在随后的讨论中，一般认为稀土出口价格低廉的原因主要是我国稀土企业数量众多，产业集中度低、恶性竞争导致了稀土定价权缺失，因而需要政府出面整合稀土产业、限制出口数量，夺回稀土定价权。

稀土廉价出口问题是稀土产业所有问题的核心，是整个社会最为关注的、探讨最集中的问题，也是最期待政府进行管制的问题。从稀土产业管制实践来看，大部分的管制措施实际上是围绕着稀土出口价格而设计的。

2. 稀土资源储量下降问题

我国为世界供给的稀土量太多，致使我国的稀土资源优势迅速下降，这显然不利于稀土产业的可持续发展，出于稀土产业可持续发展的要求，政府应该对稀土开采量进行管制。

但更为关键的是，稀土在高科技领域有巨大的应用价值，我国拥有相对丰富的稀土资源，可以为我国今后建立有强大竞争优势的高新技术产业提供物质基础。大量廉价的出口稀土，助推了国外稀土的应用优势，也抑制了我国稀土在高科技领域的应用。人们认为，只要有稀土资源优势存在，我国利用稀土发展高科技产业的希望就存在。当我国稀土资源储量占世界的比重大幅度下降，特别是有人预言以现有的稀土开采速度，在可预见到的不远将来，我国将无稀土资源可供开采时，人们担忧的是，如果不对稀土进行管制，一旦资源枯竭，我国恐怕连发展稀土高端应用产业的机会都没有了。

3. 稀土生产的环境代价问题

稀土在采选、分离等生产过程中都会产生很大的污染。稀土焙烧排放大量含有精矿的粉尘和含有氢氟酸、二氧化硫、硫酸等的废气，排放酸性废水以及放射性废渣。稀土矿区植被破坏、水土流失严重，生产企业排放的"三废"中氨氮、硫、氟和 COD 超标。每年排放的氨氮、氟、放射性元素等污染物已对我国重要水域和地下水造成不同程度的污染，含硫、氟、氯等的废气对大气也造成了污染。放射性的尾矿和废渣不仅对环境造成污染，也对公众安全构成威胁。稀土原料生产过程中的污染大、环境代价高是毋庸置疑的，很多国家有稀土资源而不愿开采的重要原因就是稀土生产的环境成本太高。我国稀土原料生产中的环境成本并未得到补偿，这也是我国稀土可以低价销售的重要原因。

人们认为，以我国低廉的稀土出口价格计算，如果要修复因稀土生产而破坏的环境，所要付出的修复成本远高于稀土的出口收益，这种稀土贸易显然极不公平。就稀土生产的环境代价来说，稀土产业已不是要不要管制的问题，而是必须要进行管制、怎样进行管制的问题。

4. 稀土的价值差距问题

稀土的真正价值在于稀土的高端应用，稀土也只能在高技术领域应用才能体现出它的高价值。稀土原料产品和低端应用产品生产虽然也有价值，但与稀土高端应用相比，价值差距巨大。我国主要在稀土原料及稀土低端应用生产上具有优势，稀土出口也主要以稀土原料产品为主。稀土在我国所体现出的价值十分有限，而国外则将我国廉价的稀土转变成高价值产品。让人们感到忧虑的是：稀土在国外的价值高于在国内的价值、未来的价值高于现在的价值，我国在大量廉价出口稀土原料的同时，也在向国外高价购买稀土高端产品。这种状况如果持续下去，我国在国际贸易中将始终处于被动地位。

另外，稀土原料产品生产对资源的依赖性很大，因而稀土原材料产业不可能获得永久的产业优势。资源优势丧失时，产业优势也随之丧失，当资源枯竭时，依托资源的产业也将消失。我国稀土产业如不在稀土高端应用上有所作为，不但稀土的高价值体现不出来，对我国高新技术产业的发展起不到推动作用，而且随着稀土原料的大量出口和低端应用，很快会将我国所拥有的潜在稀土价值消耗殆尽。也正因为如此，很多人呼吁在我国稀土应用价值与国外尚有巨大差距时，为了保留住稀土的潜在价值，禁止稀土出口。

5. 稀土非法生产及出口走私问题

稀土非法生产问题很早就存在，尤其是南方稀土，资源分布广泛且分散、埋藏较浅、不进行环保处理的矿产品生产技术简单，盗采滥挖较为容易。由于稀土非法生产不按规范的生产工序进行开采，因而对生态环境造成了极为严重的破坏，使今后的环境修复难度更大，社会为稀土非法生产承担的环境代价更高。不但如此，由于稀土非法生产逃避了监管，产品成本中没有税负成本和环境成本，因而成本更低，对稀土市场造成了严重冲击，使本已低廉的稀土价格更加雪上加霜。稀土非法生产为稀土走私提供了货源，国外通过稀土走私获得了价格更为低廉的稀土产品，使国家限制稀土开采量和出口量的管制措施起不到应有的效果。可以说，稀土非法生产及出口走私是威胁我国稀土产业发展的一个毒瘤。

对于稀土产业存在的问题，一般认为，单纯地依靠市场无法解决，必须由政府出面对稀土产业加强管制；使用单一的管制措施难以解决，必须多管齐下、使用一整套管制措施才能解决。正是在这种背景下，我国政府在不太长的时间里，密集出台了多项稀土管制措施。

第二节 我国稀土产业管制措施

我国的稀土产业管制不但经历了一个较长时期，而且管制面广、管制措施种类繁多。特别是在稀土产业管制过程中出现了各方利益博弈，管制措施又进行了相应调整。为了考察我国稀土产业的管制效果及对管制措施进行客观评价，认真梳理我国所实施的稀土产业管制措施是极为必要的。

一 我国稀土产业的管制历程

我国的稀土产业管制大致可以划分为五个阶段。

（一）管制起步阶段：1991—2000 年

这一阶段，开始重视稀土的重要性和稀土产业存在的问题，但管制措施少、管制力度较小，管制效果不大。按时间出台的管制政策主要有：

1. 1991 年稀土被列为国家保护矿种

1991 年 1 月 15 日，国务院发布了《关于将钨锡锑离子型稀土矿产列为国家实行保护性开采特定矿种的通知》（国发〔1991〕5 号），将稀土列为国家保护性开采特定矿种，这标志着稀土产业从此进入管制时期。作为国家保护性开采特定矿种，文件中明确说明：从开采、选冶、加工、市场销售、出口等各个环节，国家实行有计划的统一管理。当时国家为什么要对稀土进行管制，文件的解释是：有色金属矿产对我国社会主义现代化建设具有重大作用，其中钨、锡、锑、离子型稀土是我国的优势矿产，在世界上具有举足轻重的地位。但是，近年来大量的集体、个体（含联户）采矿者，对正在开采的全民所有制矿山、国家规划矿区和勘探区内的有色金属和离子型稀土矿产资源乱采滥挖，甚至盗窃、哄抢全民所有制矿山企业的矿产品及其设备器材，破坏生产设施，使国家的矿产资源受到严重破坏，地质单位的探矿权和全民所有制矿山企业的采矿权受到严重侵犯，勘查矿区和矿山企业的生产、生活秩序和社会治安受到严重干扰，矿山的安全生产受到严重威胁，流通秩序混乱，走私贩私猖獗，使国家和人民利益遭受严重损失。

从管制背景我们可以发现，稀土最早管制的是离子型稀土，而非全部稀土，说明国家已认识到离子型稀土的价值和我国所拥有的资源优势；离子型稀土的私采滥挖是管制的主要动因，表明稀土非法生产问题很早就存在，并且离子型稀土的私采滥挖问题更为严重；强调集体、个体采矿者是扰乱离子型稀土生产秩序的主体，说明我国稀土产业的创立者和生产主体是国有企业。事实上，这一时期对稀土产业管制的主要目的是保护国有企业。

2. 1998 年对稀土产品出口进行限制

我国于 1998 年将稀土原料列入加工贸易禁止类商品目录，并决定实施稀土产品出口配额许可证制度。1999 年 2 月 14 日国家发布《中华人民共和国对外贸易经济合作部关于下达 1999 年稀土产品出口配额的通知》（〔1999〕外经贸管出函字第 65 号），限定的各类稀土产品出口配额分别为：稀土金属 4875 吨、氧化稀土 7500 吨、稀土盐类 37500 吨、稀土永磁体 1199 吨。稀土产品出口配额部分直接下达给了国有企业，部分下达给有关省市区，由获得出口配额的地区自行二次分配，并要求各个地区“将本地区出口配额下达到出口效益好、产品附加值高的出口企业，适当向国有大中型生产企业倾斜”。

很多人认为我国对稀土产品出口数量进行限制始于 1998 年，这其实是不正确的。将稀土原料列入加工贸易禁止类商品目录，并不是禁止稀土原料出口，而是禁止加工贸易项下的稀土原料进出口。按照《中华人民共和国海关加工贸易货物监管办法》（海关总署令第 219号）的解释：加工贸易，是指经营企业进口全部或者部分原辅材料、零部件、元器件、包装物料（以下简称料件），经加工或装配后，将制成品复出口的经营活动，包括进料加工、来料加工。因此，禁止加工贸易项下的稀土原料进出口与禁止稀土原料出口的含义是完全不同的两个概念。事实上，我国在 1999 年下达的稀土产品出口配额中，稀土原料非但没有禁止出口，而且所给的出口配额数量最多。

从 1990 年开始我国稀土产品出口价格就在不断下滑，当时普遍认为最主要原因是非正规的民营小企业严重扰乱了稀土市场。因而，

1998 年实施稀土产品出口配额许可证制度的主要目的，并不是要限制稀土产品出口数量，而是要限制稀土产品出口主体，实际上是为了保护国有大型企业。当时从事加工贸易的主体主要是非国有民营企业，将稀土原料列入加工贸易禁止类商品目录事实上也限定了非国有民营企业从事稀土产品出口活动。1999 年稀土原料产品出口配额数量达到了近 5 万吨，而直到 2010 年全球除我国以外的其他国家稀土消费量也不到 4 万吨；同时直到 2004 年我国还在实施稀土产品出口退税制度（从 1985 年开始我国对出口商品实行退税政策，目的是为了鼓励出口）。1999 年的稀土出口配额中还包含了稀土永磁体，稀土永磁体属于稀土深加工产品，其生产企业主要是非国有民营企业和外资企业，且不论稀土永磁体该不该限制出口，就其限制的生产主体来说，1998 年实施的稀土产品出口配额许可证制度也不是为了限制稀土原料出口数量。

3. 1999 年开始停止颁发稀土采矿许可证

1999 年 4 月 23 日，国土资源部下发《关于对稀土等八种矿产暂停颁发采矿许可证的通知》，规定自通知下发之日起至 2000 年 12 月 31 日，对拟新建的稀土、钨、锡、锑四种矿产的开采项目暂停审批和颁发采矿许可证。由于是"暂停审批和颁发"，国土资源部于 2000 年 12 月 13 日又发布了《关于继续对稀土等八种矿产暂停颁发采矿许可证的通知》，规定从 2001 年 1 月 1 日至 12 月 31 日继续暂停颁发稀土采矿许可证。此后，我国稀土采矿许可证事实上一直处于停发状态。停止颁发稀土采矿许可证对于我国稀土原料生产规模的盲目扩张起到了一定的作用，但是该项政策只是阻止了稀土开采的新进入者，对于已经具有稀土开采资格企业的稀土开采规模并没有限制。由于此时我国稀土原料生产能力已远远超过了市场需求，因此该政策并没有能够有效地减少稀土供给量。

这一阶段我国稀土管制的特点是：出台的管制措施较为宏观。很早就将稀土列为保护矿种，国家可以从开采、选冶、加工、市场销售、出口等各个环节实行计划管理，但是真正具体的计划管理措施并未及时出台；具体管制措施数量少，近十年的时间仅出台了 2 项主要管制措施；管制目标不明确，管制到底是为了稳定或提高稀土出口价格，还是为了保护国有企业；管制效果不佳。管制实施后并没有阻止稀土出口价格的下滑，也没有能够管住稀土资源的私采滥挖，更没有限制住非国有性质企业在稀土领域的高速发展。

（二）管制加强阶段：2001—2005 年

这一阶段，国家对稀土原料生产环节的投资加强了管制，不再鼓励稀土产品的出口。按时间先后出台的主要管制政策见表 2-1。

表 2-1　　　　　　　　2001—2005 年我国稀土产业的管制政策

年份	管制政策
2002	禁止外商在中国境内建立稀土矿山企业
	2002 年，不允许外商独资开办稀土冶炼、分离项目（但允许外商采取合资或合作的形式介入），同时对于稀土冶炼、分离类项目，不论投资额大小，一律由各省、自治区、直辖市及计划单列市计委上报国家计委审批
2003	财政部、国家税务总局发布了《关于调整出口货物退税率的通知》，决定稀土金属矿出口退税从 13% 调整为零，稀土金属、钇、钪及其混合物的无机或有机化合物出口退税率由 17% 和 13% 调整为 5%
2004	禁止未经国务院主管部门批准无采矿许可证离子型稀土矿山采选项目
	对稀土生产制定了行业性污染排放标准：《有色金属工业污染物排放标准——稀土》
	规定稀土冶炼分离和总投资 1 亿元及以上稀土深加工项目由国务院投资主管部门核准，其余稀土深加工项目由省级政府投资主管部门核准
	发改委等部门制定了《稀土产品出口目录》，对稀土产品按禁止类、限制类、鼓励类进行划分，共包括 71 个稀土产品。其中，对鼓励类产品取消出口数量限制，出口配额管理的范围确定为限制类产品，对于原材料级产品全部禁止出口
2005	财政部、国家税务总局下发《关于调整部分产品出口退税率的通知》，取消稀土金属、氧化物和盐类等稀土产品的出口退税
	稀土原矿被列入加工贸易禁止类商品目录，禁止稀土原矿出口
	将稀土的冶炼、分离（限于合资、合作）列入限制外商投资产业目录中
	将稀土矿冶炼项目列入限制类，淘汰未经国务院主管部门批准、无采矿许可证离子型稀土等国家规定实行保护性开采的特定矿种的矿山采选项目和未经国务院主管部门批准建设的离子型稀土冶炼项目。限制离子型稀土矿原矿池浸工艺
	国土资源部公布了稀土等矿产品开采企业名单，规定只允许名单内企业开采稀土矿，宏观控制开采量

这一阶段国家对稀土产业的管制明显加强，主要表现在三个方面：第一，在稀土原料生产环节（包括稀土矿产品和冶炼分离产品生产），限制外商进入，意图利用外商先进技术发展稀土下游产业，禁止稀土原矿出口；第二，控制稀土冶炼分离的生产规模扩张，特别是控制离子型稀土原料的生产规模扩张；第三，减弱直至取消稀土产品出口的鼓励政策。

这一阶段管制的重点主要在稀土原料生产环节，抑制稀土原料产能的扩张冲动。但是稀土原料环节的产能已经非常庞大，即便是控制住了增量产能，存量产能的供给能力也远远超过了市场需求。稀土出口管制政策并无实质性进展，稀土原矿出口本来就很少，禁止稀土原矿出口的意义并不大，稀土产品出口量依然超过国外需求。对稀土生产的环境污染问题已开始重视，制定了稀土行业性污染排放标准，但由于不是强制性标准，对稀土生产的环境破坏没有起到根本性的抑制作用。这一时期的管制并没有对稀土产业及稀土市场产生重大影响。

（三）严厉管制阶段：2006—2012 年

这一阶段，稀土产业存在的问题凸显出来，在专家学者的呼吁下，国家以解决稀土廉价出口问题为重点，对稀土产业进行了全方位的最严厉管制。表 2-2 是此阶段出台的主要管制措施。

表 2-2　　　　　　　　2006—2012 年我国稀土产业的管制政策

年份	管制政策
2006	进一步推进离子型稀土等保护性开采特定矿种的专项整治，对稀土开采实行指令性计划，停止发放新的稀土开采执照，专门下达开采总量控制指标，稀土开采配额下调20%
	启动稀土矿战略储备，并在全国范围内开展矿山储量动态监督管理
	开始对稀土金属矿、稀土氧化物等征收10%出口关税
	首次下调稀土出口配额，2006 年比 2005 年减少了 6% 的稀土出口配额
	将 41 种稀土金属、合金、氧化物和盐类等商品列入加工贸易禁止类商品目录
	《国务院关于全面整顿和规范矿产资源开发秩序的通知》明确提出做好稀土资源整合工作

续表

年份	管制政策
2007	国土资源部等九部委联合制定《对矿产资源开发进行整合的意见》，明确对稀土等矿种进行整合，强调一个矿区只设置一个采矿权，结束大矿小开、一矿多开的局面
	禁止外商投资产业目录中包含稀土勘查、开采、选矿等项目
	对稀土矿产品和冶炼分离产品生产开始实行指令性计划管理，控制冶炼分离产品生产总量，限制外商投资稀土冶炼、分离生产，各省被限定开采量
	调整部分稀土产品出口关税税率。稀土金属、氧化镝、氧化铽等 8 个税目的产品开征 10% 的出口关税，稀土精矿出口关税由 10% 提高至 15%
2008	推进建立稀土等重点矿种的矿产资源储备
	稀土产品的出口暂定税率均有不同程度上调，共有 14 个税号的含钐、铽、镝、钬、钇等元素的稀土产品出口关税上调到 25%，其他产品均上调至 15%（此次主要调高了对中重稀土的出口关税税率）
	对金属镝铁和钕铁硼追加 20% 的出口关税
	大幅度下调稀土出口配额（与 2007 年相比下调了 21%）
	发布《全国矿产资源规划》（2008—2015 年），对稀土等保护性开采特定矿种实行规划调控、限制开采、严格准入和综合利用
2009	国土资源部发布《稀土矿开采总量控制指标》，实行开采统一规划、总量控制和综合利用。2009 年稀土开采限额在 2008 年基础上下降 6%
	内蒙古包头市与江西赣州市由政府牵头筹资，对当地稀土企业的部分产品进行了积极收储（包钢稀土自己筹资开始稀土储备）
	工信部印发《稀土工业发展规划（2009—2015 年）》《稀土工业产业发展政策》。规划指出 2009—2015 年，每年的稀土精矿开采量为 13 万—15 万吨。加大稀土出口监管，提高国内应用材料的生产水平、促进稀土产业整合重组
	工信部成立稀土办公室，稀土行业管理权开始由国家发改委迁移至工信部，其管理范围与管理深度均有所延伸
2010	包头稀土原料产品战略储备方案获批准，国家开始试点稀土战略储备
	中央收回了稀土探矿权、采矿权审批权限
	工信部发布《关于公开征集稀土行业准入条件意见的通知》（第一次从生产规模方面设置稀土准入门槛）
	国务院发布《关于促进企业兼并重组的意见》（明确将稀土列为重点整合行业）

续表

年份	管制政策
2010	继续提高个别稀土元素出口税率。金属钕出口税率从 15% 提高到 25%；其他未相互混合或熔合的稀土金属，钪及钇的出口暂定税率为 25%；已相互混合或熔合的稀土金属，钪及钇，电池级为 25%；其他氧化稀土的出口暂定税率为 15%
	稀土出口配额大幅度下调（比 2009 年减少了 39%）
	进一步控制稀土初级制品的出口，加工贸易禁止类目录中增加了 44 种稀土初级制品
	国土资源部下发通知，决定对稀土等矿产开发秩序开展专项整治行动，集中打击违法违规和乱采滥挖行为，通过十大举措强力整治稀土、钨等矿产开发秩序
	工信部发布《部分工业行业淘汰落后生产工艺装备和产品指导目录（2010 年）》，确定稀土行业立即淘汰的工艺和设备有 9 项
2011	国土资源部公布了首批 11 个稀土矿产国家规划矿区，未经国家批准不得开采
	调整稀土矿原矿资源税税额标准，资源税额上升，轻稀土每吨 60 元，中重稀土每吨 30 元
	稀土被列为国家地勘基金主要支持矿种，稀土矿产勘查项目由地勘基金全额支持
	国土资源部在江西赣州设立首批稀土国家规划矿区，由此中央开始收回地方采矿权，实现稀土行业集中格局的第一步
	环保部发布《稀土工业污染物排放标准》（这是"十二五"期间环境保护部发布的第一个强制执行的国家污染物排放标准）
2010	环保部先后印发了《关于开展稀土企业环保核查工作的通知》《关于加强稀土矿山生态保护与治理恢复的意见》，编制了《稀土企业环境保护核查办法》《稀土企业环境保护核查工作指南》，要求各地对稀土矿开采、冶炼分离和金属冶炼企业进行全面环保核查，内容涉及环评审批、污染物达标排放、总量减排、排污费缴纳、清洁生产、危险废物处理处置等多个环节
	工信部下发《关于开展全国稀土生产秩序专项整治活动的通知》，决定 2011 年 8 月 1 日至 12 月 31 日全面开展稀土生产秩序专项整治活动
	将稀土铁合金纳入稀土出口配额许可证管理之中
	国家发展改革委、财政部、工信部联合下发了《关于组织实施稀土稀有金属新材料研发和产业化专项的通知》，组织实施稀土稀有金属新材料研发和产业化专项，重点支持高性能稀土磁性材料及其器件、发光材料及其器件、催化、储能、抛光材料及其器件以及稀有金属新材料及其器件
	国务院发布《关于促进稀土行业持续健康发展的若干意见》，对稀土产业提出全面管制要求

续表

年份	管制政策
2012	工信部发布了《稀土行业准入条件》《稀土企业准入公告管理暂行办法》，从生产规模、生产技术、能源消耗等方面对稀土行业进行了规范，启动全国稀土企业准入审批工作。明确禁止开采单一独居石矿
	最新的全国稀土探矿权和采矿权名单公布。其中稀土探矿权 10 个，稀土采矿权削减至 67 个
	全面提高各稀土元素出口税率至 25%。新征收关税的稀土元素及产品包括：镨、钇金属以及氧化镨（25%）；钕、镨、钇的氟化物、氯化物、碳酸盐类（15%）；镧、镨、钕、镝、铽、钇的其他化合物（25%）；钕铁硼速凝永磁片（20%）。其他稀土产品关税不变
	中国稀土行业协会成立，我国稀土企业自律组织正式形成
	《稀土指令性生产计划管理暂行办法》印发，将禁止无计划企业从事稀土生产，并配合国土、环保、工商、税务、安监等部门，依法予以处罚
	财政部、工信部联合发布《稀土产业调整升级专项资金管理办法》。2012 年至 2015 年，中央财政每年拨款 5 亿元，用于支持稀土资源开采监管，稀土产业绿色采选、冶炼，共性关键技术与标准研发，高端应用技术研发和产业化，以及公共技术服务平台建设等方面，同时提出建立专项资金项目库和项目专家评审制度，会同财政部对年度申报的项目进行审核，对项目实施情况进行监督检查
	我国开始按轻稀土和中重稀土分类对稀土出口配额实行管理
	国家税务总局启用稀土专用发票，将稀土交易纳入防伪税控系统，严厉打击稀土非法生产和交易活动
	工信部牵头开展全国性稀土黑色产业链打击行动

　　这一阶段是国家对稀土产业管制强度最大的时期，也是管制对稀土产业及稀土市场产生巨大影响的时期。出台的管制措施众多，针对一个产业每年都有大量管制措施出台是前所未有的，大量管制措施频繁出台使稀土企业没有了长期稳定预期，对企业发展产生了很大的影响；管制措施涉及面广，在稀土的生产、流通、出口、环保、研发、投资等几乎所有方面都设置有相应的管制措施；参与管制的部门多，按照管制主体的分工，发改、工信、国土、财政、环保、商务、工商、税务、安监、海关、质检、公安等众多部门都参与到稀土产业管

制之中；管制措施中的大部分都属于强制性、限制性措施，比如计划产量、出口配额、出口关税、资源税、专用发票、禁止生产或出口产品、环保标准等，而指导性、建议性、激励性措施很少；检查、督促及打击力度大，由各部门牵头频繁开展稀土专项整治行动，落实各项管制措施，打击稀土非法生产和走私活动；设立了专门的稀土管制协调部门，成立了稀土企业的自律组织；对稀土生产格局产生重大影响的稀土产业整合已确定了整合目标，并开始了具体的整合工作。

2006 年以前的稀土产业管制，由于种种原因，并未对稀土产业产生太大的影响。而这一阶段的管制，不但使我国稀土产业格局发生了重大变化，而且全球稀土市场也因此而发生了重大改变。稀土出口价格问题是这一阶段稀土产业管制的重点，正因为我国严厉的稀土产业管制，促使稀土出口价格有较大上升，这引起了国外稀土主要消费国的强烈不满。2012 年 3 月，美国、欧盟和日本向世贸组织提出诉讼，指责我国限制稀土出口违反世贸规则，由此我国稀土产业管制面临着新的调整。

（四）管制平稳阶段：2013—2014 年

这一阶段新的管制措施出台不多，主要是对前期出台的管制措施的执行和检查，特别是对前期出台的一些管制指导意见进行具体落实。按时间先后出台的管制政策见表 2 - 3。

表 2 - 3　　　　　　　2013—2014 年我国稀土产业的管制政策

年份	管制政策
2013	工信部等部门联合发布了《关于加快推进重点行业企业兼并重组的指导意见》，提出推进稀土行业的企业兼并重组，支持大企业以资本为纽带，通过联合、兼并、重组等方式，大力推进资源整合，大幅度减少稀土开采和冶炼分离的企业数量，提高产业集中度，基本形成以大型企业为主导的行业格局
	发改委会同相关部门编制了《战略性新兴产业重点产品和服务指导目录》，将稀土功能材料、小功率稀土永磁无铁芯电机、永磁同步电机等高效节能电机技术和设备、掺稀土光纤、稀土钼合金等列入重点发展方向
	中国稀土行业协会为打击稀土行业违法违规行为，公示了第一批违法违规稀土企业名单

续表

年份	管制政策
2013	《国务院关于取消和下放一批行政审批项目等事项的决定》中，将企业投资稀土深加工项目的核准权下放到省级投资主管部门
	工信部等 8 部门组织开展《打击稀土行业违法违规行为专项行动》，自 2013 年 8 月 15 日至 11 月 15 日开展专项行动打击非法开采稀土行为、整顿违规生产行为、打击流通环节的违法违规行为、清理稀土废旧产品回收及综合利用企业、打击黑色利益链、检查稀土监管责任落实情况等
2014	环保部发布《稀土工业污染物排放标准》（GB26451—2011）污染物排放标准修改单，对稀土工业污染物排放标准进行修改完善
	工信部印发《稀土行业清洁生产技术推行方案》，要求稀土行业加快先进清洁生产技术的应用和推广，提高行业清洁生产水平，大幅度降低污染物排放强度
	国家下达 2014 年淘汰稀土等 16 个工业行业落后产能目标任务，其中稀土（氧化物）淘汰落后产能目标是 10.24 万吨
	工信部下发《关于清理规范稀土资源回收利用项目的通知》，认为：一些企业以"资源回收利用"为名，变相建设冶炼分离生产线，收购加工稀土矿产品，通过黑市交易、偷逃税费，冲击和扰乱稀土市场秩序，对稀土行业健康发展造成不利影响。要求清理稀土资源回收利用项目、规范稀土资源回收利用项目管理、加强稀土资源回收利用计划管理
	财政部和工信部联合发布《国家物联网发展及稀土产业补助资金管理办法》。由中央财政预算安排专项资金，用于支持物联网和稀土产业技术创新和产业健康发展。补助资金支持稀土领域主要内容为：稀土资源开采监管；稀土采选、冶炼环保技术改造；稀土共性关键技术与标准研发；稀土高端应用技术研发和产业化；公共技术服务平台建设
	工信部等八部委联合发布《打击稀土违法违规行为专项行动方案》，自 2014 年 10 月 10 日至 2015 年 3 月 31 日，对稀土开采、生产、流通企业逐一核查，联合查处稀土开采、生产、流通企业非法开采、买卖加工非法矿产品、偷逃税费、非法产品异地开票等行为
	国务院发布《政府核准的投资项目目录（2014 年本）》，规定稀土矿山开发项目，由国务院行业管理部门核准；其余项目由省级政府核准
	发改委发布《西部地区鼓励类产业目录》，将内蒙古自治区的高性能稀土永磁、发光、储氢、催化材料开发及生产和磁感应强度 0.3T 以上的稀土永磁核磁共振影像设备的研发及制造以及广西壮族自治区的高性能稀土永磁、发光、储氢、催化材料开发及生产列入西部地区鼓励类产业目录

这一阶段国家对稀土产业管制进入到一个相对平稳的时期，单独为稀土产业出台的管制措施很少，前一阶段出台的稀土产业管制措施平稳执行；新的管制政策主要体现在稀土产业整合、稀土生产的环境保护、稀土的高端应用等方面；管制措施中激励性、指导性、建议性措施多，强制性、限制性措施较少；管制的重点是推进稀土产业整合和打击稀土违法违规行为。稀土产业整合有了实质性进展，我国稀土原料环节的大企业集团格局基本形成。

这一阶段也正处在我国与美欧日的稀土贸易诉讼之中，2014 年 8 月世界贸易组织最终裁定我国对稀土产品出口限制措施不符合有关世贸规则，这意味着我国稀土管制措施面临调整。

（五）管制调整阶段：2015 年至今

由于世界贸易组织裁定我国对稀土产品出口限制措施不符合有关世贸规则和我国加入世界贸易组织的承诺，因而从 2015 年开始，我国取消了部分稀土出口环节的管制措施，并开始出台其他不违反世贸规则的管制措施，以应对这一不利局面。

（1）2014 年 12 月 31 日，商务部、海关总署公布了《2015 年出口许可证管理货物目录》，自 2015 年 1 月 1 日起，企业出口稀土产品，凭出口合同申领出口许可证，无须提供批准文件。这表明我国自 1998 年开始实施的稀土出口配额制度正式被取消。

（2）2015 年 2 月 13 日，工信部等八部门联合下发《关于商请进一步查处稀土违法违规行为的函》，要求有关地方进一步查处稀土违法违规行为。

（3）2015 年 4 月 14 日，国务院关税税则委员会发出《关于调整部分产品出口关税的通知》，自 2015 年 5 月 1 日起，取消钢铁颗粒粉末、稀土、钨、钼等产品的出口关税。这意味着我国自 2006 年开始实施的稀土出口关税制度正式取消。

（4）2015 年 4 月 15 日，国家发展改革委、环境保护部、工业和信息化部发布《稀土行业清洁生产评价指标体系》，指导和推动稀土企业依法实施清洁生产，提高资源利用率，减少和避免污染物的产生，保护和改善环境。

（5）2015年4月30日，财政部、国家税务总局发布《关于实施稀土、钨、钼资源税从价计征改革的通知》，决定自2015年5月1日起实施稀土、钨、钼资源税清费立税、从价计征改革。

（6）2015年4月30日，财政部、国家发展改革委发布《关于清理涉及稀土、钨、钼收费基金有关问题的通知》，决定自2015年5月1日起，在全国范围统一将稀土、钨、钼矿产资源补偿费费率降为零，停止征收稀土、钨、钼价格调节基金。

2015年初已出台的六项稀土产业相关政策中，有四项涉及对前期稀土产业管制措施的调整。稀土产品出口关税和配额是控制稀土出口数量和出口价格的最重要管制措施，这两项限制措施取消后，国内和国外将形成一个统一的稀土市场。虽然在取消稀土出口配额和关税的同时，我国也对稀土的资源税及稀土的收费项目进行了相应调整，意图保持稀土出口价格的稳定。但是在目前稀土高端应用领域我国仍与国外有较大差距的情况下，形成统一稀土市场后，我国稀土高端应用产业的发展仍会受到很大的冲击，稀土出口数量难免会有较大的增长。事实上，2014年，在有稀土出口配额和关税取消的预期下，我国稀土出口已经出现价跌量增情况。2015年上半年我国的稀土出口情况显示，出口价格大幅度下降、出口数量大幅度增加。因此，在稀土产业所存在问题尚未完全解决之时，伴随着稀土出口配额和关税措施的取消，其他稀土产业管制措施也必将进行相应调整，稀土产业管制进入调整期。

二 稀土产业管制措施的目标指向

我国在1991年将稀土列为国家保护矿种，这是从观念上提高了对稀土产业管制重要性的认识；2008年出台了针对稀土矿开采管制的综合指导意见，2011年又出台了针对整个稀土产业全面管制的综合指导意见；2009年成立了稀土产业的专门管制机构，2012年成立了稀土行业自律组织。无论从认识角度、组织机构设立角度，还是从管制思路角度都反映出我国稀土产业是一个受到强管制的产业。从1991年开始，我国针对稀土产业出台了大量具体管制措施，其目的是为了解决稀土产业存在的问题。那么，这些管制措施指向了哪些稀土产业问题，对此进行大致分类，可以较为清晰地勾画出解决我国稀土产业问题的管制路径。

应该说稀土产业存在的所有问题并不是相互独立的，问题之间不能做清晰的划分，问题与问题之间有着密切的联系，一个问题可能是导致其他问题存在的原因，也可能是其他问题造成了这一问题的存在。比如，稀土原料大量廉价出口问题直接导致了稀土资源储量的过快下降；稀土出口价格低廉使环境成本得不到有效的补偿；我国处在稀土产业链的低端，致使我国只能低价出售稀土原料；稀土非法生产及出口走私扰乱了稀土正常生产秩序并严重冲击了稀土市场，是稀土大量廉价出口的重要原因。因此，某项管制措施在解决某一个问题时，也间接地有助于解决其他问题。但是，对于每一项具体管制措施来说，都应该有其最主要的指向。

（一）解决稀土廉价出口问题的管制措施

稀土原料廉价出口既是稀土产业的核心问题，也是整个社会对稀土产业关注的焦点。国家为此实施的管制措施也是最多的。

1. 出口配额

减少稀土产品出口量，以提高稀土出口价格。1998 年开始实施稀土出口配额，但出口配额数量过大；2006 年开始减少出口配额数量，并将更多种类的稀土原料产品纳入出口配额管理范围；2015 年按世贸规则取消该管制措施。

2. 出口关税

直接增加稀土出口成本，以提高稀土出口价格。2006 年开始实施，此后不断增加出口关税税率，并扩大征收范围，2015 年按世贸规则取消该管制措施。

3. 禁止出口

对价值较低的稀土原矿禁止出口，增加稀土出口产品的附加值，以提高稀土产品的整体出口价格。2004 年开始禁止稀土原材料级产品出口。

4. 稀土资源税

增加开采稀土矿的资源税成本，体现稀土资源价值，以提高稀土产品价格（稀土国内价格和出口价格都会提高）。2011 年大幅度提高稀土矿原矿资源税税额标准；2015 年对稀土资源税"从价计征"改革，以资源税作为提高稀土供给成本的主要手段。

5. 稀土产品储备

通过对稀土产品储备，一方面防止稀土产品因供给过多而导致价格下降；另一方面防止稀土大量流失到国外，影响国家安全。稀土储备曾是稀土业界呼声最高的管制措施，从 2006 年开始，一些重点稀土企业（包括稀土资源地政府）陆陆续续进行了一些稀土储备试点，但国家一直未进行大规模稀土储备。

6. 稀土产业整合

通过对稀土产业中的企业进行兼并重组，大量减少稀土生产企业数量，组建稀土大企业集团、提高行业集中度，形成稀土市场上的卖方垄断势力。以垄断势力夺回"稀土出口定价权"。2006 年开始进行稀土产业整合，2011 年加快了稀土产业整合步伐，2014 年初步形成了全国六大稀土企业集团的产业格局，但稀土产业整合仍在深入进行之中。

（二）解决稀土资源储量下降问题的管制措施

稀土是不可再生的自然资源，稀土开采量越多，我国稀土资源的优势丧失就越快。减少稀土原料产品生产量是解决稀土资源储量下降的主要管制思路。在稀土产品出口配额措施取消后，控制稀土原料产品生产量就成为控制市场稀土供给量的主要管制措施。

1. 采矿许可证

通过控制颁发稀土采矿许可证的数量，以控制稀土开采企业数量，达到控制稀土开采数量的目的。从 1999 年开始，停止颁发稀土采矿许可证，此后通过企业兼并重组，逐步减少稀土采矿许可证。

2. 行业准入

设置进入行业门槛，可以控制行业内企业数量、规模、技术等，通过对进入行业内企业应达到条件的控制，有利于控制生产规模、提高技术水平、减少环境破坏等。2010 年制定了稀土行业准入条件，2012 年启动全国稀土企业准入审批工作。

3. 投资审批

对涉及稀土原料生产的投资项目须经政府审批，一方面控制投资项目的主体身份，另一方面控制新增产能。2002 年开始限制外商在我国稀土原料生产领域进行投资，2004 年对稀土原料生产项目及达到一定规模的稀土深加工项目投资由政府严格审批。

4. 淘汰落后产能

通过淘汰稀土原料生产领域的落后产能，从总体上缩减生产规模，达到减少稀土原料产品生产量的目的。如果说投资审批是为了阻止新增产能，那么淘汰落后产能就是为了减少原有产能。2010 年开始确定稀土原料生产领域需要淘汰的落后产能项目，2014 年下达了淘汰稀土落后产能的目标。

5. 指令性生产计划

对稀土原料产品产量由国家直接下达指令性生产计划，这种管制措施属于传统的计划管理模式，对市场机制会造成一定的破坏，但是这也是最直接、最严厉的减少稀土原料生产量的办法。2007 年开始对稀土矿产品和冶炼分离产品生产实行指令性计划管理。

（三）解决稀土生产环境破坏问题的管制措施

1. 生产工艺限制

不同的稀土开采工艺对环境的破坏方式和破坏程度不同，落后的稀土生产工艺对环境的破坏极为严重。2005 年我国开始限制离子型稀土矿原矿池浸工艺，2011 年规定离子型稀土矿开采只能采用原地浸矿工艺。

2. 污染排放标准

污染排放标准的制定是对生产企业进行环境管制的第一步，依照污染排放标准限制企业环境破坏行为。2004 年制定了行业性稀土生产污染物排放标准，2011 年又制定了稀土生产第一个强制执行的国家污染物排放标准。随后以此标准对稀土矿开采、冶炼分离和金属冶炼企业进行全面环保核查。2014 年对稀土工业污染物排放标准进行修改完善。

3. 推行清洁生产技术

采用清洁生产技术可以减少和避免污染物的产生,保护和改善环境。2014 年我国制定了稀土行业清洁生产技术推行方案,2015 年制定稀土行业清洁生产评价指标体系,指导和推动稀土企业依法实施清洁生产,提高资源利用率。

(四) 解决稀土高端应用产品生产落后问题的管制措施

我国稀土高端应用落后导致了稀土利用价值低、产业竞争力不强、稀土贸易不平衡等问题,解决这一问题是一个较长期的过程。我国主要采用了激励性的产业管制措施。

1. 专项资金支持

设立专项资金支持稀土在高端应用技术的研发和产业化,解决稀土高端应用研发的资金投入不足,降低研发风险,有利于促进稀土高端应用产业的发展。2011 年国家开始组织实施稀土稀有金属新材料研发和产业化专项,之后每年中央财政都拨专款予以支持。

2. 列入国家支持发展项目

在国家发展战略中,被列入重点发展的产业,国家会在投资、税收、财政、金融、土地等各个方面给予支持和优惠。因此,属于国家发展战略中的支持发展产业,相比于其他产业会发展得更快一些。2013 年国家将一些稀土高端应用产品列入战略性新兴产业重点发展的产品目录中,2014 年国家又将一些稀土新材料产业列入西部地区鼓励类产业目录中。

(五) 解决稀土非法生产及出口走私问题的管制措施

非法生产和出口走私不是稀土产业所特有的问题,国家对于打击非法生产和出口走私有较为完善的法律法规及管制机构。稀土产业的特殊性在于,稀土资源的赋存特点和稀土产品的鉴别难度,使稀土非法生产和出口走私的隐蔽性高、打击难度大。

1. 频繁开展专项打击行动

稀土非法生产及出口走私问题很早就存在,使用常规打击手段的效果并不是太好。因此从 2010 年开始,针对稀土产业违法违规行为,国家每年都开展规模较大的专项打击行动。

2. 实施稀土专用发票制度

规定从事稀土产品生产、商贸流通的企业在经营过程中使用稀土专用发票，可以利用稀土专用发票追踪稀土的来源以及生产数量。2012 年我国开始启用稀土专用发票，将稀土交易纳入防伪税控系统，严厉打击稀土非法生产和交易活动。

第三节　主要结论

通过对我国稀土产业施行国家管制的缘由梳理以及所采取的管制措施分析，结合稀土产业自身发展的特点，我们可以形成以下认识。

（1）稀土出口价格不断走低，是对稀土产业施行国家管制的主要诱因。我国在世界稀土市场上的供给比例越来越大、稀土在高科技领域所体现出的巨大价值、我国为稀土生产付出的高昂环境代价、我国稀土出口价格不断下降，四者之间形成了强烈的反差。通常认为从稀土的价值基础来说，稀土出口价格应该较高；而从我国在稀土供给市场上具有绝对的垄断地位来说，稀土出口价格可以形成较高的垄断价格。稀土出口价格"应该较高而实际过低"的主要原因，是我国稀土供给只有垄断之形而无垄断之实，国内稀土企业众多、行业集中度低、恶性竞争致使稀土出口价格低廉。因而需要国家对稀土产业进行管制，减少行业内部竞争，真正形成稀土垄断势力。正是在这种认识背景下，我国开始了对稀土产业管制的历程。

（2）专家学者的不断呼吁以及社会公众的广泛关注对稀土产业加强管制起到了重要的推动作用。同时，专家学者的大量研究深化了对稀土产业所存在问题的认识，由专家学者提出的政策建议很多最终成为政府的管制措施。然而，专家学者对稀土产业认识上的误区也对稀土产业管制造成了负面影响。比如，只注重稀土出口价格过低问题，而忽视国内稀土价格更低这一事实；只注重我国稀土供给占世界需求的 95%，而忽视我国稀土消费也占到了世界稀土总消费量的 70%，致使我国稀土资源储量迅速下降的原因不是出口国外太多，而是国内低端消费太大；另外，专家学者对解决稀土问题的政策建议，过多依赖政府的行政干预，这使我国稀土产业管制逐步走向了计划管理模式。

（3）稀土产业管制从出口管制逐步延伸到其他方面管制，深化了对稀土产业存在问题的认识。稀土出口价格过低只是稀土产业的表象问题，单纯地管制稀土出口价格属于治标不治本。从造成稀土出口价格过低的原因入手进行管制是稀土产业管制的一个趋势。但是目前稀土产业管制的重点仍然是稀土的出口价格问题，在这方面的管制力度最大，而在稀土产业其他方面的管制力度相对较弱。

（4）稀土产业管制措施之间出现了很多不协调现象，致使许多管制措施形同虚设。比如为了解决稀土出口价格过低问题，1998 年开始实施稀土出口配额制度，但是此时的稀土出口配额只是限制了稀土出口主体，并未对稀土出口数量产生实质性的限制，稀土出口配额远高于国外稀土需求量，同时继续实施稀土产品出口退税制度，鼓励稀土出口，因此稀土出口配额措施没有起到限制稀土出口数量、提高稀土出口价格的目的；稀土原料生产指令性计划管理中，既有国土资源部下达的稀土矿开采量指标，也有工信部下达的稀土冶炼分离产量指标，而冶炼分离的是稀土矿产品，两项指令性计划指标常常不统一，稀土原料生产的指令性计划管理效果不佳。在稀土的生产、销售、出口等环节上，管制措施相互重叠、不协调问题较为突出，这与我国部门管理体制有很大的关系。

（5）在稀土产业管制措施中，行政干预面太广，计划管理手段运用得太多，市场对资源的配置作用越来越弱。我国经济体制改革的核心，就是从计划经济转向市场经济，减少政府对企业过多的行政干预。稀土产业固然有其特殊性，但仍属于竞争性产业，过多地运用计划管理手段，面对市场的已经不是企业而是政府，这对稀土产业竞争力的提高是有很大损害的。计划管理的科学性、有效性要建立在对市场准确判断基础之上，由于对稀土产业链各环节产品的市场需求不能做到较为准确的把握，致使针对稀土产业的计划管理措施屡屡失效。2012 年实际出口的稀土产品甚至不到稀土出口配额的一半，之后几年，稀土产品出口量均低于稀土出口配额，而且差异较大，稀土出口配额实际上已失去了其原有的功能；我国每年的稀土计划生产量均与实际生产量有较大的出入，计划产量在各地区的分配依据并不清晰，导致各地区对稀土计划指标的讨价还价，这使稀土计划管理的效果大打折扣。另外，稀土产业管制措施政出多门，各行政部门的管制强度并不均衡，各种措施管制的效果不同，加之稀土产业管制措施数量太多，致使企业无所适从，也导致了稀土产业发展的大幅度波动。

（6）从目前稀土产业管制的各项措施运用来看，管制的主体思想是保护国有大型稀土企业，排斥其他市场主体。在稀土生产计划量和出口配额的分配、投资项目的审批、进入行业的准入、企业环保核查、专项支持资金的使用等各方面均向国有大型稀土企业倾斜。特别是在稀土产业整合中，组建大型国有稀土集团成为整合的目标。有一个普遍性的认识，认为稀土产业存在所有问题的根源就是民营小型企业过多。事实上，最早对稀土产业进行管制的措施，就是在打击民营小型企业。相信和依赖大型国有企业贯穿于整个稀土产业的管制历程。在目前的管制方式下，稀土原料生产环节的非国有企业已无生存的空间。

（7）稀土产品出口关税和配额是两项最重要的管制措施，虽然这两项措施属于治标不治本，未能从根本上解决稀土产业存在的问题，但是在稀土生产的环境成本尚未真正体现在稀土价格之中、稀土高端应用产业发展明显不足的情况下，这两项措施的取消很可能会使稀土出口价格问题再次显现出来。依靠稀土产业整合形成大型国有稀土集团来控制稀土出口数量和出口价格，其效果还有待进一步观察。

（8）现代高性能武器的制造常常离不开稀土，虽然稀土在军事领域的使用量极少，但仍然引起了人们的担心。社会公众呼吁国家对稀土产业加强管制，除了我国稀土出口价格过低的原因外，还有一个原因是人们对稀土应用到军事领域而产生的安全担忧。2008年9月4日，《南方周末》发表了北京大学博士青岩的《中国应立即禁止稀土出口》，这篇文章传播极其广泛，大量媒体转载，社会影响极大。这篇文章也是众多专家学者在研究稀土问题时引用最多的文章之一。从这篇文章中可以看出人们对我国稀土出口的心态。文摘 2 – 7 是该文的部分内容摘录。

文摘 2 – 7：

中国应立即禁止稀土出口

为什么"爱国者"导弹能比较轻易地击落"飞毛腿"？为什么尽管美制 M1 和苏制 T – 72 坦克的主炮直射距离差距并不大，但前者却总是能更早开火，而且打得更准？为什么 F – 22 战斗机可以超音速巡航？

……

这些"为什么"勾勒出当今军事科技的巨大进步，也同时勾勒出了近 20 年世界的动荡与冲突。针对每一个"为什么"，都有其具体而明确的答案。不过，从材料科学的角度，"稀土"能够一次性解决上述所有问题。

稀土的开发应用近几十年来为军事科技提供了推力强劲的引擎。海湾战争中那些匪夷所思的军事奇迹，美军在冷战后局部战争中所表现出的对战争进程的非对称性控制能力，从一定意义上说，正是稀土成就了这一切。

正因如此，稀土的开发利用也孕育了巨大的危险。一方面，越来越多的国家、军事势力为了获得对对手的非对称性控制能力，而参与稀土争夺与研发，孕育了军备竞赛的风险；另一方面，获得这种能力的国家更倾向于以威胁或战争解决争端。对此，中国作为稀土储量世界第一的大国，有必要从源头上为这种军备竞赛降温，严格限制稀土开采，立刻禁止稀土出口。

事实上，中国政府对稀土开发不可谓不重视。早在 20 世纪 50 年代，周恩来总理就把稀土开发列入中国第一个科技发展规划。1975 年，中国便成立了稀土领导小组，即便国务院机构几多调整，但专门的稀土行业管理机构却一直得以保留。1991 年，稀土被列入国家保护矿种。从稀土保护的政策面来看，专门的机构，稳定的行业政策，国家一以贯之的总体控制，即便中国石油也没有这样的待遇。但是，稀土产业几十年发展的成果，基本上还停留在低水平卖资源的水平。

对于稀土生产的现状，国土资源部从1999年以来进行过无数次的清理工作，针对的问题包括滥挖乱采、产能过剩、秩序混乱，采取的措施包括总量控制、炸毁非法矿井、没收生产设备、司法介入、许可证、与基层政府签订责任状、与矿山签订合同书……2005年，商务部开始用税收控制稀土出口。这些措施力度之强，持续时间之长，几乎达到了管理部门的权力极限。

然而乱象依旧。有人曾总结中国稀土有七大难解之谜：1. 以产业政策为导向的宏观调控始终难以奏效；2. 调整产业结构和控制生产总量的政策一败再败；3. 可持续发展开采无法实行；4. 以统一规划为方针的加强管理措施难以实施；5. 通过技术创新促进产业升级的愿望永远只是愿望；6. 依靠联合重组实现行业自律的对策无从下手；7. 强化推广应用从而提高产品附加值的目标至今达不到。

就在这样的乱象之中，中国稀土可开采储量从十多年前的占世界80%，降到了如今的52%。若继续现有的生产经营模式，也许20年到50年后，中国就将变成稀土小国。如果有一天，中国认识到稀土的价值，而希望从世界购买，那么等待中国的就将是天价。

稀土令武器更冷血

稀土是关系到世界和平与国家安全的战略性金属。为什么"爱国者"导弹能比较轻易击毁"飞毛腿"导弹？这得益于前者精确制导系统的出色工作。其制导系统中使用了大约4公斤的钐钴磁体和钕铁硼磁体用于电子束聚焦，钐、钕是稀土元素。

为什么M1坦克能做到先敌发现？因为该坦克所装备掺钕钇铝石榴石激光测距机，在晴朗的白天可以达到近4000米的观瞄距离，而T-72的激光测距机能看到2000米就算不错。而在夜间，加入稀土元素镧的夜视仪又成为伊拉克军队的梦魇。

至于F-22超音速巡航的功能，则拜其强大的发动机以及轻而坚固的机身所赐，它们都大量使用稀土科技造就的特种材料。比如F119发动机叶片以及燃烧室使用了阻燃钛合金，这种钛合金的制造据说是使用了铼；而F-22的机身就更加是用稀土强化的镁钛合金武装。否则，超音速巡航中，F119强大的动力足以摧毁它自己。

上述种种还只是窥豹一斑。事实上，凡称得上高技术的兵器几乎无一没有稀土的身影；更致命的是，稀土往往集中在使这些武器化腐朽为神奇的最关键部位。比如"爱国者"除了制导系统，弹体控制翼面等关键部位也是用稀土合金；一些先进坦克的装甲用稀土材料后，防弹性能更好；还有美国那些掌控战场形势的"千里眼"、"顺风耳"中用稀土科技造就的大功率行波管，这使得其工作更可靠，抗干扰性更强……

简单地说，相比传统兵器，高技术兵器的优点在于其更方便、更灵敏、更准确、更容易操纵。这些提起来容易，但却集中体现了当今材料科学、电子科学以及工程制造的诸多最高成就。而这些成就的获得，往往是源于稀土的某些特殊功能的发现和应用。

稀土有工业"维生素"之称，由于其具有优良的光电磁等物理特性，能与其他材料组成性能各异、品种繁多的新型材料，其最显著的功能就是大幅度提高其他产品的质量和性能。比如大幅度提高用于制造坦克、飞机、导弹的钢材、铝合金、镁合金、钛合金的战术性能。而且，稀土同样是电子、激光、核工业、超导等诸多高科技的润滑剂。稀土科技一旦用于军事，必然带来军事科技的跃升。从一定意义上说，美军在冷战后几次局部战争中压倒性控制，以及能够对敌人肆无忌惮地公开杀戮，正缘于稀土科技领域的超人一等。

为他人作嫁衣的中国稀土

"中东有石油，中国有稀土。"这是邓小平1992年南方谈话时说的一句名言。然而，在发达国家先后将稀土视为战略资源，并有所行动的时候，稀土在中国更多只被看作是换取外汇的普通商品。

中国稀土占据着几个世界第一：储量占世界总储量的第一，尤其是在军事领域拥有重要意义且相对短缺的中重稀土；生产规模第一，2005年中国稀土产量占全世界的96%；出口量世界第一，中国产量的60%用于出口，出口量占国际贸易的63%以上，而且中国是世界上唯一大量供应不同等级、不同品种稀土产品的国家。可以说，中国是在敞开了门不计成本地向世界供应。据国家发改委的报告，中国的稀土冶炼分离年生产能力20万吨，超过世界年需求量的一倍。而中国的大方，造就了一些国家的贪婪。

以制造业和电子工业起家的日本、韩国自身资源短缺，对稀土的依赖不言而喻。中国出口量的近70%都去了这两个国家。至于稀土储量世界第二的美国，早早便封存了国内最大的稀土矿芒廷帕斯矿，钼的生产也已停止，转而每年从我国大量进口。西欧国家储量本就不多，就更加珍爱本国稀土资源，也是我国稀土重要用户。

发达国家的贪婪表现在，除了生产所需，它们不但通过政府拨款超额购进，存储在各自国家的仓库中——这种做法，日美韩等国行之有年；除了购买，还通过投资等方式规避中国法律，参与稀土开发，行公开掠夺之实。

遗憾的是，至今未见中国政府有效的控制举措。许多专家呼吁的战略储备制度，至今不见动静。而且，由于并未真正认识到稀土战略价值，导致中国的稀土开发变成了不折不扣的资源浪费——生产无序、竞争无度，中国在拥有对稀土资源垄断性控制的同时，却完全不具有定价权，稀土价格长期低位徘徊，有时甚至贱过猪肉。

一拥而上的盲目开发以及宏观规划水平低劣，导致中国并未成为稀土开发大国，中国稀土科技远远落后于发达国家。鉴于稀土在提升军事科技方面的显著作用，如果任这种趋势发展，中国出口的稀土有朝一日将构成对中国国家安全以及世界和平严重的威胁，中国将为其短视以及不负责任的生产开发付出代价。

目前，中国稀土的主要购买国日本、韩国、美国，前两者与中国存在领土纠纷，后者则在中国台湾问题上构成对中国最大的现实威胁，而且是近些年世界局部战争主要参与者。事实上有些对抗已经在中国东海、黄海上演。但是，在这些对抗发生时，很少有人想到那些真正能威胁中国的战机、舰艇与导弹，监视中国的雷达上的关键部件可能就是中国不计后果出口的稀土造就的。美日韩都是稀土科技大国。以日本为例，日本在有关稀土应用的材料科学、雷达、微电子产业上甚至拥有比美国更强的技术制造能力。美军现役武器中，潜艇用高强度钢，导弹微电子芯片的80%由日本制造，战机引擎的特种陶瓷也是日本研发……日本科学家曾夸口说，如果不用日本芯片，美国巡航导弹的精度就不是10米，而是50米。不过，我们可以想象，这些微电子芯片、高强度钢如果缺少了稀土，可能根本就无法被制造出来。

必须禁止稀土出口

既然过去几十年中，政府领导不可谓不关注，主管部门不可谓不尽心，专家学者们也提出了大量的建议，但中国的稀土开发依然还停留在低水平，那么从长远计，最有效而且最容易实行的方式，莫过于立刻禁止稀土出口，只维持国内生产以及研发所需的产出规模，或者干脆从国际市场购买。

此好处有三个方面：第一，能最大限度地保护不可再生的稀土资源，从根子上杜绝地方对稀土的无序开发以及偷盗行为，因为这些年，稀土的大量流失，正是因为一些政府和个人被国际市场的蝇头小利所惑；第二，解决产业整合，淘汰生产效率不高、资源开发浪费严重的小企业，淘汰过剩的生产能力；第三，为中国稀土科技争取技术开发、升级的时间，但是必须认识到，要在短期内追上国际水平，仅靠消极的保护是远远不够的。

日本国际未来科学研究所的代表浜田和幸曾说："中国拥有世界稀土资源的88%（原文如此，应为可开采量），钡、锑和铟的储量也非常丰富，掐住了日美的咽喉，日本和美国没有这些稀有金属，就无法制造精密的制导武器。"中国或许不该去掐别人的咽喉，但必须未雨绸缪，不要让别人在未来掐住自己的咽喉。民进中央联络委员会委员、中科联碳科技有限公司董事长晏双利曾不无忧心地指出，"我国的稀有金属储量也不多了。"

资料来源：青岩：《中国应立即禁止稀土出口》，《南方周末》2008年9月4日。

第三章　管制理论与稀土产业
管制的合理性分析

在人类社会发展过程中，政府对产业管制是一种常见的现象并有着很长的历史，经济学角度的政府管制研究，对于客观认识政府管制、明确管制领域、提高管制效率等方面起到了重要作用。20 世纪60 年代以前，经济学对政府管制的研究比较零散、没有形成相对完整的理论，其论述主要散见于古典经济学和产业组织理论之中。60 年代以后，产业管制研究越来越受到重视，管制经济学逐渐从传统经济学中分离出来，成长为一门相对独立的学科。目前，管制经济学的研究涉及政府管制原因、管制范围、管制内容、管制决策过程、管制方式、管制后果、管制机构等各个方面，研究成果受到高度重视，并被广泛运用于西方国家政府管制的实践中，政府管制已成为经济学的一个主要研究领域。我国对政府管制理论的研究相对较晚，目前还主要处于介绍和学习西方管制理论阶段，我国对政府管制的认识和实践还主要来自传统的计划经济时代和早期古典经济学的论述，现代管制理论对我国管制实践的影响极为有限。梳理西方管制理论，对于我们审视稀土产业的管制政策有很好的借鉴意义。

第一节　管制理论的梳理

要理解管制理论，首先要明确管制的含义。在《辞海》中，"管制"并没有给出其一般意义的解释。因管制多出于法律术语中，因而从法律的角度解释"管制"的含义为："对罪犯不予关押而短期限制其人身自由的刑罚。"经济学文献中所使用的"管制"一词，是由英语"regulation"翻译而来。《牛津高阶英汉双解词典》中对 regulation 的解释为：管理、调校、校准、调节、控制，以及规章、规则、法规、条例等。管制经济学中研究的"管制"就是指政府管制。日本著名经济学家植草益将"regulation"翻译成有日文含义的"规制"一词，我国经济学家朱绍文在 1992 年翻译植草益的著作时，直接引用他创造的日文译法，称之为"规制"，因此我国学者所用的"规制"一词实际上是一个外来语。需要注意的是，在相关文献中，"规制理论"和"管制理论"所指是相同的，并无本质的差别。由于在我国的实际生活中，"管制"比"规制"使用得更频繁，也更通俗易懂，因此我们统一使用"管制"。

一 管制的内涵

对管制的解释，大多是从管制实践中总结出来的，由于管制实践的不断发展，加之对管制的研究视角不同，人们对管制的理解也不尽相同。在早期，经济学对管制实践的研究集中在一些特殊产业的价格控制和进入限制上，这些产业包括电力、通讯、公路货运、铁路、航空、银行、保险和证券等。这些管制被称为传统的管制，其主要是研究和探讨在规模报酬递增情况下，如何定价和费率结构问题，早期的西方经济学关于管制的大部分研究将重点放在对公用事业的管制方面。卡恩（1970）认为："管制是对该种产业的结构及其经济绩效的直接的政府规定，如进入控制、价格规定、服务条件及质量的规定，以及在合理条件下服务所有客户时应尽义务的规定。"[1] 管制的实质是政府命令对竞争的明显替代，作为基本的制度安排，它企图维护良好的经济绩效。

施蒂格勒（1971）从利益集团角度将管制定义为："管制国家'强制权力'的运用，是产业所需要的一种主要为其产业利益所设计和操作法规（RULE）。管制几乎能采取任何手段满足某产业的欲望，

---

① 史普博：《管制与市场》，上海三联书店 1999 年版，第 28 页。

最为极端的就是增加它们的获利能力。"① 施蒂格勒列举了四项为产业
所需而由国家提供的管制手段：直接货币补贴、新进入的控制、对产
业辅助品生产的鼓励及代替品生产的压制以及价格的控制。施蒂格勒
在管制理论上的重要贡献之一是将管制的范围扩展到了所有的公共—
私人关系中，不仅包括传统的公用事业和反垄断政策，还包括对要素
市场的公共干预、举债和投资，以及对商品和服务的生产、销售或交
易的公共干预等。

伯吉斯（2003）认为："所谓政府管制，就是政府采取的干预行
动。它通过修正或控制生产者或消费者的行为来达到某个特定的目
的。政府管制可以决定商品的价格，或者对生产什么及生产多少产生
影响。在一些特殊的情况下，政府管制甚至能够决定由谁来生产商品
或劳务以及如何来提供它们。"② 布雷耶尔和麦卡沃伊则认为：在美国
"管制是政府为了控制企业的价格、销售和生产而采取的各种行动"，
如政府通过颁布法律和规章以控制定价水平、规定产品和服务质量标
准等。政府公开宣称"这些行动是要努力制止不充分重视社会利益的
私人决策"。③

美国经济学家丹尼尔·F. 史普博在其经典著作《管制与市场》
一书中指出："管制是由行政机构制定并执行的直接干预市场配置机
制或间接改变企业和消费者的供需决策的一般规则或特殊行为。"④ 他
将管制置于市场背景下，并与管制市场的均衡分析相联系。他认为在
扩展管制定义时要考虑三方面的因素：资源的市场配置、消费者和企
业的决策及消费者和企业通过管制制度而发生的互动关系。史普博的
管制定义有三点内涵：管制是由特定的行政机构执行的；管制政策有
可能替代或部分替代市场的资源配置机制，从而强制性地对市场供需

---

① George J. Stigler, The Theory of Economic Regulation, Journal of Economics and Management Science, 1971, 2 (1), p. 3.

② 小贾尔斯·伯吉斯：《管制与反垄断经济学》，冯金华译，上海财经大学出版社 2003 年版，第 4 页。

③ 《新帕尔格雷夫经济学大辞典》第 4 卷，经济科学出版社 1987 年版，第 137 页。

④ 史普博：《管制与市场》，上海三联书店 1999 年版，第 45 页。

关系产生影响；管制行为的依据是相应的法规（法律、规章）。

日本经济学家植草益认为，"管制是指依据一定的规则对构成特定社会的个人和构成特定经济的经济主体的活动进行限制的行为。"①

美国管理和预算办公室的观点认为，管制是指政府行政机构根据法律制定并执行的规章和行为。这些规章或者是一些标准，或者是一些命令，涉及的是个人、企业和其他组织能做什么和不能做什么。②

尽管对管制有不同的定义，但无论定义具体表述如何，所有关于管制的定义中都包含了一个共同的行为特征，即政府依据法律法规对企业的市场进入、价格决定、产品质量和服务条件等予以规定和规范。从产业管制来说，管制总是政府对企业活动的直接干预，这是"管制"的基本特征。因此，管制的主体是政府，管制的主要对象之一是企业。

二 管制动因

政府管制的动因来自哪里？不同的管制动因决定着政府选择不同的管制方法以及产生不同的管制结果，分析政府的管制动因是研究政府管制行为的重要内容之一。管制经济学从不同角度对政府管制的动因进行研究，主要形成了管制公共利益理论和管制利益集团理论两大理论派别。

（一）管制公共利益理论（Public Interest Theory of Regulation）

管制公共利益理论认为政府管制的目的是为公众利益而非某一特定部门利益。管制公共利益学说属于早期的政府管制理论，它产生的直接基础是市场失灵。微观经济学的研究表明市场对资源的有效配置会在一些情况下出现失效，如垄断与不完全竞争、外部性、公共产品、信息不对称等。在这些情况下，政府管制便具有了潜在的合理性。对于有自然垄断特点的产业，政府只允许一个企业进行生产的进入管制，符合生产效率的要求，而对其进行价格管制，能约束企业制

---

① 植草益：《微观规制经济学》，朱绍文等译，中国发展出版社 1992 年版，第 1—2 页。

② 宇燕、席涛：《监管型市场与政府管制》，《世界经济》2003 年第 5 期。

定出社会合理价格，符合资源配置效率的要求。所以，对自然垄断产业进行进入和价格的管制，有可能获得资源配置和生产的双重效率。在有外部性存在的情况下，对负的外部性征税、正的外部性补贴，有可能产生倾向社会偏好的资源配置状态。

从理论上讲，当出现市场失效时，政府管制有可能带来社会福利的提高。如果自由市场在有效配置资源和满足公众需求方面不能产生良好的绩效，则政府将进行管制以纠正这种情形。管制公共利益理论的隐含条件是：政府代表的是公共利益，是公众利益而不是某一特定部门利益的保护者，政府能够对任何出现市场失效的领域进行管制。

市场是否失效属于实证分析，而政府应不应该管制属于规范分析。从这一点上讲，管制公共利益理论可以看作对市场失效实证分析的规范反应。按照公共利益理论，实证分析的结果是市场在某些领域可能会有资源的低效率配置，政府应该对此做出反应，通过政策介入以纠正市场失效。因此，管制公共利益理论作为一种规范分析，它说明政府管制之所以存在是因为它反映了公众的需求，管制可以纠正市场失效和某些不公平行为（如价格歧视）。管制公共利益理论认为，因为政府是公共利益的守护者，当出现市场失灵时，只要公众有管制需要，就应当进行政府管制。该理论把政府假定为有效的、仁慈的、道德的，政府没有自己的特殊利益，公共利益最大化是政府追求的目标；同时政府是理性的、无所不能的、无所不知的，拥有充分的信息。

20世纪60年代以前，管制公共利益理论长期在管制经济学中居于统治地位，对于政府管制范围的扩大起到了很重要的作用，管制公共利益理论几乎被用来解释所有的政府管制问题。应该说管制公共利益理论具有一定的合理性，从理论上来看，如果政府是由公众选举出来的，它就在一定程度上代表全体公众的利益，或至少是在一定程度上照顾各方利益；从现实来看，政府管制确实在一些问题上提高了社会经济效率，比如政府对垄断企业的管制对遏制垄断企业对公众利益的伤害、保护消费者利益起到了积极作用。但是管制公共利益理论也存在一定程度的缺陷。第一，难以把握公共利益到底是什么。公共利

益没有一个简单而明了的判断（或计量）标准，不同社会群体、不同
利益集团可以有完全不同的价值取向。政府对公共需求和公共利益的
了解主要通过企业和消费者的博弈结果来把握，而这一结果通常只会
反映组织良好、实力雄厚集团的利益，那些力量弱小或组织不好的利
益集团的利益偏好常常得不到反映，"实现社会公共利益"是一种理
想化的目标。第二，现实中的大量政府管制并非存在于市场失灵领
域。比如，出租车和保险业既非自然垄断也非外部性产业，却一直存
在着进入和价格的管制。很多经济学家认为，现实中的政府管制并不
必然与市场失灵相关。历史上美国电报电话公司就支持管制，因为通
过管制可以减少竞争者，但是所有企业都支持管制也是不可能的。企
业之所以支持对他们实行管制，就是希望通过管制提供稳定的在正常
利润水平之上的利润。第三，政府管制的成本可能比政府矫正市场失
效的潜在收益要大，并且政府管制实际效果并不大，如施蒂格勒和弗
瑞兰德对 1912—1937 年期间美国电力事业价格管制的效果研究表明：
管制仅有微小的导致价格下降的效应。第四，市场对资源配置的有效
性是在完全竞争条件下实现的，但在现实中，完全竞争性市场条件很
难达到，市场或多或少地都会出现失效现象。如果打着维护公共利益
旗号通过管制纠正市场失效，那么政府管制的范围是难以把握和无边
界的。

正因为管制公共利益理论所存在的缺陷，推动了经济学家对管制
的研究从规范分析转向实证研究，由此管制利益集团理论得到了迅速
发展。

（二）管制利益集团理论（Sectional Interest Theory of Regulation）

20 世纪 60 年代开始，一些经济学家对管制效果进行实证研究。
美国铁路运价的管制研究表明，政府管制与市场失效之间并没有很强
的相关性。从管制经验来看，管制是朝有利于生产者方向发展的，管
制通常提高了产业内的企业利润。在潜在的竞争性市场上，比如卡
车、出租车产业等，由政府所制定的管制价格往往高于成本，并且禁
止其他经营者随意进入这些产业。在自然垄断性行业（比如电力产
业），实证研究表明政府管制对于价格的作用很小，在政府管制下，

该产业能赚取正常利润之上的利润。这些实证研究导致管制利益集团理论的产生。

经济学家通过实证研究认为，保护公众利益是政府管制的动因，也是管制的依据，但是政府管制的实际效果与其宣称的管制目标并不一致，因此在公共利益的背后一定有其他原因致使管制产生。现实的管制常常受到私人利益或利益集团的控制和误导，而与其公共目标发生偏离。管制利益集团理论认为，政府管制的动因并不是来自市场失灵和保护公共利益，而是利益集团寻求增进自身的私人利益。该理论建立的假设基础是：政府有权力资源；利益集团能够说服政府运用其权力为本集团利益服务；管制者同样具有经济人属性，能够理性地选择那些可使其效用最大化的行动。管制利益集团理论中最具有代表性的是管制俘获理论。

1. 管制俘获理论（Capture Theory of Regulatory）

管制俘获理论认为，管制的提供正好适应了某些产业对管制的需求（即被管制产业控制和俘获了立法者），并且管制机构也逐渐被产业所控制（即被管制产业也俘获管制者）。不管管制方案如何设计，管制机构对某个产业的管制，实际是被这个产业"俘获"。管制俘获理论的含义是：管制提高的是产业利润而不是社会福利。

管制俘获理论对管制产生原因的解释与政府管制历史十分符合，因而影响广泛，比管制公共利益理论更具有说服力。但是管制俘获理论同样具有局限性，比如，管制俘获理论没有解释管制者如何逐渐被产业所控制和俘获；受到管制影响的利益集团还包括消费者和劳动者集团，为什么管制受到企业控制，而不是受到其他利益集团的控制？俘获理论仅仅只是假设了管制是偏向于生产者的；如何解释管制实践中对产业放松管制现象。诺贝尔经济学奖获得者施蒂格勒是管制俘获理论的创立者，他首次运用经济学基本范式和需求供给分析方法来分析利益集团对政府政策影响。后来佩尔兹曼和贝克尔等人在其研究的基础上，进一步发展和完善了管制经济理论。

2. 施蒂格勒模型

施蒂格勒对管制理论的巨大贡献之一，是他提出了政府为什么要管制。长久以来，管制作为一个政府行为，一直是政治学的研究对象。在经济研究中，通常习惯将政府管制作为一个外生变量看待。施蒂格勒将管制作为经济系统的一个内生变量，用经济学方法来分析管制为什么会产生，管制需求和管制供给怎样共同决定了管制。在分析哪些产业会被管制以及管制应采取的形式时，施蒂格勒提出了两个分析前提：首先，政府拥有独一无二的强制权，这些权力为某些产业利用国家提高产业盈利提供了可能性，并且利益集团可以通过说服政府使用强制权以改善该集团的福利；其次，各个组织（包括政府）在选择效用最大化过程中都是理性的。在这两个前提的基础上，施蒂格勒认为，政府管制是为了响应利益集团实现其利益最大化需要的产物；政府管制是特定利益集团的一种收益来源；一个利益集团可以通过说服政府实施有利于自己的管制政策而把社会上其他成员的利益转移到自己身上。产业谋求从国家得到的保护性管制政策主要有四种情况：（1）政府直接的货币补贴。但是一般有能力获得政府关照的产业通常并不会用这一政策去获得利益，如果不能控制受益者的数量，政府的补贴会消散在日益增加的竞争者之中。（2）政府控制新的竞争者进入（即限制产出），包括设置保护性关税和非关税壁垒。政府简单的许可证制度就可以阻止新厂商进入某个寡占产业，政府的限制要比企业自己设计的任何阻止策略都更有效。（3）政府干预具有替代性特点的产业。（4）由政府控制价格。在单个厂商可以不断地扩大规模而不会产生规模不经济的场合，政府控制价格本质上是为了获取高于竞争时的回报率，而不是相反。

施蒂格勒把政府管制作为一种特殊市场，管制条例是这个市场中的特殊商品，其供给者是政府官员，需求者则是某些利益集团。政府管制是需要成本的，因此需求者通常要向供给者支付价格。施蒂格勒认为，生产者对立法过程的影响较之消费者有明显的优势，这是因为企业的数量更少，并且企业可能比它们的消费者有更多的同质性，花费较少成本即可组织起来。由于企业数量少于消费者，企业的平均收入高于强加给消费者的人均损失，因而生产者比消费者具有更强的行动激励。① 所以最后的管制结果必然有利于生产者。在施蒂格勒看来，管制是响应利益集团最大化其收益的需要而产生的，政府进行管制的公共利益动机只是一种理想主义，政治家对管制的"供给"与产业部门对管制的"需求"相结合，以谋求各自的利益，这才是政府管制的真正动机。施蒂格勒模型得出的"管制总是有利于被管制者"的结论，无法解释现实中存在着管制机构促进的是消费者利益而非被管制产业利益的事实。

3. 佩尔兹曼模型

佩尔兹曼主要关注的是哪些产业最有可能受到管制的问题。在施蒂格勒模型基础上，佩尔兹曼（1976）构建了一个最优管制政策模型，将利益集团简化为厂商与消费者两方，而政治家作为管制者通过调节利益集团间的价值转移以使自己得到最多数量的选票。佩尔兹曼认为，管制是一个政治过程，管制决策者的主要目标是追求政治利益最大化。政府凭借着拥有强制权通过控制价格和限制进入可以重新配置资源、转移福利，而价格和限制进入与利益集团的利益得失息息相关，通过管制手段这一中介将利益集团与管制决策者寻求政治支持联系起来。政治家通常为所有的利益集团服务，佩尔兹曼将多集团势力的影响表述为政治支持函数，在利润和价格函数的约束下求解政治支持函数的最大值（即最优管制政策）。佩尔兹曼的研究表明，影响政府管制机构的不是单一的利益集团，追求政治支持最大化的管制决策者会在不同利益集团之间寻求利益平衡点，并根据利益平衡点来制定管制政策。② 哪些产业可能从管制中获益？佩尔兹曼模型说明，如果某一产业在缺少管制之下实现的均衡价格接近于管制之下的价格时，管制不可能发生；当从管制中可能获益的利益集团因管制价格相对不变而不能获益较多时，该利益集团不会投入资源以获得管制；最有可能被管制的产业是那些具有相对竞争性或具有相对垄断性的产业。对竞争性产业管制，产业中的企业将从管制中大量获益；而对垄断产业

---

① 陈富良：《S－P－B 规制均衡模型及其修正》，《当代财经》2002 年第 7 期。

② 王健等：《中国政府规制理论与政策》，经济科学出版社 2008 年版，第 71 页。

管制，消费者将获益。对现实管制的总结表明，竞争和垄断两种极端情况下更倾向于实行经济管制。垄断性产业包括电信、电力、铁路等。相对竞争性产业包括农业、货车业、出租车、原油和天然气产品以及保险业等。

4. 贝克尔模型

贝克尔通过对利益集团之间的竞争分析发现，决定管制制度倾向性的是利益集团的相对影响，管制倾向不仅由管制的福利效应决定，而且由利益集团整体在给管制立法机构或执行机构施加压力时的相对效率决定。

贝克尔认为，利益集团通过影响管制政策获得的财富转移依赖于它施加给立法者或管制者的压力，压力的大小取决于集团内成员的数目以及所要使用的资源数量。管制活动的决定（以财富转移来衡量）是以某一利益集团相对于另一利益集团而言，哪一个利益集团的影响更重要。每个利益集团在假定其他利益集团选择的压力水平条件下，选择能使其福利最大化的压力水平。运用较大压力必然耗费利益集团较多的资源，考虑到运用压力的收益和成本每个集团都不想提供过多的压力。贝克尔模型分析结果表明，管制倾向于增加具有较大影响力利益集团的福利，并且利益集团消耗大量经济资源为影响政治程序而进行竞争，结果导致帕累托非效率的出现。

三　管制内容

通常政府管制主要包括两类：一类主要是为了保护消费者利益而进行的所谓经济性管制；另一类是为了保护环境、降低健康与安全的风险、消除种族歧视、改善贫困状况等而进行的所谓社会性管制。

（一）经济性管制

经济性管制一般被解释为，政府通过价格、产量、进入与退出等管制措施对企业决策实施的各种强制性制约。植草益通过对经济性管制的领域、目标、手段和内容的界定给出了一个比较具体和完整定义：经济性管制是指在自然垄断和存在信息不对称的领域，为了防止发生资源配置低效率和确保公平利用资源，政府机关用法律权限，通过许可和认可等手段，对企业的进入和退出、价格、服务的数量、质量、投资、财务会计等行为进行管制。①

不同学者对于经济性管制内容的认识并不相同，施蒂格勒（1996）认为，经济性管制是国家强制权力的应用，是针对那些被国家管制的行业，如国内航空业的航空邮件运输、航空新干线开辟、汽车运输、储蓄和信贷公司、互助基金、石油进口限额等。斯蒂格利茨（1997）认为，政府应该对所有自然垄断行业，包括那些私人部门经营的自然垄断行业，进行经济管制。萨缪尔森（1999）认为，政府经济管制是对公用事业（包括电话、电力、天然气、供水等）和具有垄断性或结构性竞争的产业（运输、金融、电台、电视台等）进行管制。② 所有的学者都同意自然垄断是经济性管制的主要领域，自然垄断的基本特征表现为"成本弱增性"③，具有显著的规模经济、范围经济、网络经济性和资源稀缺性。典型的自然垄断产业主要包括通信、电力、铁路运输、自来水、煤气供应等产业。这些产业的主要业务由一家或极少家企业提供产品和服务，比由多家企业提供相同数量的产品和服务具有更高的生产效率。自然垄断企业具有相当大的市场垄断势力，通过对其产品和服务制定高价而取得垄断利润，市场配置对于自然垄断产业是失效的。

（二）社会性管制

在社会经济快速发展的同时，很多经济活动会产生一些严重的负外部性问题，比如一些生产者的生产活动会带来空气、水以及土壤的污染等问题；消费者的消费行为也会造成负外部性，比如过多地使用纸张会使森林砍伐较多。同时，由于消费者对许多食品和药品缺乏足够的知识，存在生产者和消费者之间的信息不对称问题，一些企业生产经营的食品和药品质量低劣，消费者无法辨认导致影响身体健康。对于这些由环境污染、产品质量低而造成的社会问题，需要政府通过立法、执法手段加强管制。植草益认为，社会性管制是以保障劳动者

① 植草益：《微观规制经济学》，朱绍文等译，中国发展出版社1992年版，第22页。
② 王健等：《中国政府规制理论与实践》，经济科学出版社2008年版，第20页。
③ 王俊豪：《政府规制经济学导论》，商务印书馆2001年版，第32页。

和消费者的安全、健康、卫生的各种活动制定一定标准，并禁止、限制特定行为的管制。① 一般而言，政府的社会性管制是为了弥补市场的四个失效：外部性、不完全的信息、稀缺以及公共物品。社会性管制的手段主要是服务性和技术性的，而不是命令控制型的，如检查、鉴定、认证、资格认证、奖励性管制等。

随着人们更加注重生活质量、环境保护、卫生、健康、安全等问题，使社会性管制不断强化、管制领域不断扩展。詹姆斯·W. 费斯勒认为："经济管制和社会管制并不是一枚硬币的两个面。至少在政治领域内，它们是两枚不同的硬币。否则就很难解释 20 世纪 70 年代晚期和 80 年代所发生的变化。在放松经济管制的同时，社会性管制扩大了。政府从货车业、航空公司、电信及金融服务的大规模管制中退出。与此同时，环境、工人的健康与安全、消费品首先在卡特政府时期得到更精心的保护。在里根政府时期，尽管有里根的反对压力，但它们仍得到更精心的保护。"②

社会性管制的内容十分广泛，而且随着社会的发展，社会性管制内容还有可能扩大。美国通常把社会性管制确定在三个大的方面：健康、安全和环境保护，因此美国并没有对社会性管制下定义，而是将社会性管制称为 HSE 管制（Health，Safety and Environmental Regulation）。植草益根据日本政府的社会性管制实践，将社会性管制具体划分为：（1）保证健康、卫生（由药品法、医疗法等产生的管制）；（2）保证安全（由劳动安全卫生环境法、保护消费者法、公路交通法、建设标准法、消防法等产生的管制）；（3）防止公害、环境保护（由公害对策基本法、防止大气污染法、防止噪声法、自然环境保护法、禁止高压煤气法、国土利用计划法等产生的管制）。③

四　管制方式

政府为达到管制目标，对被管制者的行为可以采用不同的管制方

① 植草益：《微观规制经济学》，朱绍文等译，中国发展出版社 1992 年版，第 22 页。
② 詹姆斯·W. 费斯勒、唐纳德·F. 凯特尔：《行政过程的政治——公共行政学新论》（第二版），陈振明等译，中国人民大学出版社 2002 年版，第 400 页。
③ 植草益：《微观规制经济学》，朱绍文等译，中国发展出版社 1992 年版，第 22—23 页。

式（或管制措施），从管制实践来看，管制方式大致可以划分为限制性方式和激励性方式两种，每种管制方式下又有种类繁多的具体管制方式。

（一）限制性管制

限制性管制主要表现为对被管制者行为的限制，政府为达到管制目标需要对被管制者进行监督、审查等，对于违反管制的行为进行处罚。限制性管制属于传统管制方式，其中最基本的、使用历史最长的是价格管制和准入管制，以下是几种最常用的传统管制方式。

1. 价格管制

价格是市场经济中最重要的指标之一，市场对资源配置是通过价格引导的。因此在政府的管制中，价格管制占有重要的地位。价格管制主要包括：（1）自然垄断企业的产品和服务价格由政府确定，有最高限价、最低限价或统一价格等，其中，以准许成本加公平报酬率是确定被管制企业的产品和服务价格较常采用的方法；（2）对银行、证券、保险等金融行业进行价格管制，包括利率、保险费率、证券交易规则等的管制；（3）对不正当价格的管制，如对垄断产品价格、歧视性价格或低价格倾销等的管制。

2. 准入管制（市场进入管制）

在一些市场失效的产业中，为了防止资源配置低效率或者过度竞争，确保规模经济效益、范围经济效益和提高经济效率，政府管制机构对现有的企业或产业的进入进行规范和控制。实施市场进入管制的行业主要包括自然垄断行业（如邮政、电力、城市给排水等公用事业，以及电讯、航空、广播、铁路等）和信息不对称产业（如金融、证券、保险等）。主要管制手段有特别许可制度、特别注册制度、申报制度等。

3. 利润管制

主要针对具有排他性生产某种产品权利的企业（如城市电力、自来水、天然气）制定准许利润，防止人为提高物价以牟取暴利。在确定准许利润时，主要考虑执行期维持现有资产规模和追加投资所必要的资本报酬（公平报酬率）。

4. 数量管制

政府对企业生产和供应的某些产品的数量或者对某些商品进口和出口的数量进行相应的限制。比如，政府对武器装备、垄断经营的能源、运输服务、烟草、烈性酒等进行数量限制；为保护国内幼稚产业而进行的进口数量限制；为防止资源流失而进行的出口数量限制。

5. 质量管制

政府为保障消费者权益而对被管制企业提供的产品或服务的质量进行管制。产生质量问题的原因可能是竞争不足或是信息不对称。质量管制的主要手段有：制定有关产品和服务的质量标准和质量规范；在有关产业中建立产品和服务的申报制度；对有关产业产品和服务质量的专门检查和监督等。

(二) 激励性管制

传统管制方式的限制性特点，要求管制者能够掌握被管制者的相关信息，但是由于管制者和被管制者出现信息不对称，管制者一般是信息缺乏者，被管制者一般是信息拥有者，这常常会造成政府管制的低效率或管制失效。20 世纪 70 年代末 80 年代初，激励性管制理论的兴起对解决传统管制方式的缺陷产生了重要作用。

激励性管制理论将信息经济学、产权理论、交易费用理论等引入管制经济学，其研究重心是如何设计出一个激励与管制路径，以减少两者之间因信息不对称而产生的交易成本，在考虑对被管制者予以激励的基础上，诱导被管制者按照管制者的意图行事，同时减少或阻止管制机构被俘获的发生。"激励性管制是以权变观为理论支持的，激励性管制决策的形成与实施，取决于管制机构、被管制企业和市场力量等这些系统内外部变量的较量与综合，这是一个博弈的过程。"[1] 激励性管制的主要类型有以下几种。

1. 价格上限管制

指管制者与被管制者之间以合同的形式确定价格上限，被管制者可以在这一价格上限之下自由定价，进而逼近拉姆士价格结构（次优

_____

① 刘华涛：《政府激励性规制理论述评》，《行政论坛》2007 年第 2 期。

价格），也就是提供多产品的被管制者在保证企业可以实现收支平衡的前提下努力达到社会福利最大化的一组次优价格组合。价格上限管制通过赋予被管制者更多的自由定价决策权，可以更有效地促使被管制者考虑降低成本、提高效率，它是目前应用最为广泛、效果最明显的一种激励性管制。

2. 特许投标管制

这是通过间接引入竞争从而促进被管制者提高内部效率的激励性管制。管制者通过竞标方式将特许经营权赋予能以最低价格提供服务的企业，并将其作为对企业低成本、高效率经营的一种奖励。这样，既可以保证规模经济，又可以间接地引入竞争，实现帕累托改进。

3. 区域间竞争管制

这是通过将受管制的全国垄断企业分为几个地区性企业，使特定地区的企业在其他地区企业的刺激下，努力提高自身内部效率的一种管制方式。

4. 社会契约管制

管制者与被管制者在签订协议时，就被管制企业的设备运转率、热效率等具体指标签订合同。如果企业能够实现比合同规定更好的成绩，则给予企业报酬，否则给予处罚。

5. 利润分享管制

是指通过采取为将来购买提供价格折扣等形式让消费者直接参与公用事业的超额利润分配或分担亏损。这样，不仅可以通过刺激消费，促使企业充分发挥规模经济效益，有效降低经营成本；还有助于实现企业与消费者之间的公平分配。

6. 菜单管制

这是将多种管制方案组合成一个菜单，以供被管制者选择的一种综合性管制方式。

五　管制失灵

大多数学者认为，在市场失灵的情况下才有政府管制的必要，管制只能在市场失灵范围之内发挥作用，在这一范围之外就不应采取管制手段。但是市场失灵仅仅是政府管制的必要条件而非充分条件。首先，政府管制本身是有成本的，只有将政府管制成本和管制实际效果进行比较后，才能够确定是否采取管制措施和应该采取什么样的管制措施；其次，政府管制的目标并不等同于政府管制的实际效果；最后，政府管制也有可能失灵。管制经济学中对政府管制失灵有很多的探讨。管制失灵的表现是政府的管制措施完全不起作用，或者是管制措施实施后的经济效率低于未实施管制前的经济效率。政府管制主要存在以下几个方面问题。

1. 管制可能导致被管制企业内部无效率的产生

比如政府对自然垄断产业的管制。在对产品和服务进行价格管制方面，现实中由于采用边际成本定价的实际困难以及会造成自然垄断产业亏损，因此往往以平均成本加合理报酬率来定价。这种管制价格的确定是以实际发生的成本为基础进行核算的，企业没有降低成本意愿；反而可通过增加成本来提高利润。在对自然垄断产业实行进入管制方面，由于被管制企业缺乏竞争性刺激，因此对提高效率、改善服务并不会努力。在既实行价格管制又实行进入管制的自然垄断产业，政府管制下产生的企业内部低效问题往往表现得更加显著。本来政府进行进入管制的目的是为了防止过度竞争，但在管制实施中往往成为限制正常竞争、保护垄断者既得利益的制度安排。另外，政府与被管制企业之间的信息不对称也导致了管制难以达到预期效果。

2. 管制关联费用大量增加

植草益认为："现行的收费管制方式在管制当局和被管制企业两方面都会发生较大的费用。"① 管制者为了能够行之有效地执行管制任务，需要克服或减少管制者与被管制企业之间的信息不对称问题。政府需要设置专门的管制机构和专职管制人员，必须收集、分析和加工有关被管制企业的财务、会计、事业计划、需求的结构和动向以及技术方面详细的数据资料等，并需要在企业和有关政府、议会之间进行调整，因此，管制过程中这些行政方面的费用（包括人工费在内的多

---

① 植草益：《微观规制经济学》，朱绍文等译，中国发展出版社 1992 年版，第 147—148 页。

种费用）会大量增加。

3. 管制产生了权力租金成本

由于政府管制部门对于管制对象、管制内容、管制方式等拥有较大的自由裁决权，致使企业"寻租"行为泛滥。公共选择理论认为，政府行政部门的官员、企业中的企业家、国会的议员等都是"经济人"，都追求个体的效用最大化，正是他们在追求自利的互动过程中才助长了管制的泛滥，管制不完全是为了公共利益，它实质是在不同的利益群体中重新分配财富的一种有效手段。管制这种分配财富的手段不是刺激人们把稀缺的资源有效地直接用于发展经济、投资生产，而是花费宝贵的资源向政府的管制主体寻求租金。这种"寻租"行为增加了"寻租者"的个人收益，却使社会的净收益受损，使消费者的利益受损，从而最终损害经济发展的动力。

4. 管制滞后产生的效率损失

在现代社会中市场环境是瞬息万变的，如果政府管制不能跟上市场的变化，必然会导致被管制企业乃至整个市场效率的损失。从意识到管制需要变动到确定管制变动方案，再到实施新的管制方案需要较长的时间，这就是管制时滞。比如在价格管制中，可能由于各种成本上升，企业申请价格改动。除了从申请、审查直到认可需要相当长的时间外，管制机构若没有适当纠正或超前的能力，就必然会造成管制变动滞后于市场的变化，结果是企业的行为落后于市场环境的变化，导致企业蒙受损失。

对于政府管制失灵问题，美国行政学家罗森布鲁姆认为，政府行政管制存在着八个方面的问题：[①] 第一，管制的成本太大；第二，管制抑制经济绩效；第三，管制产生延误与繁文缛节；第四，管制者不胜任；第五，腐败；第六，过度扩大的管制范围；第七，管制程序失去控制；第八，缺乏管制绩效标准。

六　管制放松

对政府管制效果的大量研究表明，政府的过度管制会损害竞争机

---

① 戴维·H. 罗森布鲁姆、罗伯特·S. 克拉夫丘克：《公共行政学：管理、政治和法律的途径》，张成福等校译，中国人民大学出版社 2002 年版，第 439—446 页。

制，导致边际收益的急剧递减。政府的过分监管将推动社会进步的创新活动和创新激励扼杀，政府对社会的管理应以提高企业管理者和消费者双方的自觉责任、为自己行为及选择负责为长期方向。从长远来看，如果企业及消费者都盲目依赖政府监管，完全漠视和不顾经济活动和技术发展固有的风险和不确定性，经济本身和消费者都会处于更大的危险之中。①

正是因为管制有巨大的局限性，因此放松管制的呼声一直不断。20 世纪 70 年代末 80 年代初"可竞争市场理论"的形成对政府管制必要性的传统认识提出了挑战，同时对西方国家放松管制改革运动产生了较大的推动作用。可竞争市场理论的主要观点是：判断自然垄断与否并不应只看市场内的实际竞争者数量，还应看是否存在潜在的竞争者。虽然规模经济或范围经济的存在限制了自然垄断行业内实际竞争者的数量，但如果市场是完全可竞争的，潜在竞争的压力仍会迫使产业内原有垄断企业提高效率，并确保价格与平均生产成本相等，从而实现与完全竞争相同的竞争均衡。政府不必对产业实行进入管制，最大限度地创造可竞争性条件就能达到市场效率最优化和社会福利最大化。因此，管制部门应该做的不是限制进入，而是降低产业的进入壁垒，使产业能够自由进出。

政府管制本身的局限性导致有放松管制的要求，有些产业本身是可竞争的，不需要政府管制。除此之外，现实社会的一些变化也使得管制不得不放松。

1. 市场的变化致使管制成本更高而收益更少

在判断是否需要管制时，许多经济学家认为，只有在证明市场失灵存在的情况下，管制才是正当的。即便管制是纠正市场失灵的最好方法，但管制也会失效，而且管制失灵可能比市场失灵更差。因此，只有在管制产生的收益超过管制成本时，管制才是合理的。随着市场的变化，交易方式不断创新、企业的经营规模不断扩大、经营手段更

---

① 王辉：《市场与政府监管：美国的经验》，载胡鞍钢等主编《国家制度建设》，清华大学出版社 2003 年版，第 167 页。

加灵活多变、产权的变动更加频繁。市场的这一切变动，导致政府管制难度增加，管制成本大幅度上升；而管制效果越来越差，管制造成的企业经营灵活度的下降，使企业蒙受损失。当市场变化导致管制成本的上升超过了管制所产生的收益时，管制就不再有存在的合理性了。

2. 技术进步削弱了管制效果

通信产业中的技术进步，使管制扭曲了资源的配置致使总福利损失增加，任何人都没得到好处。技术进步降低了资本投资的成本从而增加了许多部门的供给与需求弹性，即使很小的管制扭曲都会严重地阻碍需求并妨碍这些部门总的增长。在金融产业发展中，迅速进步的信息技术使交易成本大大降低，金融机构可以以非常低的边际成本提供复杂的新型金融工具，这些创新的复合式金融工具对银行业与经纪业之间的界限形成了挑战，从而很容易绕过建立在这种界限划分基础上的管制。技术进步为产业提供了规避管制的新方法，即使在政府的管制未发生变化的情况下，已经造成了既成事实的放松管制。

3. 全球化市场的形成使政府更加难以管制产业行为

社会进步不但增加了资本、商品和服务的数量，而且大大增加了企业的流动能力，全球性市场的不断发展逐步取代了国内市场。例如，在金融领域，因为汇率或利率变动更多地依赖于单独国家司法控制范围之外的国际市场，所以国内的政府部门对它们的控制能力必然减弱。同样，政府对境内国际化企业的活动越来越不能有效地管制，因为这些企业可以通过它们在海外运营的调整绕过一国政府的管制。

4. 经济全球化致使各国政府在放松管制方面展开竞争

随着经济全球化的不断加深，在全球市场中，企业可以越来越容易地将它们的业务、资本等投放或移动到不同的国家和地区中。在这种情况下，各个国家之间必然会展开竞争以将产业和资本吸引到其境内，放松管制、给市场以更多的自由在这种竞争中充当了一个强有力的工具。

第二节　稀土产业管制的合理性分析

任何产业在发展中都会或多或少地存在一些问题，这是因为市场在不断地变化、技术在不断地进步、产业发展的环境也在发生着变化等。比如，市场对某个产品的需求下降了，提供该产品的产业就会面临着转型升级的问题；技术进步出现了对某种产品的替代产品，生产原产品的产业会面临着如何生存的问题；某个产业生产条件发生变化不再能支撑产业继续发展了，该产业就会面临着向何处转移的问题。应该说，人类社会本身充满了问题和矛盾，整个社会就是在不断解决问题中向前发展的。产业作为构成社会的重要组成部分，在发展中不可能不存在问题。因此，一个产业在发展中存在一些问题并非不正常，关键是如何解决问题，特别是如何有效地解决问题。

由于我国仍然处在从计划经济体制向市场经济体制转轨的过程中，计划经济的思维模式对我们还有很大的影响。通常，当我们发现某个产业出现问题时，习惯性地想到应该由政府出面解决。政府管制对于解决产业中存在的问题既有其有利的一面，也有其不利的一面。理论和实践都证明，政府对产业的管制只能在一个较小的范围内，政府的过度管制会对经济造成严重的损害。从某种意义上说，我们从计划经济向市场经济转轨的目的，就是要减少政府过多的管制行为。事实上，在市场经济体制下，产业发展中存在的绝大多数问题都是由市场自发解决的，市场在资源配置中起着决定性作用。在现代成熟市场经济国家，政府对产业的经济性管制朝着放松的方向发展，随着对市场机制认识的不断加深，原来认为市场不能解决的问题，现在有了新认识。比如过去认为在外部性问题上市场是失灵的，现代研究认为，对于有些外部性问题，只要产权界定清楚、交易成本能够降低，市场完全能有效地解决外部性问题，也就是说只要能满足市场配置资源的条件，市场就能发挥作用。因此，很多国家的政府在解决产业问题时，努力创造让市场解决问题的条件，而不是直接对产业进行管制。

当然，强调市场对资源配置的决定性作用并非否定政府管制的作用。在当今最成熟的一些市场经济国家，虽然政府对经济的干预被严格限制，但在社会经济中的很多产业仍然存在政府管制，特别是政府的社会性管制在不断地得到加强，而不是减弱。世界各国对政府管理的改革方向是尽量引入市场机制来解决过去由政府解决的问题，虽然实践中在解决很多问题方面市场机制的引入取得了很大的成功，但是在人类目前的认知能力下，市场并不能解决所有的问题，或在一个时间范围内市场是失效的（有一种观点认为，如果把时间拉长，市场总是有效的），因而对于市场解决不了或解决不好的问题，就有了政府管制的必要性。

稀土产业发展过程中的确存在很多问题，但是这些问题的存在是否表明政府管制就是合理的？以下从管制理论视角对这一问题进行分析。

一　管制理论视角下的稀土产业管制合理性分析

大多数经济学家认为，政府管制来自市场失灵，也就是说政府管制是对市场机制的一种补充，而不是替代市场。当市场对某产业能够很好地发挥资源配置作用时，政府就不应该进行管制，只有当市场出现失灵时，政府才有管制的必要。管制理论对政府管制合理性的最基本判断标准是，管制是否发生在市场失灵的范围之内。经济学中的市场失灵主要集中发生在有垄断、外部性、公共产品及信息不对称的情况下，垄断主要表现了产业的市场特征，公共产品及信息不对称主要表现了产业所提供的产品或服务的特征，外部性主要表现了产业的经济活动对市场中的其他经济主体所产生的"非市场性影响"特征。因此，对于一个特定产业是否有必要进行管制，可以从该产业所表现出的各种特征上进行判断。

（一）从稀土产业的市场特征分析管制的合理性

市场机制能够对资源有效配置建立在完全竞争市场结构的基础之上，而垄断是一种不完全竞争的市场结构，它是导致市场失灵的最重要因素之一。垄断有很多种类型，美国著名经济学家曼昆从企业进入产业的障碍角度，把垄断大致划分为三种类型：市场垄断、自然垄断、行政垄断。由于垄断会使提供给市场的产品数量更少、价格更高，造成社会福利的损失，所以对于垄断产业一般都赞成进行政府管制。史普博认为政府对垄断产业的管制是"一种能弱化沉淀成本造成风险的隐性契约，由公共管理的契约所产生的净利润就必须与通过私人谈判和执行所产生的净利润相比较。管制也许更有效率"。① 对于不同的垄断类型，管制的思路并不相同。

1. 市场垄断

市场垄断是通过市场竞争在产业内自发形成的由少数企业控制市场的局面。之所以会出现这种垄断形式，主要是因为少数公司利用其资本、技术、管理上的优势，或拥有特殊自然资源取得了垄断地位。对于市场垄断类型，政府为了保证市场竞争，维护整个社会的利益，通常都对市场垄断进行限制，反垄断法就是政府管制的具体体现。

在稀土产业中，除了稀土矿开采环节，稀土冶炼分离、稀土功能材料以及稀土应用产品生产环节都没有市场垄断的特征。如果政府管制是为了限制垄断，那么稀土矿开采环节以后的稀土产业环节就没有管制的必要。

稀土矿开采产业相对比较特殊，南方离子型稀土资源由于其赋存比较分散，对离子型稀土的开采没有形成垄断；北方轻稀土资源赋存比较集中，稀土矿开采有垄断特征。从限制垄断角度出发，政府管制的应该是北方稀土矿的开采产业。

但是我国稀土产业的管制方向，不是要限制市场垄断，而是要积极促成稀土产业（主要是稀土矿开采和稀土冶炼分离产业）的市场垄断。通过采取发放采矿许可证、产业整合等手段力促稀土原料产业形成具有垄断势力的大企业集团，其主要目的是提高稀土原料产业的集中度，治理稀土产业的散乱现象，以有效地提高稀土原料产品的价格。

稀土产业总体上属于竞争性产业。管制理论认为从公共利益角度出发，政府完全不必对竞争性产业进行管制。如果对竞争性产业进行

① 史普博：《规制与市场》，上海三联书店1999年版，第55页。

管制，其目的是消除或降低竞争，保护一些利益集团的利益。这种管制在"管制利益集团理论"和"管制俘获理论"中都有揭示，是管制理论所反对的。

2. 自然垄断

自然垄断是指由于规模经济或是范围经济或是成本的次可加性等原因，导致在一个产业内由一个企业或少数企业为整个市场供给物品或劳务比由数量较多企业供给该物品或劳务的经济效率高。早期的自然垄断现象与资源的分布有关，一些资源由于分布集中而无法竞争或者不适宜竞争而形成的垄断，但在现代社会这种情况引起的垄断已不多见。

对于自然垄断产业，由于过多的竞争会降低经济效率，因此为追求较高的经济效率，政府会对自然垄断产业实行进入限制，在该产业内只允许一家企业或少数几家企业从事生产活动，其他厂商不得进入该产业。政府对自然垄断产业实施进入管制的另一个重要原因是为了防止过度竞争（或称之为毁灭性竞争）。自然垄断厂商一般规模较大，固定资本多、专用性强、折旧时间长、变现能力差，沉没成本在总成本中所占的比重高，这种特点使该产业的退出成本极其高昂。如果这种产业中进入过多的厂商，他们以价格展开竞争，就会产生毁灭性的竞争结果，不但收不回沉没成本，企业难以长期生存，还会造成严重的资源浪费，甚至使其提供的产品或服务不能很好地满足社会需求。

自然垄断产业形成了垄断企业对价格的高控制能力，如果任由垄断企业自由定价，垄断企业就会利用垄断势力定出较高的价格赚取垄断利润，从而损害了消费者利益。因此，对于自然垄断产业，政府一般需要对其进行价格管制。

总之，管制理论认为，对于自然垄断产业政府有管制的必要性，应采取进入管制和价格管制的措施。管制的方向：一是限制企业进入避免引起毁灭性竞争；二是限制价格过高。政府对自然垄断产业管制的难点在于：选择什么样的企业来垄断生产，合理的价格应该是多少。

自然垄断产业表现出成本的劣加性、产品供给的网络性、资产沉淀与专用性、产品的日常性等特征，主要集中在供水、电力、煤气、热力供应、电信、铁路、航空等领域。按照自然垄断产业的特征来看，稀土产业总体上并不属于这类垄断产业。

很多人认为稀土产业出现了过度竞争，因而需要政府实施"进入管制"。事实上，并不是说只要产业内存在过多的企业，相互之间进行价格竞争，甚至价格被压低到生产成本以下就属于过度竞争。是否属于过度竞争有一个非常重要的判断标准，那就是企业退出该产业的成本是不是足够高。稀土产业（如果不算稀土的高端应用）本身是一个小产业，从稀土矿开采到稀土功能材料生产的固定资产投资额都不算太大，否则不可能有大量的小规模企业存在于稀土产业之中，稀土产业的固定资产投资量根本无法与钢铁以及其他大宗有色金属产业的投资量相比。尤其是在稀土开采环节基本上属于劳动密集型产业，企业从产业中退出的成本并不高。以经济学的判断标准来看，稀土产业不属于过度竞争性产业（或毁灭性竞争产业）。

如果从早期的自然垄断特征判断，由于北方轻稀土资源分布高度集中，因而北方稀土开采产业属于自然垄断产业。对于这类由资源分布特征所形成的自然垄断企业，政府一般并不从提高经济效率的角度进入管制。相反，由于这类产业本身无法竞争，有可能降低生产效率，所以很多国家政府通过各种手段将竞争引入这类产业。这类产业的产品价格，政府一般也不进行管制，如果管制，也是限制其产品定价过高（比如能源产业）。

稀土产业总体上不属于自然垄断性产业，对其进行价格管制和进入管制（包括在管制方向上）并不能得到相关自然垄断管制理论的支持。

3. 行政垄断

行政垄断是由政府行政机关或其授权组织利用其行政权力限制竞争而导致的市场垄断现象，绝大部分行政垄断是政府行政机关滥用行政权力造成的。由于行政垄断优势完全来自行政权力，而非经济性因素，因此行政垄断是对市场竞争的破坏，它扭曲了资源配置的方向，对整个社会发展构成了威胁。管制理论认为，政府改革的一项重要内容就是要消除行政垄断，大多数国家都通过立法禁止行政权力滥用而导致行政垄断。有极少部分行政垄断是为了保证安全、健康等公益目的，比如烟草、食盐等政府专营。对于这部分行政垄断的政府管制与自然垄断的政府管制相同，一般采用进入管制和价格管制。

稀土产业的产品不具有公益性质，因此稀土产业不属于合理的行政垄断范围。由行政权力促使稀土产业形成垄断，并不符合政府行政管理的改革方向。

管制理论认为大部分垄断产业会造成社会效率损失，由于排斥了竞争，对于垄断产业自身长远的发展也是有害的，政府管制的目标就是要消除或限制垄断行为。对于自然垄断产业的管制，虽然限制进入管制的目标是在产业内维持一个较少的企业数量，但在价格管制上的目标是限制企业利用垄断地位随意提高价格。稀土产业从总体上并没有表现出垄断的市场特征，从市场配置资源的效率来说，没有出现市场失灵，因而管制理论视角下的稀土产业政府管制的必要性不存在。另外，我国稀土产业管制的目标是要形成市场垄断、提高稀土产品的价格。对于这种管制方式，管制理论认为其目的不是为了公共利益，而是保护利益集团，这种管制是不正当的。至于这种管制方式是否能实现公共利益，管制理论并未对此展开研究。

（二）从稀土产业的产品特征分析管制的合理性

一个产业提供的产品如果具有公共产品属性或者是存在较严重的产品质量信息不对称特征，市场对其配置是失灵的，可能导致产品供给的严重不足或者损害消费者的利益。管制理论认为，政府对提供这类产品的产业进行管制是必要的。

1. 公共产品

公共产品可以分为纯公共产品和准公共产品两类。纯公共产品的消费具有非排他性和非竞争性特征，特定的个人对某种产品的使用并不能排除其他人对该物品的使用，并且向一个额外消费者提供产品的边际成本为零。比如，无线广播、公共安全、灯塔等。这类产品一旦提供出来，消费者很容易"搭便车"，不用付费仍然可以消费。准公共物品只具有非竞争性特征，不具有非排他性特征，或者只在一定程度上具有非竞争性和非排他性特征，如收费的道路、桥梁、公园、教育设施、文化设施等。公共产品是社会公众所需要的，但私人不愿意生产或无法生产，完全由市场配置会导致公共物品供给的严重不足。另外，像公益卫生、公共教育、电信、公共运输等服务属于全体公民享用的"公共服务"，消费者还有"服务的稳定性、信赖性、禁止提供有差别的服务和价格等"强烈要求，而市场对此是失灵的。一般来说，公共产品的供给需要政府进行管制，以满足社会的需要。

稀土产业所提供的各种稀土产品均不具有公共产品的特征，因而稀土产品不存在供给不足问题，市场在稀土产品供求领域不存在失效问题。管制理论不认为对非公共产品进行政府管制具有合理性。

2. 信息不对称

在交易的过程中双方拥有的与交易有关的信息不相同是信息不对称的基本特征，即一方拥有较多的相关信息而处于信息优势地位，另一方则处于信息劣势地位。信息不对称使市场对资源的配置失效，严重的信息不对称甚至会摧毁市场。信息不对称的种类很多，管制理论所研究的信息不对称主要是指产品交易中，产品生产者和产品购买者之间关于产品质量的信息不对称。在产品市场上，生产者充分掌握自己产品的信息，处于信息优势地位；消费者对产品信息无法获得或获得的成本太高，而处于信息劣势地位。在这种情况下，或者是消费者"逆向选择"，将高质量产品逐渐排除到市场之外；或者是生产者利用信息优势欺骗消费者，从而损害消费者利益。管制理论认为，由于市场本身无法解决这些问题，因而需要政府对提供产品的厂商进行管制。

稀土产业所生产的绝大部分稀土产品属于中间产品，特别是稀土原料产品距离稀土终端应用产品还有很多加工环节。对于中间产品，由于买卖双方都是企业，围绕着产品的信息不对称问题并不严重，况且在产品的长期购销关系中建立起稳定的信任关系也基本上消除了信息不对称问题。对于一些稀土终端消费产品，的确存在企业与消费者的信息不对称问题，但通过国家对消费者的各种保护法规（如产品质量标准、消费者保护法等），信息不对称问题所造成的后果并不严重

（远比食品、药品的信息不对称问题轻得多）。

狭义的稀土产品（不包括直接供给公众消费的终端产品）属于中间产品，既没有公共产品的特性，也不存在严重的信息不对称问题。因而，从稀土产业生产的产品特征来看，稀土产业需要政府管制的合理性得不到管制理论的支持。

（三）从稀土产业的外部性特征分析管制的合理性

外部性（又称外在性、外部效应或外部影响），是指一个经济主体的经济活动对其他经济主体所产生的"非市场性的影响"，即经济主体的某一活动无意识地给他人带来了成本或收益，而其本身并未因此而付出代价或得到利益。当外部性存在时，一种商品的价格不一定反映它的社会价值，结果是厂商可能生产得太多或太少，市场对此无效率。从特定经济主体的活动对其他经济主体产生影响的方向区分，有正外部性和负外部性两类。如果受影响的经济主体不付费而能得到效益就是正外部性；如果受影响的经济主体遭到了损失或付出了成本而未得到补偿就是负外部性。由于正外部性导致厂商缺乏提供产品的动力，致使产品供给不足，如果这种产品是社会必需品，政府需要通过管制保证产品的供给。负外部性会导致厂商生产的产品成本过低，部分成本由其他主体或社会承担，因而资源在这种产品生产上的配置过多，政府需要对此进行管制，使外在化的成本内在化。在外部性问题上，管制理论重点研究的是厂商生产活动的环境污染问题，由于厂商的生产活动造成的环境破坏成本由整个社会承担，因而成为社会性管制的重要内容。除此之外，对于不可再生的资源型产品，由于生产活动会使资源最终枯竭，而产生代际的外部性问题，因而政府也有必要管制，使资源型产品生产在代际的分配更为公平，这也属于社会性管制内容。

1. 环境破坏的外部性

产业生产活动造成的环境破坏是外部性理论研究中的一个重要内容。环境本身是一种公共产品，环境破坏所产生的成本由全体公众承担。因此，如果一个企业生产活动造成了环境破坏，其并不承担全部的环境破坏成本，而生产所获收益则由企业独自享有。生产的环境破坏具有典型的负外部性特征，市场对此是失效的。从防止环境破坏角度对产业进行环境管制是政府的一项重要职责，环境管制属于社会性管制的最重要内容之一，随着全社会对环境保护的意识越来越强，政府对产业的环境管制力度也会越来越大。

稀土产业的环境破坏问题主要体现在稀土矿开采和稀土冶炼分离产品生产领域，特别是稀土矿开采所造成的环境破坏尤为严重。无论从哪一个角度来说，对稀土原料产业进行严格的环境管制都是合理的，并且是急迫的。

2. 不可再生资源开采的外部性

自然资源是人类生存、发展的自然基础，是社会生产过程中不可缺少的物质要素。不可再生资源属于自然资源。不可再生资源在地球上的存量是有限的并且不能自我更新，随着不断使用其存量逐渐减少从而体现出可耗竭性，所以又称为可耗竭资源。

不可再生资源属于当代人，也属于后代人，当代人和后代人都有利用不可再生资源的权利。不可再生资源作为可耗竭资源，在使用过程中会出现当代人和后代人的利益冲突。当代人先于后代人使用不可再生资源，当代人出于自身利益的需要有可能低效率地过度使用不可再生资源，使后代人无资源可用或者需要付出更加高昂的成本，这就是当代人的行为对后代人造成的外部性，市场对这种代际外部性是失灵的。

人类对不可再生资源在人类未来发展中作用的认识极为复杂，因而导致了对代际外部性是否要干预的不同看法。比如，有一种观点认为，不可再生资源的市场均衡价格决定了这种资源是否有价值开采；开采出来的资源进入市场由供求双方共同作用形成新的均衡价格，价格的变动决定着不可再生资源的开采数量；当不可再生资源大量消耗变得稀缺时，升高的价格引导消费者使用其他替代资源；由于未来的技术发展、需求偏好等众多因素对后代人利用不可再生资源的影响有太多的不确定性，因而当代人不必太在意代际外部性问题。当然，更多的人认为当代人应该对后代人负责，对不可再生资源的开采尽量节约，特别是要努力提高不可再生资源的使用效率。对于不可再生资源开采的代际外部性问题，市场无法解决，所以政府有必要进行管制。

此外，由于不可再生资源的分布并不均衡，所以不可再生资源开采不但出现代际外部性，也会出现代内外部性。当一个特定地区的不可再生资源开采枯竭后，承担这一结果的不仅仅是后代人，对于这一地区的当代人也同样要承担这一后果。因此，各国对于不可再生资源开采产业多多少少都有所管制。

稀土属于可耗竭的不可再生资源，稀土资源的储量对于特定地区是极其有限的，稀土开采量过多以及稀土低效率使用，都会造成严重的代内及代际外部性。因此，从稀土资源的可耗竭特征所产生的外部性来说，对稀土开采产业以及稀土应用产业进行政府管制是合理的。

（四）管制理论视角下的稀土产业管制合理性总结

管制理论主要从市场是否能有效发挥配置作用的角度判断政府对产业管制的合理性。稀土产业总体上属于竞争型产业，其所供给市场的产品不属于公共产品，并且狭义的稀土产业所生产的产品不属于公众消费的终端产品，属于需要再加工的中间产品，不存在严重的信息不对称问题。因而，从管制理论的视角来看，至少在稀土冶炼分离环节、稀土功能材料环节以及稀土应用环节，政府的经济性管制不存在必要性。特别是政府试图通过管制形成稀土产业的垄断势力，提高稀土产品价格的做法，是和管制的公共利益目标背道而驰的。

稀土资源属于可耗竭的不可再生资源，过度开采稀土资源以及低效率使用稀土元素会产生代际和代内外部性问题；稀土原料的生产活动会造成严重的环境破坏，而市场对此是失效的。因而，从管制理论的视角来看，政府对稀土原料产业生产的环境管制和稀土应用的效率管制是合理的。

二　稀土产业管制合理性的理论分析框架

（一）管制理论对于管制合理性的模糊认识

经过无数经济学家的努力，管制理论对于揭示人类经济行为中的管制活动无疑是深入的、科学的，对于我们客观认识政府管制目标、明确管制领域、提高管制效率等方面起到了重要作用。但是管制理论由于在分析中所持立场原因以及没有对一些概念进行明确划分，导致管制合理性问题仍然是极其模糊的。

（1）管制理论在研究管制目标时有一个理论发展过程，管制规范研究认为，由于管制的目标是公共利益，所以管制是合理的。而在管制实证研究中发现很多管制并不是为了公共利益，更多的是在保护利益集团。规范研究是有价值判断的，管制规范研究逻辑是，因为管制是维护公共利益，所以管制是合理的，维护公共利益是作为一个假设存在的；实证研究解释是什么，不包含价值判断，管制实证研究是要去证实管制是不是为了公共利益，实际上它是对管制规范研究的证实或证伪。管制理论从规范研究到实证研究被普遍认为是管制研究的一个实质性的进步，实证研究更科学地揭示了管制的本质。

由此，我们可以按照管制思想的发展逻辑得到管制合理性的一个结论：如果是为了保护公共利益，那么管制是合理的；如果是为了保护集团利益，那么管制是不合理的。

这一管制合理性判断标准暗含着一个假设，即公共利益与集团利益是有冲突的。为了保护公共利益，就要通过管制限制集团利益；如果通过管制保护了集团利益，就损害了公共利益。问题是，公共利益与集团利益如果没有冲突，管制的合理性又如何判断。比如，管制保护了集团利益的同时，并没有损害公共利益，或者公共利益也得到了增进。此外，公共利益如何体现，集团利益是否包含在公共利益之中，当集团利益的增进大于公共利益的损失或目前的公共利益的损失会导致未来公共利益的增进时，管制是否合理等问题，管制理论没有给出明确的解释。

（2）管制理论在研究管制内容时普遍的观点是：管制应局限在市场失灵的范围之内，换言之，市场失灵时，管制是合理的；市场有效时，管制是不合理的。问题是，市场失灵本身就存在很大的争议，有一种观点认为，如果把时间拉长，市场总是有效的或绝大部分市场都是有效的；市场失灵是市场本身的缺陷，还是市场有效配置资源的条件不足；市场失灵所造成的利益损失是公共利益的，还是集团利益的；市场与管制同时失灵时，管制是否还是合理的；管制在市场失灵时也许是必要的，但可能由于市场失灵的利益损失较小或利益损失的均等化等原因，导致没有公众或利益集团提出管制要求（常常是因为公共利益诉求的外部性问题，即"搭便车"行为），这时管制是否是合理的。

（3）管制理论还从成本—收益的角度分析管制的合理性，认为只有在管制的成本低于管制收益时，管制才是合理的；管制成本高于管制收益时，管制是不合理的。问题是，管制成本和管制收益的衡量本身就是一个难题。管制收益一般可以用所设定的具体管制目标（比如价格目标、数量目标、污染排放目标等）的实现程度进行衡量，但是管制成本包含范围极其广泛，既包括管制机构的行政成本，又包括因管制造成的利益损失，有些成本可以较为准确地度量，更多的成本无法衡量。社会性管制的成本和收益衡量远远难于经济性管制的成本和收益衡量，比如环境损失成本、健康损害成本等。从不同的角度来衡量，往往得出不同的结论。此外，管制的成本—收益比较基本上是一种静态分析，随着时间的流逝，成本和收益都会发生相应变化，而未来充满了不确定性，在这种情况下，用成本和收益的比较来判断管制的合理性显然是极其困难的。

（4）管制理论中的管制主体虽然是政府，但并没有明确政府的国家属性或地区属性，管制理论中的政府似乎是站在全球立场上的政府。在当今的世界，包括自然资源在内的各种资源的地区间分布是不均衡的，区域间的发展差距是明显的，国家间除了有共同利益还存在着激烈的竞争，各国的发展战略并不相同。政府的国家属性或地区属性决定着，特定国家或地区的政府必须首先要保护本国或本地区的利益，其管制也必须首先服务于这一目标。一个国家的公众诉求多种多样，有些诉求从全球利益看可能是不合理的，但对于一个特定国家来说又是合理的，比如发展中国家的贸易保护管制。即便是在一个国家内部，相同的管制措施对于某一个地区来说可能是合理的，但是对另一个地区来说可能就是不合理的。

总之，目前的管制理论对于管制合理性的判断并不清晰，这导致了对于同一现象是否需要管制出现截然不同的观点。

（二）构建管制合理性的分析框架

本书认为，就政府管制而言，存在管制的必要性、管制的正当性、管制的有效性和管制的合理性，这些概念是有区别的，厘清这些概念的区别才能对管制有比较清晰的认识。

1. 管制的必要性

管制的必要性来源于社会经济活动中所存在的问题。只有在存在问题的情况下，才会有解决问题的需要，而管制和市场（或者还有道德、文化等）都是解决问题的方式。在市场经济中，绝大多数问题都是由市场自发解决的，市场不能或者不能有效解决的问题就属于市场失灵。需要由政府管制来解决的问题应该在市场失灵范围之内。但并不是说管制只能解决市场解决不了的问题，管制和市场是替代关系而非互补关系，只是管制和市场哪一个解决问题的效率更高。在现实生活中，由于存在地区差别、国家间竞争、政府不同的管理体制、利益主体的相互博弈等，很多不属于市场失灵的问题，政府事实上都在通过管制加以解决。从市场经济发展趋势来看，市场解决问题的效率相对更高，因此能够由市场解决的问题政府最好放松或取消管制。

问题的存在并且存在的问题需要得到解决，管制才有必要，如果根本就不存在问题，就没有管制的必要性，或者说管制失去了存在的基础。管制的范围"主要"在市场失灵的范围之内，但不是"只能"在市场失灵的范围之内。

2. 管制的正当性

管制的正当性要从政府的性质和政府管制的服务对象（或者保护对象）来判断。如果政府是公共利益的代表，那么保护公共利益的管制就是正当的，为少数集团利益服务而损害公共利益的管制就是不正当的。现实社会中，对公共利益和集团利益的判断是一项极其困难的工作，政府可以先知先觉地判断哪些属于公共利益，而后自主决定采取相应的管制行动来保护公共利益。但这是有巨大风险的，不管政府出于什么样的目的采取了管制行动，管制的结果如果不利于公共利益的维护，政府的公信力将受到巨大的损害。一般来说，如果利益主体没有明确的利益诉求，政府就不会轻易采取行动。管制要求的提出可能是由公众通过一定的形式发出的一种诉求，更多情况下是由利益集团提出的，利益集团必须打着公共利益的旗号来要求管制，才可能得到政府的认可。当集团利益与公共利益没有冲突时，这种管制要求就成为管制正当性的依据，但当集团利益与公共利益有冲突时，政府就需要进行判断并因此承担很大的政治风险。

通常，有利益主体的管制要求才可能有管制的正当性，没有利益主体管制要求的政府管制行为会受到很大的怀疑。但是如果管制要求被明确地确定为来自社会公众，那么政府管制就具有了正当性。

3. 管制的有效性

管制的有效性表现为政府是否有管制手段（措施）可以实现具体的管制目标。具体管制目标是为需要解决的具体问题所设定的，比如要解决垄断价格过高问题，需要设定具体的价格控制目标。政府可选择的管制手段有很多（如价格管制手段、准入管制手段等），这些管制手段都是要解决问题、实现管制目标的。但并不是所有问题都有相应的解决手段，由于政府的管理权限限制、客观上存在管制障碍等，对于有些问题并没有很好的管制手段予以解决，或者所选择的管制手段无法实现具体的管制目标。如果政府拥有可实现具体管制目标的管制手段，即管制手段对解决问题是有效的，管制就具有实施的可能；否则，某个需要解决的问题即便是有管制的必要性，也没有管制的可能性。

管制的有效性既受管制技术手段运用的影响，也受政府管制能力的影响。成熟市场经济国家的政府由于可选择的管制手段有限，并且社会对政府的限制较多，政府的管制能力相对较弱，即便是想通过管制解决一些问题，也没有有效的管制手段。

4. 管制的合理性

管制的合理性主要体现在管制收益和管制成本比较所决定的管制是否值得。管制是有成本的，只有在管制成本低于管制收益时，管制才是合理的，否则管制是不值得的。对于经济性管制，通常需要进行收益和成本比较以判断管制是否合理，虽然这种比较可能是粗略的；而对于社会性管制，通常只是考虑管制需要付出的成本，只要这种管制的成本可以被接受，管制就具有合理性。

5. 管制合理性的分析逻辑

管制必要性的前提是：经济社会存在一些问题，这些问题需要解决（"市场对这些问题的解决是失灵的或缺乏效率的"也应该是管制必要性的前提，但不是必需的前提）。因而只要问题是真实存在的，并且是需要解决的，管制就有了必要性。管制的必要性是管制活动的起点，如果没有必要管制，管制就失去了存在的意义。

管制的必要性并不等于管制就是正当的、有效的，更不能用管制的必要性代替管制的合理性。在必要性的前提下判断管制的正当性和有效性才是有意义的。管制的正当性不是一个经济问题而是一个政治问题，不正当的管制并不是无效的管制手段，但不正当的管制是不合理的。具有正当性的管制不一定就具有有效性。有效的管制并不等于管制就是合理的，管制可能对于解决问题很有效，但管制成本高于管制所带来的收益，管制仍然是不合理的。

管制的合理性包含政治上的合理性和经济上的合理性，只有正当的管制才具有管制的政治合理性，而只有在管制具有有效性的基础上才能判断管制的经济合理性。图 3 - 1 反映的是管制合理性的一个逻辑分析框架。

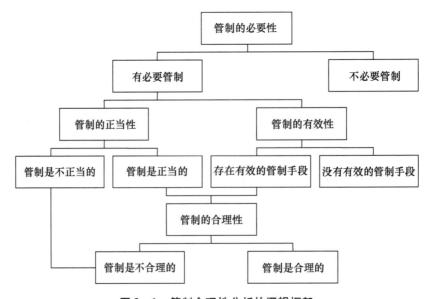

图 3 - 1　管制合理性分析的逻辑框架

在大多数情况下，对管制必要性、有效性和经济合理性的判断都是由专家学者或者是由政府完成的。在此基础上，管制需要获得公众的支持，没有公众支持的不正当管制，即便具有必要性或经济上的合理性，也是不合理的。当然，很多管制是先实施，再获得公众的认可，但是这需要政府冒很大的风险。图 3－2 是对管制必要性、正当性、有效性和合理性判断的简单归纳。

管制的必要性 $\left\{\begin{array}{l}\text{有必要管制：存在问题且需要解决（主要在市场失灵领域）}\\\text{没必要管制：不存在问题，或存在问题没必要解决}\end{array}\right.$

管制的正当性 $\left\{\begin{array}{l}\text{具有正当性：增进或不损害公共利益}\\\text{不具有正当性：保护集团利益而损害公共利益}\end{array}\right.$

管制的有效性 $\left\{\begin{array}{l}\text{存在有效管制措施：有可实现管制目标的管制手段}\\\text{缺乏有效管制措施：无可实现管制目标的管制手段}\end{array}\right.$

管制的合理性 $\left\{\begin{array}{l}\text{具有合理性：管制是必要、正当和可能的，并且管制成本是可接受的}\\\text{没有合理性：管制不具有正当性，或管制成本不可接受}\end{array}\right.$

图 3－2　对管制必要性、正当性、有效性和合理性的归纳

（三）对稀土产业管制合理性的判断

1. 稀土产业管制的必要性

我国稀土产业所存在的问题主要被归纳为五个方面：出口价格过低、资源消耗过快、环境代价过大、应用水平不高、非法生产及出口走私严重。

对于稀土原料出口价格过低是否是一个真实的问题有不同的看法。一般来说，如果认为稀土原料出口价格过低，那么合理的出口价格是多少应给出一个价格目标，但遗憾的是稀土出口价格目标并没有给出。有人从稀土原料在国外形成了高价格的稀土应用产品来判断我国稀土原料出口价格过低，是不正确的。由于稀土原料生产会造成严重的环境破坏，而我国出口稀土原料的价格中没有能够补偿稀土生产的环境成本，从这一点上看我国稀土原料出口价格的确过低。当然，如果从这一点来判断，我国稀土原料不但出口价格过低，国内稀土原料价格也过低。所以，准确地说，我国稀土原料价格过低是一个真实的问题。

稀土产业存在的其他问题都是真实存在的，并且是必须要加以解决的。环境问题本身就是社会性管制的重要内容，对此市场是失灵的；稀土原料价格过低的一个重要原因也是由稀土生产的环境外部性造成的；稀土资源消耗过快和稀土应用水平不高（不可再生资源的过度和低效使用）会导致代际外部性问题；而稀土非法生产及出口走私不仅仅是市场配置不到的问题，而且是破坏正常市场规则的问题。稀土产业真实存在的问题以及市场对此的无效率，决定了对稀土产业管制是必要的。

2. 稀土产业管制的正当性

20世纪80年代末，针对稀土资源的滥采盗挖以及稀土原料价格下降问题，稀土原料行业就有要求政府干预的呼声，此后业内要求政府管制的呼声从未间断过。进入21世纪，稀土产业存在的问题表现得越来越严重，大批专家学者更是大力呼吁政府需要对稀土产业加强管制。尤其是稀土价值在国内外表现出的巨大差距、稀土生产对环境的破坏以及我国稀土资源储量的迅速下降，引起了全社会的高度关注。在这种背景下，"政府应该对稀土产业加大管制力度"成为社会公众的共识。从专家学者的著书呼吁、人大和政协代表公开提案、各类社会媒体的连续报道以及社会公众在网络上广泛讨论，都可以明确地反映出对稀土管制的公众要求。因此，国家对稀土产业的管制具有正当性。事实上，我国对稀土产业加强管制的重要推动力量正是来自社会公众的强烈要求。

3. 稀土产业管制的有效性

有没有可能通过政府管制来解决稀土产业所存在的问题，关键是要看每一个需要解决的问题是否有可运用的管制措施，并且这些管制措施是否能够达到具体的管制目标。

稀土产业存在的出口价格过低、资源消耗过快、环境代价过大、应用水平不高、非法生产及出口走私严重等问题并不是稀土产业所独有的新问题，对于解决这类问题，理论上都有相应的管制措施，国内外都有成功的管制案例。因此，通过管制方式解决稀土产业存在的问题，在管制措施上是可以保证的，即稀土产业管制的有效性是存在的。

虽然存在解决问题的管制措施，但并不等于这些措施我们都可以使用，也不等于这些措施都已被我们发现并使用了，更不等于现实中我们已经或使用的管制措施就属于能够解决问题的措施。事实上，已实施的稀土产业管制措施存在着很大的问题，有些措施虽然可以解决问题，但已经不能继续使用。比如用稀土出口配额和关税解决稀土出口价格过低和出口数量过多问题，虽然可以达到管制目标，但不能再使用。有些措施是否能够解决问题还需要研究。比如用稀土产业整合形成大企业集团解决稀土定价问题，这种措施是不是能够达到预想的目标还不明确。有些措施可能根本解决不了问题，甚至还会造成负面影响。比如采用限定稀土开采工艺的措施解决稀土生产环境破坏问题，这种方法不但没有解决环境破坏问题，反而阻碍了技术进步。有些措施在国外使用极为有效，但由于我国的管理体制问题，相同的管制措施在国内使用并未达到预期目标。比如通过环境准入措施解决稀土生产的环境破坏问题，没有起到相应的作用，环境污染依然严重。

因此，对已经实施的和将要实施的管制措施的有效性进行认真分析和总结是极为必要的，同时寻找行之有效的管制措施或对管制措施的创新仍然是我们需要努力的方向。

4. 稀土产业管制的合理性

稀土产业管制的合理性判断只能针对那些能够解决问题（具有有效性）的管制措施，而对那些不确定是否能解决问题（是否具有有效性）的管制措施无法做出合理性判断。目前在已实施的稀土产业管制措施中，绝大部分管制措施尚不能明确是否能达到管制目标（解决问题），因而不能进行合理性判断；少数管制措施能够比较明确地解决问题，比如稀土指令性计划生产量，对控制稀土资源开采过快问题是可以有效解决的。对这些可以解决问题的管制措施，本书的以后章节将进行合理性判断。

第三节　主要结论

1. 管制理论对于政府的管制原因、管制范围、管制内容、管制过程、管制方式、管制后果、管制机构等都做了较为深入的研究，其对人类的管制实践起到了很好的指导作用。社会经济在不断发展，推动着管制理论也在不断地发展。管制理论对于管制本质的揭示为我们更好地对稀土产业进行管制提供了极有价值的借鉴。

2. 管制理论对于政府管制的总的态度是：管制范围应尽量缩小，非市场失灵的管制是不必要的，为集团利益服务的管制是不合理的，管制的效果是有限的，尽量采取激励性管制方式，创造条件让市场发挥作用，放松管制应该成为政府管理的一个发展趋势。

3. 从管制理论的视角来看，稀土产业在稀土冶炼分离环节、稀土功能材料环节以及稀土应用环节的政府管制是没有必要的，而政府对稀土原料生产的环境管制和稀土应用的效率管制是合理的。

4. 管制理论尚不完善，由于在管制分析中所持立场不同以及没有将一些管制概念明确划分，导致对管制合理性的判断仍然是极其模糊的。

5. 就政府管制而言，存在管制的必要性、管制的正当性、管制的有效性和管制的合理性区别。管制的必要性来源于社会经济活动中所存在的问题；管制的正当性要从政府的性质和政府管制的服务对象（或者保护对象）来判断；管制的有效性表现为政府是否有管制手段（措施）可以实现具体的管制目标；管制的合理性主要体现在管制收益和管制成本比较所决定的管制是否值得。管制的必要性并不等于管制的合理性，但它是管制的起点。

6. 稀土产业在发展中的确存在着市场难以有效解决的问题，因而对稀土产业进行管制是必要的；专家学者及社会公众不断要求对稀土产业管制，使稀土产业管制具有正当性；理论和实践表明解决稀土产业存在问题的管制措施是存在的，但是已实施的绝大部分稀土产业管制措施对于能否解决稀土问题仍需探讨，寻找行之有效的管制措施或对管制措施创新是我们需要努力的方向。

第四章　稀土产业管制的有效性分析

对稀土产业管制最终要落实到具体的管制措施上，每一项具体管制措施都是针对稀土产业中需要解决的相应问题而设置的，具体管制措施是否能够有效地解决问题决定着政府管制能否达到预期目标。稀土产业管制有效性分析实际上就是针对每一项具体管制措施展开的，分析每一项具体管制措施意图解决什么问题、能否有效解决以及实施中存在什么问题等。另外，对于能够有效解决问题的管制措施，我们将给出其合理性判断。

第一节　稀土出口配额和出口关税

出口配额是指一国政府在一定时期内对某些出口商品的出口数量或金额规定一个最高限额，限额内商品可以出口，限额外商品不准出口或者予以处罚。出口配额有主动配额和被动配额之分，主动出口配额是指出口国根据需要主动地对某些商品的出口规定限额；被动出口配额是指在进口国的要求或压力下，出口国在一定时期内自动限制本国的某些商品对该进口国的出口数额，超过规定的数额则禁止对该进口国出口。主动设置出口配额的目的主要是：保护专利权、商标及版权；保护可用竭的自然资源；保护本国具有艺术、历史或考古价值的文物；为保证国内加工工业对相关原料的基本需要；保证短缺商品的国内供应等。我国对稀土产品实施的是主动的出口数量配额制度。

出口关税是指一国政府在一定时期内对某些出口商品征收的关税，有从量征收和从价征收之分。设置出口关税的目的主要是：增加财政收入；限制重要的原材料大量输出，保证国内供应；提高以使用该国原材料为主的国外加工产品的生产成本，削弱其竞争能力；反对跨国公司在发展中国家低价收购初级产品等。我国稀土出口关税采用从价征收方式。

出口配额和出口关税都属于传统的贸易限制措施，因为这两种方式有违贸易公平，不符合国际经济合作的发展潮流，且对本国经济的长期发展不利。因此，目前只有少数国家对极少数出口商品采用贸易限制措施。

一 出口限制措施的实施目标

我国对稀土原料先后实施了出口配额和出口关税等出口限制措施，实施的目标是要减少稀土原料出口数量、提高出口价格，从而降低稀土资源消耗速度、减少环境破坏。

稀土出口配额对于减少稀土出口数量的作用是直接的，而对于提高稀土出口价格的作用是间接的。减少商品供给数量从而提高商品销售价格的原理是基于古典经济学中的需求理论，由于边际效用递减，商品数量与价格呈反方向变动是一种普遍规律。但是，数量变动对价格变动的影响程度，不同的商品有很大的差异。商品的需求弹性在数量对价格的作用中起到了关键作用，商品的需求弹性越小，减少供给数量，价格上升的幅度越大；反之，价格上升的幅度越小。当供给量远远超过需求量、需求弹性变得无穷大时，即便是减少了供给量价格也不会上升。因此，要想通过减少稀土出口配额有效地提高稀土出口价格，还需要国外对我国稀土的需求弹性足够小。

稀土出口关税对于提高稀土出口价格的作用是直接的，对于减少稀土出口数量的作用是间接的。出口关税直接增加了出口商品的成本，推动了出口商品价格的上升。出口商品价格的上升量并不等于对出口商品所征收的单位关税量，而是低于所征收的单位关税量。国外对该商品的需求弹性越小，出口商品价格的上升量越接近所征收的单位关税量；反之，出口商品价格的上升幅度就极其有限。出口关税是由出口商品的国外需求者和国内供给者共同承担的，当国内生产该商品的供给弹性小于国外需求者的需求弹性时，大部分的出口关税成本由国内生产者承担；只有当国内生产该商品的供给弹性大于国外需求者的需求弹性时，大部分的出口关税成本才会由国外需求者承担。出口关税对于出口数量的影响，既受到国外需求者的需求弹性影响，也受到国内生产者的供给弹性影响。国外需求者的需求弹性越小或国内生产者的供给弹性越小，提高出口关税对于减少出口数量的作用就越小；国外需求者的需求弹性越大或国内生产者的供给弹性越大，提高出口关税就可以较多地减少出口数量。因此，在使用稀土出口关税实现管制目标时就会有一个矛盾，如果征收稀土出口关税的目标是为了较大幅度地提高稀土出口价格，那么稀土出口数量就不会有太多的减少；如果征收稀土出口关税的目标是为了较大幅度地减少稀土出口数量，那么稀土出口价格就不会有太多的上升。

稀土出口配额和出口关税对于降低稀土资源消耗速度、减少环境破坏的作用显然是一种间接影响，稀土开采总量越少，越有利于保护资源、减少环境破坏。稀土开采总量由稀土出口量和国内消费量两部分构成，减少出口量是减少稀土开采总量的途径之一。稀土出口量占稀土开采总量的比重越大，出口配额和出口关税对保护稀土资源和环境的作用就越大。

总之，如果国外对稀土原料的需求弹性足够小，不管是出口配额还是出口关税都可以起到减少稀土出口数量、提高稀土出口价格的作用，并且两项措施不必同时使用，出口关税的效果好于出口配额；如果国外对稀土原料的需求弹性很大，出口配额对于减少稀土出口数量的目标是可以实现的，但不管是出口配额还是出口关税对于提高稀土出口价格的作用是有限的，并且稀土出口关税成本大部分由国内稀土厂商承担。

二　出口限制措施的实施效果

在我国，稀土出口配额制度的实施早于稀土出口关税。1998 年决定对稀土产品实施出口配额许可证制度，1999 年正式下达稀土产品出口配额。当时实施稀土产品出口配额制度的主要目的，并不是要限制稀土原料的出口数量，而是要限制稀土产品的出口主体，实际上是为了保护国有稀土大型企业。1999 年的稀土产品出口配额数远远高于国外对稀土产品的需求量，并且稀土出口产品配额中还包含了稀土永磁体等稀土深加工产品。1999—2009 年我国稀土原料每年的出口配额均在 5 万吨以上，最高年份达到了近 7 万吨，而直到 2010 年全球除我国以外的其他国家稀土消费量也不到 4 万吨。出口配额的最基本作用是将出口量控制在国外的需求量之内，如果出口配额量远远高于国外需求量，出口配额不会对国际贸易产生任何影响，实际上也失去了它原本的含义。因此，虽然稀土出口配额制度很早就开始实施，但直到2009 年这项管制措施没有对稀土出口产生任何效果。

稀土出口配额在 2010 年有了实质性的大幅度下降，2009 年稀土原料出口配额为 50145 吨，2010 年稀土原料出口配额下调到 30259吨，已经低于国外对稀土原料的需求量，此后直到 2014 年稀土原料出口配额维持在 31000 吨左右。从 2011 年开始，我国稀土出口配额就始终没有用完，2011 年稀土出口配额使用率大约为 55%，2012 年大约为 50%，2013 年大约为 73%，2014 年不到 85%。由此可见，稀土出口配额对于解决稀土出口问题并没有太大的作用。

2006 年我国开始对稀土原料征收出口关税，此后出口关税税率在不断提高，并且征收范围也在不断扩大。因为出口关税直接对稀土出口价格产生影响，因此，我们对比稀土出口关税实施前后的稀土出口价格变化，分析出口关税对稀土出口价格的影响。

将 2004—2015 年每年年末稀土出口平均价格（2015 年为 5 月 30日价格）除以 2010 年年末稀土出口平均价格计算稀土出口价格指数，2010 年为 100。见图 4 - 1。

从图 4 - 1 稀土出口价格指数的变化可以发现，2006 年实施稀土出口关税之前，稀土出口价格就开始有小幅度的上升，2006 年以后稀土出口价格总体上有较大幅度的上升，但是稀土出口价格也呈现出大幅度的波动；2011 年稀土出口价格的剧烈变动与该年大幅度提高稀土资源税以及稀土炒作有关；从 2011 年下半年开始，稀土出口价格出现持续下降的态势；2015 年 5 月 1 日稀土出口关税取消，稀土出口价格基本上回到了 2010 年水平，但仍比出口关税实施前的 2005 年高 50%。

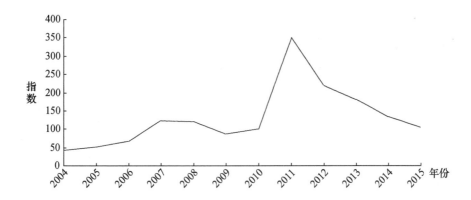

图 4 - 1　2004—2015 年稀土出口价格指数

　　稀土出口关税实施后，在短期，明显提高了稀土出口价格，而且在 2011 年伴随着稀土价格的上升，稀土出口量急剧下降；在长期，随着稀土出口关税税率的不断提高，稀土出口价格却在持续下降；稀土出口关税取消后，在稀土出口价格已经下降很多的情况下，继续有较大幅度的下降。

　　从稀土出口关税实施和取消的节点与稀土出口价格的变化对比分析中，我们大致可以发现，稀土出口关税对提高稀土出口价格的作用，短期较为明显，长期效果极为有限。同时我们也可以合理地判断：国外对我国稀土原料的短期需求弹性较小，长期需求弹性较大。这意味着，如果我们对稀土需求弹性的判断是准确的，那么稀土出口关税作为解决稀土出口价格过低的长期管制措施并不合适。

　　由于稀土原料出口只占我国稀土原料总产量的 20%，加之稀土出口配额措施并没有起到实质性的作用，稀土出口关税只在短期中对稀土出口数量有所影响，因而我国所实施的稀土出口限制措施对保护稀土资源、减少环境破坏的作用极为有限。

　　三　出口限制措施引起的贸易纠纷

　　稀土出口关税虽然从长期来看对稀土出口价格和出口数量影响不大，但在短期还是有明显的作用。我国稀土出口配额之所在短期内也没有起到实质性的作用，主要是因为配额数量太大，如果出口配额数量减少到一个合理范围，至少在短期内会对稀土出口价格和出口数量起到相应的作用。另外，比较严重的稀土非法生产和出口走私也极大地削弱了稀土出口关税和出口配额应有的作用。从理论上说，如果稀土出口关税和出口配额运用得当，作为应急措施还是能够在一定时期内对稀土出口价格和出口数量起到保护作用。正因如此，当我国用稀土出口配额和出口关税加大对稀土出口管制力度时，引起了对我国稀土原料依赖度很大的一些国家的恐慌，并引发了稀土国际贸易争端。

2012 年 3 月 13 日，美国、欧盟和日本向世界贸易组织提起了主要针对我国稀土原材料出口限制的诉讼，由于争议双方协商未果，7月 23 日世界贸易组织正式成立专家组。这意味着稀土贸易争端进入实质性调查、审议阶段，最终将由世界贸易组织做出裁决结果。

2014 年 3 月 26 日，世界贸易组织专家组初裁认定我国对稀土等产品出口政策不符合 WTO 相关规定；4 月 17 日，我国向世界贸易组织提起上诉；6 月 4 至 6 日，我国在瑞士日内瓦参加上诉听证会；8月 7 日世界贸易组织公布了美国、欧盟、日本诉中国稀土等相关产品出口管理措施案的上诉机构报告，上诉机构维持世界贸易组织专家组关于我国涉案产品的出口关税、出口配额措施不符合有关世贸规则和我国加入世界贸易组织承诺的裁决。根据世界贸易组织的裁决结果，我国被迫在 2015 年取消了稀土等产品的出口配额和出口关税等出口限制措施。

稀土出口限制措施虽然从长期看对稀土出口价格并不会产生太大的影响，但它毕竟能够造成国内和国外两个不同的市场，对国内稀土产业能够在一定时期里起到保护的作用。以目前我国稀土产业发展的现实状况而论，没有了稀土出口限制措施，会有相当大的危害。

（1）可能会引起稀土贸易条件的恶化。贸易条件是出口相对于进口的盈利能力和贸易利益，贸易条件恶化对产业发展极为不利，并使贸易不具有可持续性。稀土从开采、冶炼分离到高端应用有很长的产业链，目前我国在稀土产业的国际分工中处在产业链前端，主要为世界市场提供初级产品（稀土原料），这使我国在稀土国际贸易中的地位极为被动。初级产品距离消费终端市场较远，其需求弹性较大，不加限制地出口，"价跌量增"就会成为一种必然；而高端产品距终端市场较近，需求弹性较小，"价升量减"对于高端产品出口方更为有利。因此，如果对稀土原料产品的出口不加限制，那么随着国外稀土高端应用产品的价值不断提高，稀土贸易条件就会不断恶化，我国在稀土国际贸易中的地位会越来越低，稀土对国民经济的贡献会越来越小，稀土产业本身的发展也会遇到巨大的障碍。

（2）在短期会抑制我国稀土产业的升级。稀土真正的价值在于高端应用，处于原料端的稀土产业，无论是从其本身的产业规模还是从其对国民经济的贡献来看，都没有太大的价值。因此，将我国稀土的资源优势转化成高新技术产业的竞争优势，唯有沿着稀土产业链向后端升级。然而，稀土产业升级除了要打破现有的稀土产业国际分工格局，更需要有足够的资金投入稀土高端应用的研发之中。一方面，如果我国对稀土原料出口不加以限制，那么由我国为全球提供廉价稀土原料的世界分工格局就会被固化，我国稀土产业升级的难度就会加大。另一方面，不加限制的稀土原料出口必然会长期压低稀土原料价格，使我国稀土企业的收益极其微薄，缺乏足够的资金投入到稀土高端应用领域，从而在稀土应用技术方面落后于世界其他国家。稀土原料大量廉价外流不但会助推国外稀土高端应用产业发展，同时也会极大地抑制我国稀土产业升级。

并不是说一定要对稀土原料产品的出口进行限制，从经济发展的趋势来看，稀土出口限制措施也不可能成为长期政策。但是，在我国完全取消稀土出口限制需要一定条件：一是稀土的高端应用产业真正发展起来并具有国际竞争力；二是稀土原料生产的环境破坏问题能够得到有效解决或控制，目前这两个条件都不具备。考虑到稀土原料出口带来诸多危害，在一定时期里，我国对稀土原料产品进行出口限制是极为必要的。至少通过出口限制，可以为我国保留稀土资源在国际上的优势，为今后参与国际稀土产业分工留下一些机会，同时也为我国稀土高端应用产业争取发展时间。

因此，在稀土出口关税和出口配额不能继续使用的情况下，还是需要寻找一些应急的替代措施对稀土原料出口进行相应的限制，如果没有好的管制措施，就需要考虑如何在尽量短的时间里促进稀土高端应用产业的迅速发展。

第二节　稀土资源税

资源税是对在我国领域及管辖海域开采应税矿产品或生产盐的单位和个人所课征的一种税，征收的目的主要是调节级差收益，体现国有矿产资源的有偿使用。我国从 1984 年开始征收资源税，征收范围仅限于原油、天然气、煤炭等少数几类矿产品资源，开采金属矿产品和非金属矿产品的企业暂缓征收，稀土并未纳入征收范围；按照超率累进税率计算缴纳资源税，未获得 12% 以上销售利润率的单位和个人则无须缴纳资源税。1993 年国务院重新修订颁布了《中华人民共和国资源税暂行条例》，不仅将资源税的征收范围扩大到原油、天然气、煤炭、其他非金属矿原矿、黑色金属矿原矿、有色金属矿原矿（包含稀土矿原矿）和盐七种，而且修改了资源税的计征方式，将之前的按"超额利润"计征改为按"矿产品销售量或自用量"从量计征。

资源税在全世界并不是普遍开征的税种。在体现矿产资源所有人权益方面，国外一般采用权利金和矿业权租金形式；在体现矿产资源级差收益方面，国外一般采用资源租金税（超权利金）和红利等形式。我国是用同一种税体现两个方面内容，而国外对这两个内容之所以分开体现，是因为一个税种难以很好地体现两个或多个内容。

一　使用资源税政策的目标

稀土资源税经历了开征、税率大幅度提高以及改变计征方式等几个阶段，使用资源税要达到的目标在不同的阶段都不相同。

1. 开征稀土资源税时的政策目标

对稀土原矿开采征收资源税开始于 1993 年，这时开征资源税的目的是执行国有矿产资源的有偿使用要求、体现国家作为矿产资源所有者的权益。资源税税目中没有将稀土资源单独列出，根据资源税暂行条例中的"其他有色金属矿原矿"征收，税率标准为 0.40—3.00

元/吨。资源税税率设置较低，加之各地对资源税征收税率讨价还价，资源税也未体现出调节稀土资源级差收益的作用。因此，这时稀土资源税的象征意义更大，并没有意图用资源税解决稀土产业存在的问题，因而没有具体的实施目标。

2. 大幅度提高稀土资源税税率的政策目标

财政部、国家税务总局在 2011 年大幅度提高了稀土资源税税率标准，轻稀土矿（包括氟碳铈矿、独居石矿）税率为每吨 60 元，中重稀土矿（包括磷钇矿、离子型稀土矿）税率为每吨 30 元。

早在 2011 年之前，就有专家学者呼吁通过提高稀土资源税来提高稀土原料价格。稀土价格与价值背离不但体现在出口稀土产品上，而且国内稀土产品的价格也远远没有反映出稀土资源应有的价值。

我国稀土原料价格过低主要是因为我国稀土原料的供给成本过低。商品供给成本包括生产成本、税收成本和社会成本。稀土原料的生产成本主要受稀土矿开采的难易程度、生产技术以及资金和劳动力成本的影响。在世界上我国稀土资源开采相对容易，属于劳动密集型产业，资金进入的门槛较低，劳动力成本低廉。同时，我国稀土原料产品的生产技术是世界上最先进的。这些有利因素决定了我国稀土原料的生产成本较低；稀土原料产品的税收成本主要包括征收的资源税、生产环节的各种税费等。相对于国外资源型产品的税收成本，我国稀土原料产品的税收成本极低，特别是我国并没有能够体现资源价值的税种，使资源价值无处反映；稀土原料产品生产的社会成本主要是环境成本，在我国这一成本基本被外在化了，没有实质性地进入稀土原料的供给成本中。因此，我国稀土原料的供给成本具有明显的比较优势，这直接导致过低的稀土原料出口价格可以被长期接受。如果供给成本很高，过低的价格压缩了利润空间，低价格至少不会长期维持。巨大的成本优势使中国的稀土原料产品占据了世界市场的绝大部分，其他国家稀土资源的开发成本与我国稀土产品相比，基本没有开采价值，这也是世界上其他国家放弃开发自己稀土资源的重要原因。

稀土原料价格与价值背离，实际上就是指稀土原料价格不能补偿其资源价值和环境成本。供给成本对价格的影响是长期的，增加资源与环境成本以提高稀土原料供给成本，不但可以从根本上提高稀土原料出口价格，而且可以使其在较高价格上保持相对稳定，有利于稀土资源的节约和稀土产业的长远发展。

提高稀土原料产品的供给成本显然不能通过提高生产成本来达到，只能通过税收来提高供给成本。在我国尚无体现稀土资源价值和补偿稀土生产环境成本的税种情况下，以现有的稀土资源税来体现资源价值和环境成本是一种比较可行的做法，因此，大幅度提高稀土资源税以体现稀土价值和环境成本就成为一种普遍看法。

2011年3月在我国政协十一届四次会议上，民进中央提交了《关于尽快提高稀土资源税税率的提案》。作为一种战略性资源，稀土资源并非中国一家独有。我国的稀土资源也仅占世界储量的30%左右，另外70%的稀土资源分布在美国、俄罗斯、印度、澳大利亚、蒙古等其他国家。国际市场对中国稀土资源的强烈需求，在很大程度上只是由于我们的价格低廉，使其他国家因成本高企、无法与中国的稀土产品抗衡而封矿不采。既然我国已多次明确表示，对稀土的开采、生产和出口环节采取必要的限制措施是为了保护环境、实现可持续发展，那么我们就应理直气壮地让稀土生产价格包含并体现出环境成本。因此，建议有关部门通过提高稀土资源税税率，以经济手段为主来调控稀土价格，维护国家利益，促进稀土产业可持续发展。为此建议：第一，提高稀土资源税税率，完善稀土价格形成机制，让稀土生产价格体现出环境成本。稀土是关系到国计民生的战略物资，建议借鉴新疆维吾尔自治区资源税改革的相关经验，提高稀土资源税税率，以从生产企业的源头上提升稀土的市场价格，使之体现出资源的稀缺性与开采的环境成本，并通过价格的上升改变供求关系，有效减少走私与其他国家购买囤积稀土现象。同时，价格和供求的变化还将促使大型企业主动整合资源，限制产量，转向产品深加工领域。为了达到上述目标，建议有关主管部门对稀土生产企业造成环境污染的治理成本和资源稀缺性因素进行普查和测算，根据各地稀土资源的赋存条件、开采难度、生产用途、环境治理成本等现实情况，合理制定稀土资源税的税率和征收办法。第二，将稀土资源税收入用于资源储备、产品深加工与环境治理，促进稀土产业实现科学发展。提高稀土资源税税率的目的是保护稀土资源和所在地环境，建议将税收所得以财政专项资金的形式用于以下几个方面：（1）通过财政补贴、贴息贷款等方式，支持企业储备稀土资源和粗加工产品，建设国家战略资源储备基地；（2）通过相关技术研发等方式，提升企业对资源的综合开发利用水平，以深加工带动相关产业升级，将单纯的资源优势转化为整体的产业优势；（3）通过项目支持、专项治理等方式，帮助地方政府与企业加大污染治理力度，减少因稀土开采所产生的环境问题。[①]

以上观点是用资源税来反映稀土资源价值和环境成本的典型代表。提高资源税税率的目标指向就是要提高稀土原料的价格。

但是现实中大幅度提高资源税的政策目标与专家学者的观点并不相同。我国大幅度提高稀土资源税税率是在 2011 年 4 月，在这之前我国稀土原料价格（包括稀土出口价格）已经有了很大幅度的上涨；2010 年下半年稀土原料价格开始加速上涨；2011 年上半年由于政策预期的影响，稀土原料价格非理性暴涨。到 2011 年 7 月，稀土原料产品价格比 2011 年年初价格平均涨了 5 倍，最高的稀土原料产品价格涨了 8.6 倍；如果说提高资源税税率的目标是提高稀土价格，那么此时稀土价格已经很高了，没有必要再提高资源税税率。事实上，此时稀土原料行业已成为暴利行业，稀土资源税具有了暴利税性质。

2011 年 5 月 10 日发布的《国务院关于促进稀土行业持续健康发展的若干意见》（国发〔2011〕12 号）中，第八条健全税收、价格等调控措施的表述为：大幅提高稀土资源税征收标准，抑制资源开采暴利。改革稀土产品价格形成机制，加大政策调控力度，逐步实现稀土价值和价格的统一。这是对大幅度提高稀土资源税目标的很好诠释。因此，2011 年大幅度提高稀土资源税税率的政策目标并不清晰，专家学者提出的政策目标是提高稀土价格，而现实中的政策目标是抑制暴利。

---

① 民进中央：《尽快提高稀土资源税税率》，《稀土信息》2011 年第 3 期。

3. 改变稀土资源税计征方式的政策目标

从 2015 年 5 月 1 日起，稀土资源税由从量定额计征改为从价定率计征，并且将原来按稀土原矿数量征收改为按稀土精矿销售额征收。资源税税率的确定方式，一种是轻稀土资源税按地区执行不同的适用税率，其中，内蒙古为 11.5%、四川为 9.5%、山东为 7.5%；另一种是中重稀土资源税按统一税率 27% 征收。

此次稀土资源税改革刚好是在稀土出口关税取消之时，从税率设置来看，很难讲是想让资源税反映稀土资源价值和环境成本，其改革的主要目标应该是为了稳定稀土原料价格。而计征方式的改变主要是为资源税下一步改革创造条件，同时也为稀土企业减轻负担，缓解稀土企业的经营困境。2011 年大幅度提高稀土资源税率时，正值稀土原料价格高涨，所以企业并未感到稀土资源税的税收负担很重，但 2012 年以后稀土原料价格持续下降，而稀土资源税是"从量"征收，不管价格下降多少，资源税都不会下降。随着稀土原料价格的不断下降，资源税就显得越来越沉重，稀土企业经营十分艰难。因而稀土资源税"从量"改"从价"后，企业的税收负担应该有所减轻。

二　使用资源税政策的效果

我国征收资源税的本意就是为了调节级差收益、体现国有矿产资源的有偿使用。因此稀土资源税的征收也是出于这一目标。2011 年以前的稀土资源税并没有赋予其解决稀土产业存在问题的目标，而其调节级差收益的目标也未能得到有效的体现。这一时期的稀土资源税并没有对稀土产业产生实质性的影响。

2011 年大幅度提高稀土资源税，对于抑制稀土原料行业的暴利很难说起到什么明显的效果，因为很快稀土原料行业因稀土价格过高，陷入全行业停产的状态，再没有什么暴利之说。但是，大幅度提高稀土资源税却起到了大幅度提高稀土成本的效果。以包钢稀土为例，2010 年资源税占稀土氧化物成本比重为 0.07%，到 2012 年该比重达到了 36.2%，稀土资源税在企业成本中所占地位由之前的"微不足道"转变为"举足轻重"。也正是因为资源税提高了稀土原料成本，使稀土原料价格下降有了一个比较高的底线，实际上还是起到了提高稀土原料价格的作用。当然，由于稀土价格不能再下降，稀土原料需求萎缩，稀土企业经营遇到了困难。同时，由于市场萎缩，稀土资源开采量大量减少，间接地起到了保护稀土资源、减少环境破坏的作用。

总的来说，提高税率以后的稀土资源税对于解决稀土原料价格过低问题起到了较好的作用。但是，由于资源税的税率设置还存在一些问题（比如说是否反映了稀土资源价值还有待研究，没有将环境成本包含进去）以及"从量"征收的弊端，在稀土原料价格下降以后不能灵活调整，对稀土产业的发展也造成了负面影响。

2015 年稀土资源税的改革已经启动，对于稀土产业的影响还有待观察。但是，如果让资源税既要能够体现矿产资源所有者权益、调节级差收益，又要能够反映稀土资源价值和环境成本，恐怕难以做到。

三　稀土资源税改革存在的问题

理论界很早就有一种看法，将矿产资源所有者权益、矿产资源级差收益、资源开采的环境成本、矿产资源的价值等几方面，分别设置不同的税种予以反映。其中，将资源税变成单独反映资源价值的税种。应该说，这是一个极有价值的构想，也符合税制改革的方向。

体现资源价值的方式有两种：一种是对矿产资源招标、拍卖；另一种是对矿产资源征收税费。我国体现资源价值的方式主要是征收税费。从 2015 年国家对稀土资源税征收方式的改革来看，用稀土资源税体现稀土资源价值正是国家对资源税的改革意图。但是，稀土产业的特殊性会使稀土资源税改革遇到难以克服的困难。

1. 稀土资源税税率确定问题

让资源税反映资源价值，在资源税征收上必须采用"从价"征收，因为"从量"征收无法反映价值变化。即便假定稀土资源税可以"从价"征收，其税率确定仍存在很大问题。

目前国内外尚无成熟的理论和方法计算资源价值，代表性的计算方法有净现值法、净租金法、净价格法、使用者成本法等。所有测算资源价值的方法都受到了诸多不确定因素的影响，并且测算参数有很强的主观性。以国内外学术界认可度较高、使用最为成熟和广泛的使用者成本法为例,在计算稀土资源价值时就会有很多问题。用使用者成本法测算稀土资源税税率需要确定稀土资源储量、开采回采率、折现率和稀土原料价格。如果这些变量无法确定,税率就难以体现资源价值。

(1) 稀土资源储量说法不一,难以准确认定。目前关于全球稀土资源储量有不同的资料来源。根据2001年中国国家储委批准的中国稀土工业储量修订后,中国稀土工业储量为7130万吨,占世界稀土工业储量的53.5%;2002年国土资源部按国际通用计算标准公布的我国稀土资源储量和储量基础分别为2129万吨和2209.5万吨,分别占全世界稀土储量和储量基础的25.9%和53%;中国稀土学会年鉴采用的是中国稀土学会地质专业委员会著名稀土地质学家侯宗林教授2001年发表的《中国稀土资源知多少》一文中的数据,即中国稀土工业储量为5200万吨,占世界工业储量的46%;2003年美国地质调查局公布的全世界稀土储量资料,中国稀土储量是2700万吨,占全世界储量的30.7%。到目前为止,对中国和世界稀土资源情况没有一个权威或可以信赖的准确数据。随着稀土矿藏的陆续发现,都会更新稀土工业储量数据,从而影响稀土剩余开采年限直至资源成本的确定。事实上,即便是对单个稀土矿山而言,其资源储量也因稀土元素赋存状态以及采用不同稀土生产工艺而出现较大差异。例如,离子型稀土矿中稀土元素呈离子态吸附于土壤之中,分布散、丰度低,工业资源储量的计算不准;离子型稀土生产工艺主要有池浸、堆浸、原地浸矿工艺三种,如果采用堆浸工艺,开采后根据资源回收率能比较准确地反演资源工业储量;如果采用原地浸矿工艺,开采后稀土赋存地下的未知性以及残留在矿体中稀土的不确定性难以反演资源工业储量。目前,我国规定只允许采用原地浸矿工艺,这使离子型稀土矿地质储量和工业储量很不明确。

(2) 开采回采率的核定难度较大,且会随着开采工艺的改变而变化。开采回采率的核定,以国家有关规定经批准的矿山设计为准;只要求有开采方案,不要求有矿山设计的矿山企业,其开采回采率由县级以上地方人民政府负责地质矿产管理工作的部门会同同级有关部门核定。在实践中，由于缺乏严格、科学的测算，开采回采率系数的确定受主观因素的影响较大。并且，开采回采率也会随着稀土开采工艺的变化而变化。如离子型稀土矿采用不同生产工艺，其采选综合回收率具有较大差异。采用池浸工艺的资源回收率，大中型矿山为40%—50%，小矿点仅为20%—30%；采用原地浸矿生产工艺的资源回收率为70%。随着主观和客观原因，开采回采率始终在变化，并且难以准确把握。

（3）折现率的选择主观性较大。折现率的选择对资源成本的最终结果影响极大，在极端情况下，如果折现率或开采年限中任何一个无穷大，使用者成本都将为零。前者意味着只注重眼前消费而完全忽视后代福利，后者意味着资源可以永续利用、不会枯竭。现行国民经济核算把资源开采全部净收入计入国民收入，至少暗含了其中一个是无穷大。另外，如果贴现率为零，全部净收入都成了使用者成本，这又忽视了从资源开采得到的真实收入，夸大了资源耗减。折现率到底应该选择多少，并没有一个客观标准，而折现率的主观确定，又会使计算结果差异巨大。如樊轶侠（2012）估计我国煤炭资源的使用者成本时，选择的是1%—6%之间的折现率来对比分析，结果表明，以6%的折现率来看，使用者成本占净收入的比例范围是0.008%—6.7%；若以1%的折现率来看，该比例在20%—63%。可见，基于使用者成本法计算同一种资源的使用者成本，在不同折现率下得到的结果存在巨大差异。

（4）稀土的应用价值和货币价值不断发生变化，从而影响其实际市场价格。稀土的后端应用领域极其广泛，随着科技发展，稀土应用领域和应用方式的变化都有可能改变稀土元素的消费结构，从而导致稀土资源使用价值发生变化。另外，货币币值也会因通货膨胀、汇率变化发生改变，从而影响稀土的市场价格。因此，以某一基点稀土价格计算的稀土资源税税率无法体现出稀土资源今后使用价值的变化。

总之，不管采用什么方法确定稀土资源税税率，都会带有很大的主观性。并且，稀土资源的特点是稀土元素的应用变化快，这导致稀土资源的价值客观上会频繁变动。作为税率要保持相对稳定性，不能频繁变动。因而，固定的稀土资源税税率无法跟上稀土价值的变化。

2. 稀土资源税征收"从量"改"从价"问题

资源税"从量"征收实际上就是排除了价格影响因素，因此要想让稀土资源税反映稀土资源价值，就必须"从价"征收。学术界对稀土资源税征收"从量"改"从价"的呼声很早就有，并且呼声很高。但直到2015年5月1日，稀土资源税计征方式改革才正式开始。然而，由于稀土资源和其产品的特殊性，从价征收会遇到难以逾越的障碍，很可能使稀土资源税最终成为只具有象征意义的摆设。

(1) 从价计征的难点是对稀土的什么产品征税。稀土原矿产品价值最能代表稀土资源的价值，因而在开采环节按稀土原矿产品征收最合适。但是，目前稀土原矿产品几乎已没有了市场交易，稀土原矿产品已成为企业中间产品而不对外销售，市场交易的稀土最初级产品就是稀土精矿。稀土原矿没有了交易价格和交易数量，因而不再具备从价征税的条件。事实上，由于稀土原矿产品已不存在市场交易，因而在此次稀土资源税改革中，计税对象已从稀土原矿产品推移至稀土精矿产品。但是，稀土精矿产品的市场交易量目前已经很小，今后不论是稀土生产的技术发展趋势、市场对稀土产品的需求趋势，还是出于避税的考虑，稀土企业会将生产的稀土精矿产品直接进入稀土冶炼分离环节，稀土精矿产品的市场交易很快就不会存在。如果稀土开采企业目前还不具备冶炼分离能力（这种情况实际上已经很少了），最简单的做法是将所生产的稀土精矿产品进行委托加工，最终为市场提供稀土冶炼分离产品。

由于不存在稀土矿产品市场交易价格，如果税务部门在开采环节从价征收，就必须按照内部转移价格核定矿产品销售额。且不论税务部门工作人员是否具备稀土专业知识以及所要耗费的工作量是否值得，仅仅确认一个时点来核定稀土矿产品价格就是一个巨大的难题。

(2) 如同稀土原矿产品市场不存在而只能以稀土精矿产品为征收对象一样，在不存在稀土精矿产品市场的情况下，似乎合理的做法是将稀土资源税的征税对象推移至稀土冶炼分离产品。但这样做依然存在很大的问题。稀土冶炼分离产品已经包含了大量非矿产品的价值，理论上已脱离了资源税的立税依据和征收目的。距离矿产品越远的后端加工产品，其所包含的矿产品价值比例越低，难以确定合理反映资源价值的税率。

稀土冶炼分离产品种类众多，有近 400 种产品、1000 多个规格，而且新产品不断涌现；不同品种、规格的稀土冶炼分离产品价值差异巨大。如 2013 年 12 月，氧化钪的价格为 2230 万元/吨，氧化钐为 2.1 万元/吨；同样是氧化镧，纯度 99% 的价格为 2.4 万元/吨，纯度 99.999% 的价格为 5.4 万元/吨。如果按照资源价值越高、税率越高，价值越低、税率越低的征收原则设置，将会出现上千个税率。即便是可以设置上千个税率，在征管中税务机关也根本无法对众多稀土产品的种类、规格做出鉴别。同时，如果企业为了避税，仍有可能把稀土冶炼分离产品向下延伸到稀土功能材料产品（目前我国稀土大型企业已经建立起了从稀土开采到稀土功能材料的全产业链），稀土冶炼分离产品仍可作为中间产品进行内部结算，这样稀土冶炼分离产品也失去了从价征收的条件。

（3）从量改从价后可能带来很大的政策风险。首先，企业偷、漏税的可能性加大，企业可以通过降低矿产品内部转移价格、在账面上减少矿产品使用数量、选择低税率地区销售矿产品等手段达到避税目的。其次，可能产生更为严重的税负不公。不同稀土企业生产的稀土产品有很大差异，不同稀土产品的储量、生产工艺、生产成本、产品价值等都不相同。资源税从价计征对不同稀土企业的影响比从量计征更大，这会增大企业的不公平感，从而对国家的税收政策产生强烈抵触。最后，可能促使资源地展开更为激烈的税源争夺。稀土资源税从价计征后，税率选择的空间更大，各资源地会变换多种手法降低资源税实际征收率，达到保持或增强本地企业竞争力、扩大税源的目的，行业内的恶性竞争将进一步加剧。

以资源税来体现稀土资源价值虽然是一个很好的想法，但由于稀土资源及稀土产业的特殊性，稀土资源税改革会碰到难以克服的障碍。因而，在解决稀土产品价格与价值背离的问题上，还应该继续探索寻求新的解决措施。

第三节 稀土产品储备

储备是指国家、企业或其他经济组织以及个人将实物资产、金融资产以及无形资产储存起来以备将来使用。[①] 社会广泛讨论的稀土储备是指国家对稀土实物产品的储备。

世界各国尤其是发达国家大都结合本国特点建立了实物储备体系。第二次世界大战以后，许多发达国家越来越重视粮食、石油等战略物资的储备，这些实物储备在应付战争、自然灾害、保证国家安全和经济稳定发展方面起到了重要作用。1991 年中东地区爆发了海湾战争，石油价格并没有发生 1973 年那样由于第三次中东战争所引发的石油危机，充分证明了发达国家石油储备的成功。[②] 我国已经建立了国家粮食储备、国家物资储备、国家黄金储备和国家外汇储备，这些国家储备在国家安全和经济稳定中发挥了积极的作用。

我国对稀土产品进行国家储备并未真正实施。但是由中央财政和地方政府支持下的稀土企业进行的稀土储备试点却时有发生（包括资金支持和信贷支持），甚至一些地方政府自身也进行稀土储备活动。每当稀土价格有较大幅度下降时，要求国家对稀土储备的呼声就不绝于耳。在我国取消稀土出口关税和出口配额措施后，专家学者和社会公众对稀土国家储备的预期更是高涨，甚至这种预期对金融市场都产生了较大影响。

一 实施稀土储备的政策目标

几乎所有关于解决稀土产业存在问题的研究文献和媒体报道中，都提到了稀土产品国家储备的必要性。比如，2009 年在由包头市政府、中国工程院、中国稀土学会主办的首届中国包头·稀土产业发展

---

① 斯蒂格利茨：《政府为什么干预经济》，中国物资出版社 1998 年版，第 221 页。
② 葛振华：《国外矿产资源战略储备对我国矿产资源战略储备规划的启示》，《国外地质科技》1999 年第 1 期。

论坛上，徐光宪院士直接发出了"强烈呼吁国家建立稀土战略元素储备制度"的呼声，徐光宪院士建议：拨出十亿左右美元用于在稀土价格低迷时收购稀土作为战略储备，强化资源保护，以夺回国际定价权。[①]

虽然对稀土产品国家储备的呼声最高，但真正研究稀土产品国家储备对解决稀土问题机理的文献却极其缺乏，更多的情况是期望稀土产品国家储备能够解决一些稀土问题。由于对能否解决问题没有进行深入的探讨，因此期望解决的问题也就多种多样。

对专家学者和社会公众期望稀土储备达到的目标进行归纳，稀土产品国家储备主要实现四个目标：掌握（或者夺回）稀土出口定价权、稳定稀土价格、保护稀土资源和国防安全保障。其中，对通过稀土国家储备夺回稀土出口定价权的期望最高。

二　实施稀土储备的政策效果

稀土产品储备仅仅是在政府支持下由稀土企业进行了一些零星的储备试点。从储备试点情况来看，稀土产品储备对于夺回或者掌握稀土出口定价权完全没有起到任何效果。因为稀土产品储备都是在稀土价格下降时实施的，从稀土出口价格的走势来看，并没有因为储备而止住价格下降的趋势，甚至连稳定稀土价格的作用都没有达到。

更加奇怪的是，2011年稀土价格暴涨之时，一些稀土企业借助政府支持，融入大笔资金进行稀土产品收储。这实际上不但没有起到稳定稀土价格的作用，反而成了稀土炒作的主力并助推了稀土价格的暴涨。

一些稀土企业以及部分地方政府的稀土产品储备试点，绝大部分是不成功的，由于储备并没有抑制住稀土价格下降，结果导致收储的稀土产品价格过高，造成了很大损失，也使企业背上了沉重的债务负担。只有个别地方政府在稀土价格较低时，收储了一些中重稀土元素，在价格上涨以后抛售出去，获得了一些收益。但这并不代表储备

---

① 徐光宪：《强烈呼吁国家建立稀土战略元素储备制度》，《中国高新区》2009年第2期。

是成功的，因为储备应该并不以盈利为目标。

储备试点也暴露出了稀土产品储备结构的一个大问题。在收储的稀土元素中，绝大部分是价值并不高、全世界储量丰富、其他国家产量也较大的轻稀土元素，而价值较高、较为稀缺的中重稀土元素收储较少。这种收储结构表明，稀土储备可能更多的是为了消化企业过剩的稀土产量，而不是为了保护稀土资源。因为如果是为了保护稀土资源，应该更多地收储中重稀土元素，轻稀土元素甚至都可以不用收储。每一次稀土价格下降时，稀土企业都会有国家收储的强烈呼声。正是因为担心储备变成消化企业库存的工具，因此稀土储备未正式开展。

三　对稀土储备作用的探讨

通过稀土产品储备夺回或掌握稀土出口定价权是人们对稀土储备的最高期望，那么储备和价格之间到底是什么关系，通过储备是否能提高价格呢？

（一）储备与价格之间的关系

在稀土国际市场上，我国是稀土卖方（供给方），国外是稀土买方（需求方）。价格理论表明，如果卖方垄断势力高于买方垄断势力，抬高价格的可能性较大；如果卖方垄断势力低于买方垄断势力，压低价格的可能性较大。买方垄断势力主要由供给弹性决定，卖方垄断势力主要由需求弹性决定，买方储备会改变需求弹性的大小，卖方储备会改变供给弹性的大小。储备通过影响弹性，从而影响买卖双方的议价能力。

1. 买方储备与价格的关系

需求弹性是需求量对于价格变化的敏感程度，价格变动引起需求量较大变动，表明需求弹性大，而价格变动引起需求量较小变动，表明需求弹性小。买方储备会对需求弹性产生影响，如果买方有储备，价格上升时，可以较多地减少需求量（购买量），动用储备来弥补购买量和消费量之间的缺口；价格下降时，可以较多地增加需求量（购买量），用以补充储备。因此，买方储备会增大需求弹性，特别是对短期需求弹性的影响大于长期需求弹性。买方储备规模越大，买方应对价格变动的能力就越强，需求弹性就越大，并且通过扩大储备规模影响需求弹性增大的趋势会从短期向长期延伸。

卖方垄断势力与需求弹性成反比，需求弹性越大，卖方垄断势力就越小，卖方议价能力越弱；需求弹性越小，卖方垄断势力就越大，卖方议价能力越强。买方通过储备增大了需求弹性，从而降低了卖方议价能力。国内外的战略储备一般都属于买方储备，其目的是为了降低卖方议价能力，让卖方不能随意提价，保持价格的稳定。

就稀土应用状况和稀土的可替代性来说，至少稀土的短期需求弹性不大，这有利于我国对稀土出口定一个高价。但是国外很早就建立了稀土储备制度，并且储备规模较大，这无疑极大地削弱了我国稀土出口的议价能力。虽然我们可以通过行业集中，在形式上形成稀土卖方垄断，但国外巨大规模的稀土储备使我们不会有很大的垄断势力。同时，稀土的长期需求弹性可能并不小，这也制约了我国作为稀土卖方的垄断势力。因此，对通过组建稀土垄断组织来解决稀土出口价格过低问题不能抱太高的期望。

2. 卖方储备与价格的关系

供给弹性是供给量对于价格变化的敏感程度，价格变动引起供给量较大变动，表明供给弹性大，而价格变动引起供给量较小变动，表明供给弹性小。卖方储备会对供给弹性产生影响，如果卖方有储备，当价格下降时，可以通过增加储备量来弥补生产量和卖出量之间的需求缺口，从而减少供给量（卖出量）；当价格上升时，又可以减少储备量，从而增加供给量（卖出量）。理论上卖方储备会增大供给弹性，并且卖方储备对供给弹性的影响与买方储备对需求弹性的影响类似。

买方垄断势力与供给弹性成反比，供给弹性越大，买方垄断势力就越小，买方议价能力越弱；供给弹性越小，买方垄断势力就越大，买方议价能力越强。卖方通过储备增大了供给弹性，从而降低了买方议价能力。

稀土作为资源型产业，其供给弹性本身较小，在出口定价上不利于供给方。我国作为稀土卖方，如果进行稀土储备，会相应降低国外买方垄断势力，从而增强稀土出口的议价能力。

3. 买方储备和卖方储备对价格影响的差异

买方储备和卖方储备虽然都会对价格产生影响，但影响方向和影响效果是不同的。买方是希望交易价格越低越好，买方储备是为了削弱卖方垄断势力，抑制价格提高。在价格较低时，买方可以增加储备，也可以不增加储备，买方对于储备规模可以主动控制。

而卖方则是希望交易价格越高越好，卖方储备是为了削弱买方的垄断势力，防止价格过低。因此，在价格较低时，卖方必须增加储备，这种储备的增加是被动的，储备规模无法控制。对于供给具有明显周期性特征的产品，卖方储备规模的边界可以相应界定，而对于供给平稳或者供给可以持续扩大的产品，为了维持高价，卖方储备的规模则会无限扩大。

买方储备和卖方储备都是在价格较低时增加储备，买方储备是主动增加，而卖方储备是被动增加。在价格较高时，买方为了抑制价格，必须减少储备，而卖方则没有减少储备的理由，因为减少卖方储备就会抑制价格，除非卖方储备的目的是为了使价格保持平稳，否则卖方储备规模只会单方向地不断扩大。正因如此，绝大多数的国家储备都属于买方储备。

在买卖双方进行价格博弈过程中，买方储备是买方获得定价优势的有效手段，属于主动手段；卖方储备对提高卖方议价能力有一定的作用，但属于被动手段。稀土产品生产属于工业化生产，不同于农业生产，其生产供给没有因自然环境因素表现出明显的周期性，而且我国稀土的供给能力持续扩大，稀土供给能力远远大于稀土的需求，因而通过稀土储备来提高稀土出口价格，从长期来看不会起到多大的作用。而且卖方储备很容易引起供给能力的继续扩张，这将会使卖方储备规模越来越大。

（二）是否需要稀土储备

国家储备分为实物储备和金融储备。实物储备又称为物资储备，和金融储备不同的是，实物储备的理论研究很少且极不完备。国家出于各种不同的目的进行实物储备，按照国家实物储备的目的和储备所能发挥的作用不同，大致可以归纳出几种最常见的国家实物储备：国防储备、应急储备、调控储备、安全保障储备等。国防储备是国家为应对战争需要而进行的必要物资储备；应急储备是国家为了应对突发事件，防止物资的突然中断而进行的储备；调控储备是国家为参与和加强宏观调控而进行的储备；安全保障储备是国家为保障经济安全和政治安全而进行的储备。

（1）应急储备。稀土原料不属于生活必需品，即便是出现自然灾害等突发事件，对稀土原料产品的需求也不太可能突然大幅度增加。况且，稀土原料作为工业品，生产不只在一个地区，生产企业也不止一家，基本不会出现供应突然中断的情况。因而，作为应急目的的稀土储备没有必要。

（2）安全保障储备。国家安全包括经济安全和国防安全。稀土高端应用会对众多产业的竞争力产生影响，但还远谈不上对国家经济安全产生重大影响，稀土的影响远不如石油、钢铁、粮食等对国家经济安全产生的影响大。稀土原料行业是一个规模极小的产业，即便以2011年稀土原料价格非理性暴涨时计算，稀土原料产业加上稀土功能材料产业的工业产值也只有850多亿元、营业额920多亿元。因此，稀土的价值并不在于其本身的规模，而在于对其他众多产业尤其是高科技产业的影响力，如果没有稀土的高端应用，稀土对国家经济安全的影响微乎其微。稀土对国防安全的影响主要基于高性能武器对于稀土的依赖。问题是稀土在军事领域的用量极少，即便是我们不向国外供应稀土，国外稀土的供应也足以保证其在军事领域的使用量。我国能够供应的所有稀土元素，国外都能供应，只不过国外在中重稀土上的经济价值低于我国。试图以限制稀土出口的办法，限制国外高性能武器的发展，是极幼稚的想法。稀土对于国家安全不能说没有影响，但其作用被夸大了，稀土对国家未来产业竞争力的影响要远远大于对国家安全的影响。

（3）调控储备。专家学者和社会公众期望通过稀土储备掌握稀土出口定价权、稳定稀土价格、保护稀土资源等目标应该属于调控储备。在掌握稀土出口定价权方面（实际就是提高稀土出口价格），如前所述，我国是稀土的供给方，如果进行储备则属于卖方储备，不同

于世界上大多数国家所建立的买方储备。卖方储备在价格上升时没有
释放储备的理由（除非是为了稳定价格），而储备规模又不可能无限
扩张，因此卖方储备对于提升稀土出口价格，短期会有一定效果，长
期作用十分有限。卖方储备的性质与企业生产过剩形成的商品库存没
有本质差别，国家稀土储备很容易形成国家为稀土过剩产品埋单的局
面，这对控制稀土产能扩张并无益处。

在稳定稀土价格方面，不管是买方储备还是卖方储备，操作方法
都是低价买进、高价释放，对价格都有稳定作用。但大多数国家储备
对价格稳定的方向是抑制价格过快上涨，保护消费者利益。稀土储备
当然可以起到稳定价格的作用，但问题是稀土价格是否需要国家出面
稳定。稀土不是生活必需品，也不会对国家经济安全产生重大影响；
稀土原料产品的生产周期很短、生产难度不大，不会出现长期的供给
缺口。如果稀土需要通过国家储备来稳定价格，那么几乎所有的有色
金属和黑色金属都需要建立国家储备。用储备手段调节价格要付出相
当的成本，除了储备需要占用大量资金以外，储备种类的选择错误、
收储和释放时机决策失误等都是储备的成本。最为严重的是，过度运
用储备手段干预市场，会对市场机制产生破坏，用储备调控经济最好
少用、慎用。

在保护稀土资源方面，因为稀土是可耗竭资源，尤其离子型稀土
具有很强的稀缺性，因此出于保护稀土资源的目的，应该建立稀土储
备。但出于这一目的的稀土国家储备完全不需要建立稀土产品储备
库，进行稀土资源地储备就可实现这一目的。稀土资源地储备，不但
可以节省大量储备资金、降低储备成本和储备风险，还可以保护生态
环境、减轻环境压力。同时，稀土资源地储备是从源头上控制稀土
资源，可以有效限制稀土原料生产规模扩张，也是稀土出口限制措施
的有效替代手段。我国稀土资源地储备的重点应该是南方离子型
稀土。

（4）国防储备。对于我国军事领域未来对稀土的需求，为防患于
未然，建立一定的稀土国防储备是必要的。用于国防需要稀土储备，
主要应采用稀土资源地储备方式，而对稀土冶炼分离产品的储备规模

不需要太大。从稀土开采到生产出冶炼分离产品，大约需要 4 个月时间，出于国防安全保障的稀土储备量，能够满足军工生产 4 个月的稀土消耗量就足够了。

第四节　生产工艺限制

生产工艺限制就是国家出于保证产品质量、降低能耗、保护环境等目的，对于某种商品的生产，规定只能采用某种工艺生产，而不能采用其他工艺生产的一种管制措施。

稀土矿开采会产生比较严重的环境破坏问题，稀土矿不同的开采工艺对环境破坏的方式和程度都不相同。离子型稀土开采工艺有三种，按使用的先后顺序分别是：池浸、堆浸和原地浸矿。2005 年，我国发布的《产业结构调整指导目录（2005 年本）》中，将离子型稀土矿原矿池浸工艺列为限制类生产工艺；2013 年，修订的《产业结构调整指导目录（2011 年本）》中，将离子型稀土矿堆浸和池浸工艺列为淘汰类生产工艺；2012 年，在颁布的《稀土行业准入条件》中规定：离子型稀土矿开发应采用原地浸矿等适合资源和环境保护要求的生产工艺，禁止采用堆浸、池浸等国家禁止使用的落后选矿工艺；2012 年，在《中国的稀土状况与政策》白皮书中明确表明，执行强制淘汰制度，禁止采用离子型稀土矿堆浸、池浸选矿工艺。

一　实施生产工艺限制措施的目标

国家对离子型稀土开采工艺限制的政策目标非常明确，就是为了保护生态环境。

稀土生产的环境破坏问题非常严重，与稀土出口价格低廉形成了鲜明的对照。专家学者很早就呼吁要重视解决稀土生产的环境破坏问题，新闻媒体通过实地考察对稀土生产破坏了的环境状况进行了大量报道，触目惊心的环境破坏景象激起了社会公众的强烈关注，因而国家对解决稀土生产的环境破坏问题显得极为紧迫。北方轻稀土和南方离子型稀土生产所造成的环境破坏种类虽然不同，但不能说哪一种更严重。国家对北方轻稀土的生产工艺没有进行相应的限制，而对南方离子型稀土生产工艺却做出了强制性限制，这是因为一种普遍观点认为，南方离子型稀土新开采工艺的发明可以有效地解决环境破坏问题，而北方轻稀土还没有能够有效解决环境破坏问题的可选择工艺。

二　实施生产工艺限制措施的效果

是否解决了稀土生产的环境破坏问题需要根据环境要达到的标准来判断。离子型稀土开采对环境破坏的种类不止一种，原地浸矿工艺并不能有效解决所有环境破坏种类，并且原地浸矿工艺也并不是适合于所有类型的离子型稀土矿山开采，不具备条件的离子型稀土矿山采用原地浸矿工艺可能会产生更严重的环境破坏。正是因为原地浸矿工艺本身具有很大的局限性，因而，在采用原地浸矿工艺后，离子型稀土开采的环境破坏问题并没有得到有效解决。最典型的例子是，赣州稀土公司在采用原地浸矿工艺后仍然未能达到环保要求，致使其迟迟未通过上市审核。事实上，目前南方离子型稀土开采企业虽然都采用了原地浸矿生产工艺，但环境问题依然突出，环保仍未能达到标准。

在国家禁止其他工艺开采离子型稀土矿后，由于大多数离子型稀土矿山的赋存条件并不适合原地浸矿开采工艺，因而很多矿山无法开采而处于停采状态，这间接地减缓了稀土的开采量，从而保护了稀土资源。

三　生产工艺限制措施存在的问题

（一）原地浸矿工艺存在的问题

离子型稀土矿开采工艺有三种：池浸、堆浸和原地浸矿，这三种工艺都属于化学选矿方法，采用浸取剂硫酸铵溶浸原矿，将稀土离子交换析出，然后用草酸或碳酸氢铵沉淀。池浸和堆浸工艺并不是开采稀土矿所特有的工艺，在其他有色金属开采中也多会采用，如铜堆浸工艺在世界被广泛使用。而原地浸矿工艺是我国自己发明的专门针对离子型稀土开采的一种生产工艺，是国家"八五"期间重点科技攻关项目，荣获国家"八五"重点科技成果奖。

池浸和堆浸工艺的原理基本相同，对环境的影响也基本类似，池浸生产工艺由于生产规模小，大规模矿山开采基本已不再采用。因此，我们只用堆浸工艺与原地浸矿工艺进行对比，分析两种工艺对环境影响的差异。

1. 原地浸矿、堆浸工艺的原理及特点比较

堆浸工艺采用露天开采方式，将采出的稀土矿放入堆浸场中，然后用溶浸液将稀土浸出、沉淀；原地浸矿工艺是一种直接在矿山上布置注液孔和收液孔，通过往注液孔注入溶浸液，从收液孔收集交换液，然后将稀土沉淀的生产工艺。表4-1是两种工艺的特点比较。

表4-1　　　　　　　　　　堆浸、原地浸矿工艺特点比较

工艺	原理	优点	缺点
堆浸	首先，砍伐地表植被、剥离矿体覆盖表土；其次，采掘矿石，将矿石搬至堆浸场预先铺设防渗的塑料布上；最后，溶浸液从矿石堆顶部淋洗，收集浸出液后提取稀土	1. 稀土采选回收率理论上可达到较高程度； 2. 实现了大规模的生产	1. 严重破坏地表植被； 2. 容易造成水土流失和产生大量尾砂； 3. 工艺产生的废水含氨氮及重金属等，处理不当将严重污染饮用水和农田灌溉用水； 4. 可能造成泥石流或滑坡； 5. 溶浸池造价相对较高； 6. 须注意堆浸池防洪排水
原地浸矿	较少破坏矿体地表植被，不剥离表土，将溶浸液通过注液孔注入矿体，从而将吸附在黏土矿物表面的稀土离子交换解析后形成稀土母液，流出矿体，进入集液沟内，然后收集母液提取稀土	1. 开挖山体工程量很少，对矿体地表植被破坏小； 2. 部分开采条件好的矿山稀土采选回收率可达70%以上； 3. 不产生尾矿砂	1. 技术难度较大； 2. 对矿石性质和围岩条件要求非常严格，适用范围小； 3. 对于地质结构复杂的矿体，易造成稀土浸出液泄漏，污染地下水； 4. 地质条件差的矿山，稀土浸出率较低； 5. 可能造成山体滑坡

资料来源：邹国良：《离子型稀土矿不同采选工艺比较：基于成本的视角》，《有色金属科学与工程》2012年第4期。

2. 原地浸矿、堆浸工艺的环境影响比较

原地浸矿和堆浸工艺对环境影响的差别主要体现在生产过程中所

造成的环境破坏方式、环境破坏类型及环境破坏可控性方面的差异
（见表4－2）。

表4－2　　　　　　　堆浸、原地浸矿工艺造成的环境破坏比较

工艺	环境破坏方式	环境破坏类型	环境破坏可控性
堆浸	1. 矿山地表植被破坏 2. 尾矿堆滑坡 3. 水土污染	显性破坏	容易控制
原地浸矿	1. 矿山地表植被破坏 2. 溶浸液从矿床天然底板（或人造假底板）渗漏造成的地下水污染	显性破坏 隐性破坏	容易控制 很难控制

（1）原地浸矿、堆浸工艺的环境破坏方式。原地浸矿工艺造成的
环境破坏主要来自注液井布置造成的植被破坏、采场滑坡塌陷以及溶
浸液渗漏地下造成的地下水污染等方面。

堆浸工艺造成的环境破坏包括露天开采造成的矿山地表植被破
坏、地表形貌破坏、尾矿堆滑坡、溶浸液造成的水土污染等方面，其
中，矿山地表植被破坏被认为是影响离子型稀土矿工艺选择的关键因
素之一。

（2）原地浸矿、堆浸工艺的环境破坏类型。按照环境破坏的可观
测性可以将环境破坏类型分为显性破坏和隐性破坏两类。环境的显性
破坏是人们容易通过表象观察到的破坏，如植被破坏、水土流失、水
土污染和滑坡等；环境的隐性破坏是指破坏表征不明显的破坏，如地
下水污染。

原地浸矿工艺造成的环境破坏类型既有显性破坏，也有隐性破
坏。其中，原地浸矿开采布置注液井造成的植被破坏和滑坡属显性破
坏，开采中的采场滑坡属显性破坏；开采后的采场滑坡现象不易觉
察，属隐性破坏；溶浸液渗漏地下造成的水土污染属隐性破坏。

堆浸工艺造成的环境破坏类型为显性破坏，这种类型的破坏现象
比较直观，容易识别。例如，离子型稀土矿山露天开采造成的植被破
坏、水土流失、水土污染及尾矿堆滑坡等。

（3）原地浸矿、堆浸工艺的环境破坏可控性。环境破坏的可控性是指环境破坏的范围和程度以及破坏后的可修复或可治理程度。

原地浸矿开采布置注液井一般会造成20%左右的植被破坏，3—5年后会自我修复，因此植被破坏属于容易控制类型。开采中的采场滑坡可通过控制注液速度、注液强度以及加强监测等措施减少发生，因此，开采中的滑坡属容易控制型。但是，采后的采场滑坡成因较复杂，属于很难控制的环境破坏类型。此外，地下水污染很难控制，而且渗漏地下后也很难治理，地下水污染也属于很难控制类型。

堆浸工艺需要将离子型稀土矿山"搬山式"露天开采，会造成植被的完全破坏，但是破坏后可进行生态恢复，如果生态恢复及时，水土流失可得到有效控制。堆浸产生的溶浸液以及尾矿堆废液泄漏也可通过采取适当措施加以解决，从而避免水土污染。此外，尾矿堆按工程规范处理，滑坡现象也容易控制。同时，尾矿堆还可以进行资源回收利用，通过国土整治加以开发利用。因此，堆浸工艺造成的环境显性破坏属于容易控制类型。

总的来说，堆浸工艺因露天开采造成的植被破坏和水土流失等现象是显性的，环境破坏也容易控制。但对于矿床底板发育不好的矿山或采用人造底板的矿山，采用原地浸矿工艺因溶浸液不可避免地会渗漏地下而造成地下水污染等现象是隐性的，环境破坏很难控制。

3. 原地浸矿、堆浸工艺的资源损失比较

任何开采工艺都会造成一定程度的资源损失，资源损失越大对资源的保护越不利。

原地浸矿和堆浸工艺所造成的资源损失方式是不同的。原地浸矿工艺造成的资源损失包括未被浸出残留矿体中的资源损失及从矿床天然底板（或人造假底板）渗漏的资源损失。堆浸工艺造成的资源损失包括未被开采的资源、残留在尾矿中的资源及运输中损失的资源。

资源损失包括暂时性损失和永久性损失两种。暂时性资源损失是指损失的资源以后还可以回收，如开采环节残留在矿体中的资源损失、残留在尾矿堆中的资源损失、露天开采矿石运输中的资源损失，这些资源损失形式相对容易控制，通过人为控制能够减少资源的损失量；永久性资源损失是指损失的资源基本不可以再回收，如从矿床天然底板（或人造假底板）渗漏的资源损失，这种资源损失是由于自然条件所造成的，很难人为控制。表4-3是原地浸矿和堆浸工艺从资源损失方式、资源损失类型及资源损失的可控性进行的比较。

表4-3　　　　　　堆浸、原地浸矿工艺造成的资源损失比较

工艺	资源损失的方式	资源损失的类型	资源损失的可控性
堆浸	1. 开采环节资源残留在矿体中的损失 2. 残留在尾矿堆中的资源损失 3. 露天开采矿石运输中的资源损失	暂时性损失	容易控制
原地浸矿	1. 未被浸出残留矿体中的资源损失 2. 从矿床天然底板（或人造假底板）渗漏的资源损失	暂时性损失 永久性损失	很难控制 很难控制

堆浸工艺在稀土资源开采中，人类对自然的改造行为比较多，也正因如此，对资源的可控性较强；而原地浸矿工艺在稀土资源开采中，人类对自然的改造行为很少，因此对自然条件的依赖较大，对资源的控制能力较弱。

原地浸矿工艺最大的优点是对矿山地表植被的破坏较小，基本不会改变地形地貌。但是，原地浸矿工艺对矿床底板要求较高，矿床底板发育程度不同决定了原地浸矿工艺的适用性和对环境的影响程度及对资源的利用程度。实际上，在我国离子型稀土矿山中，具有良好底板的矿山只占10%左右，90%左右的矿床底板发育不良。只有矿床底板平整的矿山才适合采用原地浸矿工艺；而对于一些矿床底板不平整的矿山，原地浸矿工艺下的稀土开采产生的环境污染及资源损失更加严重。

（二）对政府指定生产工艺是否合适的探讨

政府如果要指定一种生产工艺，需要具备一定的条件。所指定的生产工艺一定是已经科学地证明了比其他生产工艺更好，而且在所有的生产环境下都是适用的。否则，这种指定是不合适的。原地浸矿工

艺虽然是我国独创并获得了国家科技成果奖，但其对环境和资源的影响并没有一个定论，还需要进行更多的探讨。很多稀土开采实际工作者和专家学者实际上一直在呼吁对原地浸矿工艺进行认真评估。2015年3月全国政协委员、中国有色金属工业协会再生金属分会学术委员会主任、中国科学院沈保根院士在接受《中国科学报》记者采访时强调：要重新对现有的原地浸矿、堆浸和池浸等开采技术所带来的环境污染进行全面评估与审核，在减少污染和保护环境的前提下，尽可能提高重稀土的回采率。

　　生产工艺虽然与经济有关，但它应该更多地属于科学问题。理论和实践已经证明，政府的行政权力不易过度介入科学问题。如果的确需要介入，也应采用激励手段而非限制手段。我国政府的纠偏机制主要来自政府内部，在这种情况下，政府对科学问题的判断一旦失误，其纠偏过程将是漫长而艰难的。另外，由政府指定一种生产工艺，即便政府对生产工艺的科学性判断是正确的，也会将技术发展的方向限定在一个框框内，这实际上会阻碍技术的创新。

第五节　指令性生产计划

　　由国家有关部门下达稀土产品的生产量计划指标，稀土产品生产量只能在指令性生产计划量之内。我国对稀土产品产量的指令性计划指标是由两个部门分别下达的。2006年国土资源部开始下达稀土矿开采总量控制指标，将所要控制的稀土矿开采量折算成稀土氧化物（REO）产量控制指标，按稀土矿开采省区下达；2007年工信部开始对稀土矿产品和稀土冶炼分离产品生产实行指令性计划管理，分别下达稀土矿产品和稀土冶炼分离产品的计划控制产量。将稀土矿产品和稀土冶炼分离产品折算成稀土氧化物产量控制指标，按稀土矿产品生产省区和稀土冶炼分离产品生产省区下达。由于稀土冶炼分离产品是稀土矿产品的下游产品，考虑到加工生产过程中的损失，稀土冶炼分离产品的REO计划控制数量略低于稀土矿产品的REO计划控制数量。

一 实施指令性生产计划管制的目标

稀土指令性生产计划措施实施的目标显然是减少稀土原料产品数量，一方面，控制稀土资源的过度开采，抑制稀土资源储量过快下降，保护稀土资源和生态环境；另一方面，减少市场上稀土原料产品的供给量，提高稀土原料产品的价格。

二 指令性生产计划管制的效果

从理论上说，指令性计划属于最为严厉的管制方式，相对于其他管制方式来说，对于减少稀土原料供给数量的效果应该最大。考察稀土指令性计划管制措施的实际效果，最好的反映指标就是稀土原料的价格变化。因为通过指令性计划减少了稀土原料供给量，稀土价格或多或少地都会上涨。此外，如果指令性计划产量每年都在缩小，价格会表现出持续上涨的特征；如果指令性计划产量每年都变动不大，价格在短期上升后，会保持相对稳定；如果价格下跌，可通过减少指令性计划量抑制价格下跌。稀土指令性生产计划自实施以来，计划产量变化并不太大，稀土原料价格应该表现为短期上升后保持相对稳定。但从 2006 年至 2011 年上半年稀土原料产品价格总的趋势是在不断上涨，2011 年下半年以后价格又在不断下跌，这种现象很难证明指令性计划措施起到了相应的作用。当然由于这段时期对稀土产业出台的管制措施太多，可能影响了指令性计划措施的效果，但至少可以说明，在众多的管制措施中，指令性计划的作用并未凸显。

三 指令性生产计划管制存在的问题

事实上，在稀土指令性生产计划管理过程中，的确存在很多问题。第一，稀土指令性生产计划由两个不同的部门下达是否有必要。不管是国土资源部还是工信部，实际上下达的指标都是稀土氧化物（REO）的计划数量，如果两个部门的计划数量是一致的（按道理应该是一致的），那么由一个部门下达就足够了。如果两个部门的计划数量不一致，那么应该执行哪一个计划呢？让人不可思议的是两个部门的稀土计划产量出现了不一致。2009 年国土资源部下达的稀土矿开采总量控制指标为 8.23 万吨，而工信部下达的稀土指令性生产计划指标为 11.95 万吨。第二，下达两个相关度极高的指标是否有必要。

稀土矿产品和稀土冶炼分离产品属于高度相关的上下游产品，稀土矿产品必须全部进入冶炼分离环节生产成各种各样的冶炼分离产品才能使用。两种产品全部都折算成稀土氧化物计量，从理论上来说两个数量应该相等，即便是有损耗，差异也应该是大致相同的比例。如果控制了稀土矿产品数量，就完全没有必要再控制稀土冶炼分离产品的数量。如果控制了稀土冶炼分离产品数量，控制稀土矿产品数量就没有意义。设定两个计划指标的可解释原因是，不管是稀土矿产品的计划产量，还是稀土冶炼分离产品的计划产量，都是按稀土产品的生产省区分配的，有些省区只有稀土冶炼分离产品的生产而没有稀土矿产品的生产，因而设置两个指标是部门利益和地区利益博弈的结果。但是这种设置不但大大增加了管制成本，而且严重地损害了计划控制的严肃性。第三，指令性计划生产数量确定的依据不明确。从 2011 年下半年开始，稀土原料价格不断下降，如果是为了抑制稀土原料价格下降，指令性计划生产数量应该减少。但是，这一时期稀土指令性计划生产数量不但没有减少，反而还有略微的增加。指令性生产计划管制需要政府能够准确地把握市场变化，否则就会使市场产生大幅度波动。2013 年，由于稀土原料市场萎缩，稀土原料行业出现了全行业停产，2014 年全行业不景气局面没有改变，但是稀土指令性计划指标依然下达，而且数量没有减少。在这种情况下下达指令性计划的意义又在哪里呢？第四，指令性计划产量的执行情况难以核查。稀土矿产品的市场交易已经很少了，市场供应的几乎都是稀土冶炼分离产品，因而稀土矿产品计划产量执行情况基本没有核查的可能。而稀土冶炼分离产品有近 400 个品种、1000 多个规格，如果要核查，不但成本高，而且难以核查准确，况且如果将生产的冶炼分离产品直接归入稀土功能材料生产环节，核查冶炼分离产品的数量就更难。现有的产量核对是由企业自报产量方式进行的，很难想象企业会自报超计划生产数量。当指令性计划指标没有或不能进行核查时，这种管制方式基本归于失效。第五，稀土非法生产对指令性计划管理造成严重冲击。指令性计划管理只对合法、正规的稀土生产企业有效，而对稀土非法生产是无效的（如果指令性计划产量的执行情况不进行核查，对合法、正规企业也无效)。我国稀土非法生产问题非常严重,从国家不断组织打击稀土非法生产的专项行动就可以看出。据有关专家估计,非法生产的稀土数量已经占到了市场供应量的1/3,如果是这样,指令性计划管制方式就形同虚设了。

指令性生产计划管制属于传统计划经济体制下的经济管理模式,它的使用实际上是对市场的一种否定。在我国从计划经济体制向市场经济体制转轨过程中,指令性生产计划管制方式已逐渐退出了历史舞台。因此,从我国改革的发展趋势来看,稀土指令性生产计划管制方式并不能作为长久的政策加以运用。况且,稀土终端应用领域和应用深度变化很快,稀土市场的变化信息政府难以准确掌握,因而指令性计划指标常常会滞后于市场。这种滞后的控制指标很可能会让企业失去市场机会或走向错误的发展方向,这对稀土产业的发展是不利的。

第六节 其他管制措施

为解决稀土产业存在的问题,除上述管制措施以外,我国还对稀土产业实施了大量其他管制措施。很多措施属于国际上通行的管制手段,如行业准入标准、污染物排放标准等;另外,还有一些属于专家学者极力呼吁但尚未实施的措施,如建立稀土产品期货交易市场。这些措施对解决稀土产业存在的问题是否有效或合理呢?

一 禁止出口

2005年我国开始禁止稀土原矿出口,目的是增加稀土出口产品的附加值,以提高稀土产品的整体出口价格。事实上早在2005年之前,我国的稀土原矿出口就已经很少了,不但如此,稀土精矿出口也很少,目前已经没有稀土矿产品出口了,出口的都是冶炼分离以后的稀土产品。之所以不再出口稀土矿产品,一是因为我国的稀土冶炼分离技术在世界上是最先进的,同时我国所建成的稀土冶炼分离能力也是世界上最大的,稀土冶炼分离能力已经远远超过了全球对稀土冶炼分离产品的需求。大量稀土冶炼分离企业的生产能力处于无原料生产的闲置状态。二是因为我国的环保标准和环保监管不如发达国家严格，我国处理稀土矿产品的环境成本很大程度让社会承担了，因而在我国生产稀土冶炼分离产品所承担的环境成本较低。另外，由于处理稀土原矿会污染环境而致使其他国家不允许进口原矿。如澳大利亚稀土原矿因环保问题不能在本国加工，需要出口到马来西亚进行稀土原矿的加工，而马来西亚的环保要求也致使稀土原矿加工迟迟无法正常开展。

总之，由于我国在稀土原矿加工上具有比较优势，即便是没有稀土原矿禁止出口的管制措施，稀土原矿也不会有出口。需要关注的是，已经有一些国外稀土原矿要求进入或已经少量进入我国，这对我国的环境保护极为不利。

二　行业准入

行业准入是由政府对进入某个行业设定一定的要求或条件（进入门槛），符合条件的市场主体经过政府核查审批，才能从事该行业的经营活动。行业准入实际上是对想要进入行业的企业进行限制。我国对稀土开采企业很早就采用了行业准入管制措施，通过给企业颁发采矿许可证的方式，将不符合条件的企业排除在稀土开采行业之外。2012 年 8 月，工信部正式发布了《稀土行业准入条件》，对企业进入稀土矿开采和稀土冶炼分离产品生产环节（稀土原料生产环节）设置条件。

稀土行业准入管制措施实施的目标是：减少稀土原料行业的企业数量，提高稀土原料行业的产业集中度，形成行业大企业集团。以稀土大企业集团的力量，形成稀土原料的垄断价格，减少稀土资源开采量，保护稀土资源和生态环境，推动稀土产业结构调整和升级。

稀土原料行业实施准入制度后，对减少稀土原料行业企业数量的作用是明显的，而且直接推动了稀土大企业集团的形成。行业准入制度本身并不能提高稀土原料价格、减少稀土资源开采量、保护生态环境等，需要依靠大企业集团完成，大企业集团的作用我们另章分析。

2012 年工信部发布的《稀土行业准入条件》，对于稀土开采行业实施再准入。国土资源部很早就通过颁发稀土采矿许可证设置了进入稀土开采行业的条件，工信部发布的《稀土行业准入条件》中明确规定："开采稀土矿产资源，应依法取得采矿许可证和安全生产许可证。"这实际上是在国土资源部准入条件的基础上再增加新的准入条件。这样做意味着即便是拥有国土资源部颁发的稀土采矿许可证的企业，如果不符合工信部发布的《稀土行业准入条件》，同样不能从事稀土矿开采活动。国土资源部过去发放的稀土采矿许可证过多，导致行业集中度不高，设置新的准入条件，就可以逼迫原先拥有稀土采矿许可证的企业进入稀土原料行业的整合之中，大幅度减少稀土开采企业数量。

需要特别注意的是，工信部发布的《稀土行业准入条件》中，特别设置了稀土企业生产规模准入门槛。不管是稀土开采企业还是稀土冶炼分离企业其生产能力都要达到一定的规模，否则不予准入。生产规模条件设置的目的是淘汰稀土小企业，支持形成稀土大企业集团。其所带来的负面影响是，原先生产规模达不到条件的稀土企业为了达到进入门槛，想方设法扩大生产能力，使原本已经严重过剩的稀土原料产能又进一步扩张。对稀土原料行业管制的一个重要目标就是要减少稀土原料的市场供给，而稀土原料行业的产能扩张对于今后控制稀土原料的市场供给量无疑会形成巨大的阻力。

三 投资审批

投资审批是由政府对投资项目的投资主体身份、投资领域、投资规模等进行管控的一种方式，主要对新增产能产生影响。我国在 2002 年开始限制外商在我国稀土原料生产领域进行投资，2004 年开始对稀土原料生产项目及达到一定规模的稀土深加工项目投资进行严格审批。投资审批的权限有中央和地方之分，稀土原料生产项目的投资审批权由中央控制，其目的是为了防止地方运用投资审批权盲目扩张稀土原料生产规模。

稀土原料行业的投资审批管制对于控制外资进入稀土矿开采领域以及控制稀土矿开采规模的增加起到了明显的作用，目前我国稀土矿开采领域已无国外资本，并且没有新增稀土矿开采能力。但投资审批管制对稀土冶炼分离领域的投资项目控制没有起到太大作用，稀土冶

炼分离的新增产能规模并没有减少，反而有较大幅度的增加。之所以
会出现这种情况，主要是地方政府与中央政府围绕着地方经济发展而
进行的博弈结果，这不仅仅是稀土原料行业的问题，在全国所有产能
过剩的领域都存在这一问题。对稀土原料行业加强投资审批管制的结
果表现出了一个明显特点，稀土原料行业的国有经济成分在不断提
高，非国有稀土原料生产企业极度萎缩，在不久的将来，稀土原料领
域的非国有经济很可能就不复存在了。

四　污染物排放标准

污染物排放标准是国家对人为污染源排入环境的污染物的浓度或
总量所作的限量规定。其目的是通过控制污染源排污量的途径来实现
环境质量标准或环境目标。制定污染物排放标准，根据标准对企业的
环境污染行为进行管制是世界上运用比较成熟的环境保护方法。对环
境污染的管制是社会性管制的重要内容之一，发达国家的污染物排放
标准要比发展中国家严格得多，很多产业从发达国家向发展中国家转
移的一个重要原因，是发达国家提高污染物排放标准后，这些产业无
法达到所在国的污染物排放标准，被迫将产业转移到污染物排放标准
较低的国家或地区。我国2004年制定了行业性稀土生产污染物排放
标准，2011年又制定了稀土生产第一个强制执行的国家污染物排放
标准《稀土工业污染物排放标准》（以下简称《稀土排放标准》）。随后
以此标准对稀土矿开采、冶炼分离和金属冶炼企业进行全面环保核
查，并且将稀土企业的环保达标作为稀土行业准入的重要条件之一。

制定强制执行的《稀土排放标准》的目标是解决稀土原料生产所
造成的环境破坏问题，根据排放标准将不达标企业排除在稀土原料生
产之外。但这一标准在实际操作中并未得到严格执行，很多稀土企业
（特别是一些稀土原料生产的国有重点企业）在没有通过环保核查的
情况下继续生产，使这一管制措施保护环境的效果大打折扣。当然，
由于稀土环保标准的实施，稀土原料企业在环保投入上的资金的确有
较大的增加，这对稀土原料生产的环境破坏降低是有利的。

我国的《稀土排放标准》除了存在执行不严的问题外，本身在制
定上也存在问题。按照国家规定，离子型稀土开采只能采用原地浸矿

工艺，禁止采用堆浸、池浸生产工艺。2012 年发布的《稀土行业准入条件》中，要求"离子型稀土矿开发应采用原地浸矿等适合资源和环境保护要求的生产工艺，禁止采用堆浸、池浸等国家禁止使用的落后选矿工艺"。然而，2011 年发布实施的《稀土排放标准》，却将南方离子型稀土的原地浸矿工艺排除在了《稀土排放标准》适用的范围之外。

《稀土排放标准》中"术语和定义 3.3 稀土采矿（rare earths mining）指以露天开采或地下开采方式从矿床中采出稀土原矿的过程。本标准不包括采用溶液浸矿方式直接从稀土矿床浸出或堆浸获得离子型稀土浸取液的过程"；"术语和定义 3.4 稀土选矿（rare earths mineral processing）指根据稀土原矿中有用矿物和脉石的物理化学性质，对有用矿物与脉石或有害物质进行分离生产稀土精矿的过程，以及从溶液浸矿获得的稀土浸取液中通过化学方法生产稀土富集物的过程。"同时《稀土排放标准》在前言中明确写道：自本标准实施之日起，稀土工业企业的水和大气污染物排放控制按本标准的规定执行，不再执行《污水综合排放标准》（GB8978—1996）、《大气污染物综合排放标准》（GB16297—1996）和《工业炉窑大气污染物排放标准》（GB9078—1996）中的相关规定。

目前南方离子型稀土开采只允许采用原地浸矿生产工艺，而原地浸矿生产工艺存在巨大的水污染风险。《稀土排放标准》的这种制定，意味着如果用原地浸矿工艺开采离子型稀土矿，其对水和大气污染物的排放没有了相应的排放标准控制。

五 稀土专用发票

我国对发票的定义是指一切单位和个人在购销商品、提供或接受服务以及从事其他经营活动中，所开具和收取的业务凭证。发票既是会计核算的原始依据，也是审计机关、税务机关执法检查的重要依据。2012 年 6 月 1 日我国开始实施稀土专用发票制度，包括稀土矿产品和稀土冶炼分离产品的交易必须开具稀土专用发票。在国家税务总局提供的需要开具稀土专用发票的《稀土产品目录》中，稀土矿产品有 23 种，稀土冶炼分离产品（包括稀土冶炼分离产品加工费）有

345 种。

设置稀土专用发票的目的是为了打击稀土非法生产和超计划生产，配合稀土原料的指令性生产计划管制得以有效实施。一般认为非法生产的稀土不能开具稀土专用发票就无法销售非法稀土产品，稀土非法生产可以有效控制。另外，利用稀土专用发票可以核对正规企业的稀土产量，从而可以控制正规企业的超计划生产。

但是稀土专用发票实施的结果表明，稀土原料产业的生产秩序并未有改善，非法生产和超计划生产的稀土原料产品依然大量存在。

实践已经证明，仅以统一发票来证明交易行为并不科学。我国发票制度的主要目的是为了税收，国家税务总局在 2012 年第 17 号公告中称：为加强对从事稀土产品生产、商贸流通的增值税一般纳税人（以下简称稀土企业）的增值税管理，决定将稀土企业开具的发票纳入增值税防伪税控系统汉字防伪项目管理。税务机关的主要职责是税收管理，由税务机关再肩负起核查企业是否按计划生产、是否达标生产显然不现实。另外，仅国家税务总局所列稀土产品目录就接近 400 种，由税务机关通过专用发票来控制稀土企业生产也不可能做到。事实上，稀土专用发票在各地的领取并无特别规定；专用发票对于终端产品的控制有较大作用，而对于前端产品的控制作用极为有限，稀土应用到下游，用量小、用途广，即便采用专用发票也无法进行追踪；如果稀土企业还经营其他非稀土产品，稀土专用发票的作用基本失效；通过开具其他商品发票，完全可以绕开稀土专用发票；各地间的税收争夺，使稀土专用发票形同虚设。

更为重要的是，如果以稀土专用发票作为稀土合法身份的证明，在目前的税收管理体制下，稀土专用发票很容易成为非法稀土的漂白剂，本来是非法稀土产品由于开具了稀土专用发票就变成了合法稀土产品。

六　稀土产品期货市场

对于如何夺回"稀土定价权"以及如何稳定稀土原料的市场价格，专家学者和社会公众一直都在呼吁建立稀土期货市场。一般认为"稀土期货的推出可以给我国稀土企业提供一个规避价格与经营风险的金融工具，它可以帮助稀土企业掌握市场库存情况、价格行情、市场趋势等，从而理性地做出生产决策，避免产能过剩、恶性竞争等局面的出现，从而稳定市场价格。另外，国内投资机构和资本的参与，可以在一定程度上防范稀土产品价格被国外资本任意操纵以至于严重脱离其实际价值。通过大量交易主体的引入从而形成多头对多头的局面，有利于夺回定价权。最后，稀土期货有助于形成公共议价平台，形成一个国际市场认可的透明的定价机制，促进我国稀土国际定价中心的建立，从而彻底解决价格难题。"①

建立稀土期货市场的尝试在我国实际上一直都在进行。内蒙古包头市和江西赣州市都先后建立了稀土现货集中交易市场，包括尝试性地设置了稀土远期交易合约；上海期货交易所一直都在研究推出稀土期货品种；中国稀土协会已经推出了稀土价格指数，并在其网站上每天公布稀土价格指数走势；中国稀土学会2015年重点研究稀土期货品种上市的可行性。

但是对于稀土期货市场的建立或稀土期货品种的推出，我们应该有清醒的认识。国内外的期货品种通常都是大宗商品，其显著特征是交易品种的市值大、交易规模大。稀土上游原料行业是一个规模很小的产业（而且是一个不可能也不需要做大的产业），稀土原料的全部市场价值对于期货交易来说，市值规模太小。期货交易市场一定要有投机（或投资）资本参与，将稀土原料产品变成期货交易品种，事实上就成为投资产品，在市值规模极小的情况下很容易受金融资本冲击，引起稀土炒作，使稀土市场更加不稳定；另外，稀土原料产品有近400种、1000多个规格，而且新产品不断涌现，稀土原料产品之间的特性及价值差异巨大，建立什么样的稀土产品标准以及选择哪种产品建立期货市场都是难题。

期货市场最主要的作用是发现价格，而不是提高价格。通过期货市场既不能控制稀土产量，也不能使价格反映稀土的资源价值和环境成本。因此，需要谨慎对待建立稀土期货市场。

---

① 吴志军：《我国稀土产业政策的反思与研讨》，《当代财经》2012年第4期。

第七节　主要结论

通过对我国稀土产业主要管制措施的有效性分析可以发现，我国对于稀土产业的管制措施运用的种类很多，管制措施之间出现重叠、交叉现象，多部门管制的协调难度大，各项管制措施本身存在较多的问题。总体来说，这些措施对稀土产业管制的效果十分有限，稀土产业存在的问题依然没有从根本上得到解决。

1. 稀土出口配额是最早使用的管制措施之一。自该制度实施以来，由于下达的稀土出口配额数量在绝大多数时间里都大于国外对稀土的需求数量，因而稀土出口配额总的来说并没有对稀土出口限制产生实质性影响。稀土出口配额措施由于违反 WTO 贸易规则已经被取消。

2. 稀土出口关税的目标是提高稀土价格、抑制国外对我国稀土原料的需求。由于国外对我国稀土原料的需求弹性短期较小、长期趋大，加之稀土非法生产和走私较为严重，稀土出口关税措施对提升我国稀土出口价格、减少稀土出口数量的作用在短期较为明显，而长期效果极为有限。稀土出口关税措施由于违反 WTO 贸易规则已经被取消。

3. 稀土资源税大幅度提高后，对解决稀土原料价格过低问题起到了较好作用，但稀土资源税计税依据及税率设置存在的问题也给稀土产业发展带来了一些负面影响。2015 年我国已经开始对稀土资源税的改革。用资源税一个税种同时反映资源所有者权益、资源级差收益、资源开采环境成本和资源价值等是难以做到的，将资源税变成单独反映资源价值的税种是目前普遍认可的观点。但是，由于稀土资源及稀土产业的特殊性，稀土资源税改革会碰到难以克服的障碍，以稀土资源税来体现稀土资源价值恐怕难以实现。因而采用什么方式体现稀土的资源价值还需要继续探索。

4. 稀土产品储备的目标主要是掌握（或者夺回）稀土出口定价

权。稀土产品储备在我国仅仅是进行了一些试点。从试点情况来看，稀土产品储备对于夺回或者掌握稀土出口定价权没有效果，甚至连稳定稀土价格的作用都没有达到。我国是稀土国际市场的供给方，如果进行储备属于卖方储备。从储备原理来看，买方储备是买方获得定价优势的有效手段，而卖方储备对提高卖方议价能力的长期效果极为有限，并且会产生沉重的储备负担，对控制产能过剩极为不利。对于我国军事领域未来的稀土产品需求，为防患于未然，建立一定的稀土国防储备是必要的。

5. 稀土生产工艺限制的目的是保护生态环境。我国对离子型稀土开采工艺进行了限制，禁止采用堆浸、池浸等生产工艺，只能采用原地浸矿工艺。但原地浸矿工艺本身存在很多问题，离子型稀土开采并未因采用了国家规定的工艺而能够达到环保标准，稀土生产的环境问题依然突出。生产工艺虽然与经济有关，但它更多地属于科学问题，政府行政权力介入科学问题需要极为谨慎。

6. 稀土指令性生产计划管制的目标是降低稀土资源过度开采，减少稀土原料产品供给量，提高稀土原料产品价格。从稀土原料指令性计划下达数量和稀土原料价格变化关系以及稀土原料行业的不景气状况来看，稀土指令性生产计划管制对稀土产业的作用并没有凸显出来。该项措施在实施过程中还存在两个不同部门下达两个相关度极高计划指标、计划生产数量确定依据不明确、计划产量执行情况难以核查、非法生产对计划管理造成严重冲击等问题，使指令性计划管制的效果大打折扣。指令性生产计划管制属于传统计划经济体制下的经济管理模式，长期使用带来的弊端较多。

7. 禁止稀土原矿出口的目标是增加稀土出口产品附加值，以提高稀土产品的整体出口价格。我国在稀土原矿加工上具有明显的比较优势，同时我国所生产的稀土原料产品所承担的环境成本较低。因此，即便是取消稀土原矿禁止出口管制，稀土原矿也不会出口。需要关注的是，由于我国稀土原矿加工上的比较优势，已经有一些国外稀土原矿要求进入或已经少量进入我国，这对我国的环境保护极为不利。

8. 稀土行业准入管制的目标是减少稀土原料行业的企业数量，提高行业集中度，减少稀土资源开采量，保护稀土资源和生态环境，推动稀土产业结构调整和升级。实施准入制度后，大量减少了稀土原料行业中的企业数量，推动了稀土大企业集团的形成。但是在准入条件中，由于设置了稀土企业生产规模准入门槛，导致原本已经严重过剩的稀土原料产能进一步扩张。

9. 稀土项目投资审批管制的目的是控制稀土原料生产规模的盲目扩张。该措施对控制外资进入稀土矿开采领域以及控制稀土矿开采规模的增加起到了明显作用，而对稀土冶炼分离产能的控制没有起到太大作用。投资审批管制导致稀土原料行业的国有经济成分不断提高，非国有稀土原料生产企业极度萎缩。

10. 制定强制执行的《稀土工业污染物排放标准》的目的是解决稀土原料生产所造成的环境破坏问题，但这一标准在实际操作中并未严格执行，污染排放未达标的稀土企业仍在继续生产。目前的《稀土工业污染物排放标准》将南方离子型稀土开采唯一可采用的原地浸矿工艺排除在了该标准的适用范围之外，这不能不说是一个很大的漏洞。

11. 设置稀土专用发票的目的是打击稀土非法生产和超计划生产，配合稀土原料的指令性生产计划管制得以有效实施。由于发票制度本身存在很多问题，加之稀土产业的特殊性，使稀土专用发票制度没有达到预期效果。

12. 建立稀土期货市场需要注意的问题是：稀土原料产品的市值规模很小，容易受金融资本冲击；稀土原料产品种类众多，难以形成标准合约。期货市场主要作用是发现价格，不是提高价格。期货市场既不能控制稀土产量，也不能使价格反映稀土资源价值和环境成本。

第五章　稀土产业整合分析

　　产业整合是我国政府在解决一些产业存在的问题时经常采用的一种行政干预手段，比如整合钢铁产业解决产能严重过剩问题，整合煤炭产业解决生产秩序混乱问题，整合石油产业解决产业竞争力不高问题，整合电信产业解决过度竞争问题，等等。当稀土产业在发展中出现问题时，自然而然地就会想到用整合手段加以解决。

　　早在20世纪70年代开始，在轻稀土主产地包头就进行过四次稀土产业整合，其目标是组建稀土企业集团以解决包头稀土矿开采的混乱局面。虽然通过整合形成了松散的企业联盟组织形式，但最终均因不同市场主体的利益差异，形式上的企业联盟维持不久便告解体。在进入21世纪后，当稀土产业存在的问题越来越凸显时，整合稀土产业的呼声越来越高。国家有关部门和地方政府一直在致力于稀土产业的整合，而且力度越来越大，由此也引发了包括国家各主管部门、各级地方政府、大型央企、地方国企、稀土民营企业在内的众多利益主体围绕整合展开了激烈的博弈。虽然对稀土产业整合的力度不断加大，但整合对稀土产业存在问题的解决尚未产生明显效果，因而整合仍在进行之中。在已实施的各项管制措施未能有效解决稀土产业存在的问题以及稀土出口配额和出口关税措施不能继续使用的背景下，专家学者、社会公众以及政府部门对稀土产业整合就抱有了更高的期望。

　　虽然"产业整合"是一个使用频率极高的词，但对整合概念的理解却存在差异。比如，当人们谈论产业整合时，常常把"产业整合"和"产业整顿"混淆起来，这难免会对整合的作用路径和能够达到的目标产生不正确的认识。稀土产业整合到底指的是什么、整合想解决哪些问题、整合是否能解决这些问题、整合中存在哪些问题、已经实施的整合效果如何、整合应该有怎样的目标等，需要认真分析。

第一节　稀土产业整合的含义

虽然在围绕解决稀土问题的众多讨论中，稀土产业整合是被提到最多的话题，但是对于产业整合含义的认识，各方却有着很大的差异，常常把产业整合等同于产业整顿，致使稀土产业整合范围无限扩大，整合方向不明，整合策略讨论难以深入。

一　产业整合的理论含义

对于什么是产业整合，在理论界并未形成统一的认识。产业经济学家贝恩（J. Bain，1968）认为，产业整合是企业在一定的市场结构下的一种战略调整行为，产业整合的实质是以企业为主体、以产业为框架的市场整合，并把"市场结构—市场行为—市场绩效"作为产业组织（包括产业整合）的分析范式；美国经济学者 Robert E. Hurley（1993）认为，产业整合是企业面对环境条件的变化而变更组织边界的一种方式，它能使产业或企业组织完成使命和获得利润；Allen N. Berger（2003）认为，产业整合可以通过组织间的并购、自组织的规模扩张以及对生产和分配系统的重新组合等方式进行，也可以与产业结构的调整相伴而发生；斯坦福大学的 Kelly Jean Fergusson 和 Paul M. Teicholz（1993）将产业整合定义为知识和信息的流动，并从垂直、水平、时间三个维度进行了具体阐述。国内学者吕福新（2000）认为，分散的对立面是集中和整合，产业整合是以分工为基础，以专业化为重要内容，以协作和联合为主导，包括内部的组织性和组织化程度的提高、外部的协调性和协调化程度的提高、内部和外部的层次性的增加与提高，以及结构的优化和升级等。它以产业的市场组织为基础，把组织改造和结构调整结合起来。赵蒲、孙爱英（2002）认为，产业整合是指产业领先者按照公司发展战略，通过有目的的兼并、重组本产业或相关产业的中小企业，配合价格或非价格竞争手段，积极扩大本企业的市场份额或拉伸本企业的价值链，改变产业组织结构，增强市场势力，获得超额利润的行为。吕拉昌（2004）认为，产业整合是指为谋求长远竞争优势，按产业发展规律，以企业为整合对象，跨空间、地域、行业和所有制重新配置生产要素，调整和构筑新的资本组织，从而形成以大企业和企业集团为核心的优势主导产业及相应产业结构的过程。王步芳（2004）认为，产业整合是指具有雄厚货币资本实力和产业远见的企业，以全部收购或入主控股、托管、信托、租赁、发行可转换债券等产权投融资方式，整合某一产业链中的主导企业或高成长、高盈利企业，积极扩大本企业的市场份额或拉伸本企业的价值链，从而建立产业整合者的核心能力和增强其在产业中的长期竞争优势。这个定义指出了产业整合的多种方式，并把产业整合限定为产业链整合，整合的目的是为了获得核心能力和增强长期竞争优势。芮明杰、刘明宇（2006）认为，从产业角度考察的"整合"，不是狭义的合并，而是广义的"一体化"（包括合并和纵向约束）。只要是产业链上的企业能够直接或间接控制链上其他企业的决策，使之产生期望的协作行为，就被视为产生了某种程度的"整合"。合并则是完全以科层取代市场，属于整合中最极端的形式。杨建文（2006）指出，产业整合是建立在复杂适应系统理论的基础上，把企业、地方政府、中央政府以及行业协会等作为适应性主体，以产业和区域为构架的市场整合。

结合国内外的研究成果，我们认为产业整合应该从微观和宏观两个层面进行认识。从微观视角来看，产业整合首先是企业的市场行为，是企业基于对市场竞争和自身成长需要的认识而对企业内外部资源进行的调整和重新组合。随着市场竞争愈演愈烈，越来越多的企业会把整合当作竞争的手段和成长的路径。从宏观视角看，产业整合是产业组织结构优化和资源在空间上的重新配置过程，更多地体现了政府的意图和政策的导向。企业是构成现代产业系统的基本单元和实际载体，企业层面的产业整合是基础和根本，没有企业层面的有机整合，更高层次的整合也就无从谈起。

尽管国内外学者对产业整合的理解各不相同，但其在微观层面所包含的核心内容却有着共同的指向，即产业整合主要指的是一种企业兼并重组行为，而企业的这种行为导致了产业和整个经济的某种变化。

国内和国外研究的不同之处在于，国外的产业整合研究主要从微观着眼，强调的是企业为了某种目的而主动进行的并购行为，其最终目的是为获取更大利益，对产业造成的影响并不是有意识而为之。因而，国外对产业整合概念用得并不多，更规范、更普遍的概念为企业并购，也就是说，产业整合基本等同于企业并购；国内的产业整合研究更多的是站在政府的角度，宏观地看待整个产业和经济问题，强调政府在整合中的作用，政府为了某种目的而通过产业政策促使企业进行的并购行为。在这里，产业和经济的发展目标高于企业利益，企业利益的实现以产业和经济目标的实现为保证。

企业是市场的主体，是构成产业的基本单元，因而产业整合所要关注的核心内容就应该是企业的并购重组行为。但是，在目前的经济体制条件下，尤其是在经济体制转轨过程中，政府保留了强大的市场干预能力。单纯依靠企业的市场并购行为，有时产业整合不能顺利进行，或可能经历的时间过长，或宏观效果达不到政府的目标。因此还必须借助政府（包括中央政府和各级地方政府）力量来引导企业快速、有效地实现整合，政府的产业政策对于企业并购起着很大的作用。但也要清醒地认识到，政府过多地参与产业整合有其固有的缺陷和不足，政府的行为可能限制、排斥甚至破坏市场规则，会从根本上损害产业的长远发展。因此，政府推进产业整合要以市场规则为基本条件，更多地采用经济手段，通过实现企业的利益目标实现政府的产业目标。

二 我国产业整合的政策含义

如果说产业整合在理论概念上尚有很大的争议，那么在我国政策实践层面上的含义则清晰得多。2006 年 12 月 31 日《国务院办公厅转发国土资源部等部门对矿产资源开发进行整合意见的通知》（国办发〔2006〕108 号）（简称《通知》）和 2010 年 8 月 28 日《国务院关于促进企业兼并重组的意见》（国发〔2010〕27 号）（简称《意见》）

是我国产业整合最具代表性的两个政策文件。

由国土资源部、发改委、公安部、监察部、财政部、商务部、工商总局、环保总局、安全监管总局等制定的《通知》中，对整合的指导思想提出：综合运用经济、法律和必要的行政手段，结合产业政策和产业结构调整需要，按照矿业可持续发展的要求，通过收购、参股、兼并等方式，对矿山企业依法开采的矿产资源及矿山企业的生产要素进行重组，逐步形成以大型矿业集团为主体，大中小型矿山协调发展的矿产开发新格局，实现资源的优化配置、矿山开发合理布局，增强矿产资源对经济社会可持续发展的保障能力。在整合的基本原则中提出：以大并小，以优并劣。整合工作应根据资源的自然赋存状况，遵循市场经济规律，结合企业的重组、改制、改造，以规模大和技术、管理、装备水平高的矿山作为主体，整合其他矿山。在整合的保障措施中提出：对影响大矿统一规划开采的小矿，凡能够与大矿进行整合的，由大矿采取合理补偿、整体收购或联合经营等方式进行整合。国有矿山企业之间的整合可在国有资产管理部门的监管下，采用资产整体划拨的方式进行。

国务院所颁布的《意见》中第一条就提到：近年来，各行业、各领域企业通过合并和股权、资产收购等多种形式积极进行整合，兼并重组的步伐加快，产业组织结构不断优化，取得了明显的成效。但是一些行业重复建设严重、产业集中度低、自主创新能力不强、市场竞争力较弱的问题仍很突出。在资源环境约束日益严重、国际产业竞争更加激烈、贸易保护主义明显抬头的新形势下，必须切实推进企业兼并重组，深化企业改革，促进产业结构优化升级，加快转变发展方式，提高发展质量和效益，增强抵御国际市场风险能力，实现可持续发展。

这两个政策文件清晰地表明，产业整合的主要内容就是企业间的并购重组行为，包括收购、参股、兼并等多种形式，其整合目标是形成大企业集团。文件中提到的产业整合目标主要是为了解决产业集中度低、自主创新能力不强、市场竞争力较弱、产业结构不合理、生态环境破坏等问题，显然这属于宏观层面的政府目标，而非微观层面的企业目标。

在我国，大量的有关产业和区域经济发展的政府文件中都曾提出"产业整合"和"兼并重组"两个概念，仔细分析后我们发现，这两个概念的核心内容基本一致，一般从政府的宏观角度称之为"产业整合"，而从企业的微观行为角度称之为"兼并重组"，不管政府的产业发展目标是什么，最终都要通过企业的具体并购重组行为得以实现。

三　稀土产业整合内容的具体指向

从研究角度来看，对稀土产业进行整合的思想早在 20 世纪 80 年代末就有提出。2010 年以后，关于稀土产业整合的提法几乎在所有的研究文献和新闻报道中都会出现。我们收集了从 1984 年到 2015 年 3 月有关稀土产业的研究文献和新闻报道，共有 2617 份，其中涉及稀土产业整合的有 1589 篇。对相关文献进行分类，见表 5 - 1。

表 5 - 1　　　　　　　　　　稀土产业整合含义的文献分类

基本等同于稀土产业整顿，既包括兼并重组、形成大企业集团，又包括其他稀土产业改革内容的篇数	主要理解为兼并重组、形成大企业集团的篇数
1532 篇（96.4%）	57 篇（3.6%）

通过分类统计发现，所有涉及稀土产业整合的文献中均包含了兼并重组、形成大企业集团的含义。尽管稀土产业整合在研究侧重点和研究方式上各有不同，但其核心内容都是指通过企业的兼并重组，提高产业集中度，进而形成垄断势力。需要注意的是，绝大多数文献将稀土产业整合等同于稀土产业整顿。

从稀土产业整合的政策角度来看，最明确提出稀土产业整合政策及整合内容的是 2011 年 5 月国务院颁布的《国务院关于促进稀土行业持续健康发展的若干意见》（国发〔2011〕12 号）（简称《若干意见》），《若干意见》涉及稀土产业整合的内容有：

第二条：基本原则。坚持保护环境和节约资源，对稀土资源实施更为严格的保护性开采政策和生态环境保护标准，尽快完善稀土管理法律法规，依法打击各类违法违规行为；坚持控制总量和优化存量，加快实施大企业大集团战略，积极推进技术创新，提升开采、冶炼和应用技术水平，淘汰落后产能，进一步提高稀土行业集中度；坚持统筹国内国际两个市场、两种资源，积极开展国际合作；坚持与地方经济社会发展相协调，正确处理局部与整体、当前与长远的关系。

第三条：发展目标。用1—2年时间，建立起规范有序的稀土资源开发、冶炼分离和市场流通秩序，资源无序开采、生态环境恶化、生产盲目扩张和出口走私猖獗的状况得到有效遏制；基本形成以大型企业为主导的稀土行业格局，南方离子型稀土行业排名前三位的企业集团产业集中度达到80%以上；新产品开发和新技术推广应用步伐加快，稀土新材料对下游产业的支撑和保障作用得到明显发挥；初步建立统一、规范、高效的稀土行业管理体系，有关政策和法律法规进一步完善。再用3年左右时间，进一步完善体制机制，形成合理开发、有序生产、高效利用、技术先进、集约发展的稀土行业持续健康发展格局。

第十四条：深入推进稀土资源开发整合。国土资源部要会同有关部门，按照全国矿产资源开发整合工作的整体部署，挂牌督办所有稀土开发整合矿区，深入推进稀土资源开发整合。严格稀土矿业权管理，原则上继续暂停受理新的稀土勘查、开采登记申请，禁止现有开采矿山扩大产能。

第十五条：严格控制稀土冶炼分离总量。"十二五"期间，除国家批准的兼并重组、优化布局项目外，停止核准新建稀土冶炼分离项目，禁止现有稀土冶炼分离项目扩大生产规模。坚决制止违规项目建设，对越权审批、违规建设的，要严肃追究相关单位和负责人责任。

第十六条：积极推进稀土行业兼并重组。支持大企业以资本为纽带，通过联合、兼并、重组等方式，大力推进资源整合，大幅度减少稀土开采和冶炼分离企业数量，提高产业集中度。推进稀土行业兼并重组要坚持统筹规划、政策引导、市场化运作，兼顾中央、地方和企业利益，妥善处理好不同区域和上下游产业的关系。工业和信息化部要会同有关部门尽快制定推进稀土行业兼并重组的实施方案。

第十七条：加快推进企业技术改造。鼓励企业利用原地浸矿、无氨氮冶炼分离、联动萃取分离等先进技术进行技术改造。加快淘汰池浸开采、氨皂化分离等落后生产工艺和生产线。发展循环经济，加强尾矿资源和稀土产品的回收再利用，提高稀土资源采收率和综合利用水平，降低能耗物耗，减少环境污染。支持企业将技术改造与兼并重组、淘汰落后产能相结合，加快推进技术进步。

由此我们可以得出，我国稀土产业整合内容的具体指向是：政府支持以资本为纽带，通过联合、兼并、重组等方式，形成大型稀土企业集团，减少稀土原料生产企业数量，提高稀土产业集中度。从宏观层面表现为产业整合，从微观层面表现为企业兼并重组。

事实上，我国稀土产业的整合实践是围绕着组建大型稀土企业集团、各利益主体争夺大型稀土企业集团组建权展开的。因此，不管给稀土产业整合赋予怎样的内涵，其实质就是要形成大企业集团，提高稀土产业的市场集中度。

第二节　稀土产业整合的目的

不管是宏观层面的整合，还是微观层面的兼并重组，都是为了实现某些宏观目的或微观目的。虽然从宏观层面上"通过稀土产业整合，形成大型稀土企业，提高产业集中度"的看法已比较明确，但这一认识常常会造成一种认识上的误区，似乎整合是手段，其目的是为了形成大企业，由此提高产业集中度。事实上，形成大型稀土企业仅仅是整合的一种形式，并不是整合的目的。整合是手段，形成大企业是整合的结果，需要思考通过整合形成大企业是要解决什么问题，达到什么意图。如果形成大型稀土企业而解决不了任何问题，那么整合将没有任何意义。

一 产业整合目的的理论研究

国内外在产业整合方面进行了大量研究。对于为什么要进行整合，早期的著名经济学家 Marshall（1890）认为，企业横向整合一般都伴随技术和组织结构的调整，最终表现为一定程度平均成本曲线的改变和单位生产成本的降低，尤其是技术创新和制度创新的加速发展拓展了企业的经济规模，同时也增加了企业实现规模经济效应的可能性。Stigler（1962）认为公司间的并购可以增加对市场的控制力，一方面通过并购同行业企业减少竞争者，扩大了优势企业的规模，增加了优势企业对市场的控制能力；另一方面由于并购扩大的规模效应成为市场进入的壁垒，从而巩固企业对市场的控制能力；J. Bain（1968）等认为，实现整合的企业可以设置进入障碍（具有绝对成本优势、规模经济优势和产品差别的优势）和利用垄断地位使未一体化的企业处于不利的局面，直至被削弱、被消灭或被排除。Williamson（1971）认为，纵向一体化可以从专用性投资、契约的不完备性、战略失误、信息处理优势、企业制度适应方面节约交易成本。Michael E. Porter（1985）认为，整合是否降低成本或增加差异性依赖于企业和它涉及的各种活动，其中关键性的要素是企业决定投入竞争的一个或几个产业，以及如何将一个企业的内部环境与其外部环境建立起有效的联系，这都明确地体现了整合的潜在收益。Alexander、Harris 和 Ravenscraft（1991）的研究表明，并购可以获取被收购公司的技术优势、知识资本、人力资源等，加速新技术的扩散和转移。Gerpott（1995）认为通过并购能够提高整个 R&D 的预算支出，这将使它们能够处理更大的 R&D 工程，相对于单个企业来说，用这种方法，基础研究能够得到更多的关注，从而促进先进技术的发展。Bresman（1999）认为，为了避免过高的交易成本，企业倾向于通过收购来解决技术和知识转移的难题。Anand 和 Delios（2002）认为，依据不同种类资源的可获得程度和重要性，可以将企业的并购行为区分为能力获取型并购和能力扩张性并购。

国内关于产业整合目的的研究，主要是在具体行业的整合策略方面展开的，相关理论研究相对较少。吕拉昌（2004）认为，产业整合是为了谋求长远的竞争优势。何自力、房贤会（2007）研究了有关产业整合的目标、路径等，认为产业整合的目的是通过知识创新形成产业核心竞争力，产业整合对知识创新具有推动作用，一方面产业整合可以从企业层面直接促进知识创新；另一方面可以通过产业的整合形成合理的产业组织形态，即合理的市场结构间接促进企业进行知识创新。李怀、王冬和吕延方（2011）对我国产业整合的趋势、机理进行了分析，研究认为产业整合的目的和形式多种多样，包括以优势资源为目标的产业资源型整合，以追求规模经济、范围经济和网络经济效应为目标，降低生产成本的产业经济效应型整合，以强强联合、提高核心竞争力为目标的产业优势竞争力整合，以提高产权绩效为目标的产权绩效型整合，以追求生态效益为目标的环境友好型或生态效益型整合。国内更多的研究主要集中在某些具体产业整合的案例分析方面，比如，钢铁产业（潘开灵、何金凤，2012；王建军，2010）、旅游产业（赵术开、温兴琦，2009；郑胜华，2003）、电子产业（张远鹏，2002）、出版产业（姚德鑫，2001）、信息与制造产业（孙剑，2009）、军工产业（王小强，1997）、信息产业（胡立君，2010；周莉，1999）等。

国内在稀土产业整合目的方面也进行了一些研究。宋文飞、李国平等（2011）通过对稀土定价权缺失的理论机理进行研究，指出中国要逐步掌握稀土定价权必须改变当前稀土出口买方垄断的不利局面，加快稀土产业兼并重组步伐，形成稀土出口市场双寡头结构，提高出口企业价格掌控参数值的控制能力。任福兵（2011）认为，加快中央企业与地方企业的整合重组，实现强强联合，最终达到做大做强稀土产业的目标。代雨薇、廖晓等（2012）对稀土厂商卡特尔化的可行性及其实现路径进行了研究，认为无论是稀土企业整合还是国家实行配额制度，最终都是通过控制稀土出口量来争夺定价权，而控制了稀土价格，可以扭转当前稀土贸易的不利局面。从短期来看，实行配额可以有效提高出口价格，但从长期来看，要想从根本上控制稀土出口价格，掌握定价权，建立稀土厂商的卡特尔组织是一个较为有效的方法。

从国内外产业整合目标的研究来看，国外主要强调产业整合是企业的一种市场行为，其整合目的主要是为实现企业的微观目标，比如增加对市场的控制力、消除竞争对手、节约交易成本、增加差异性、获取被收购公司资源、加速新技术扩散等。而国内则更多的是从宏观层面分析产业整合对整个产业或国民经济带来的好处。在稀土产业整合的研究中，普遍认为获取稀土定价权是整合的主要目的。

二 稀土产业整合预期可以解决的问题

并不能期望通过稀土产业整合，解决稀土产业发展中存在的所有问题。目前归纳出的稀土产业诸多问题，有些是相互重叠的问题，有些是表象上的问题，有些是深层次的问题，有些是互为因果关系的问题。从现有的文献来看，绝大多数研究认为，我国稀土产业主要存在缺失出口定价权、生产的环境破坏、高端应用发展滞后三大核心问题。而普遍认为我国稀土产业中企业数量多、规模小、实力弱、竞争力差、行业集中度低是产生这些问题的主要原因。因而，通过对稀土产业进行整合，形成少数稀土大企业集团，可以有效地解决稀土产业所存在的这些问题。

1. 解决稀土出口的定价权问题

稀土是重要的战略资源，在高科技领域和军事领域有巨大的应用价值，稀土又是相对稀缺的。我国稀土资源尤其是中重离子型稀土资源在世界上具有垄断优势，同时，我国又是世界上稀土原料产品的主要出口国，稀土原料产品占世界市场份额的90%以上，全世界对我国稀土原料产品具有极强的依赖性。因此，一般认为，对于高价值的稀缺资源，既然我国在供给上具有垄断地位，就应该能够形成较高的垄断价格、应该有稀土定价的话语权，而现有的稀土出口状况显然没有体现出这一点。与世界石油市场相比，欧佩克组织还远不具有我们对稀土的垄断优势，但却拥有世界石油价格的定价权。

稀土企业规模过小、行业过于分散、恶性竞争被认为是稀土出口丧失定价权的最主要原因。即便是 2010 年以后稀土价格大幅度上涨，也被认为是由于政府出口管制所为，而非稀土行业垄断所致。2011 年下半年开始稀土价格大幅度下降，价格极不稳定，再一次印证了我国稀土行业缺乏垄断实力。因而，需要迅速进行稀土产业整合，形成行业寡头垄断，从市场主体角度，而非政府角度真正获得稀土出口的定价权。

2. 解决稀土生产的环境破坏和资源浪费问题

稀土在采选、冶炼分离等生产过程中会产生巨大的环境成本，而我国的稀土价格中并没有完全包含环境成本，因而稀土出口收益远远不能弥补稀土生产的环境代价。事实上，由于稀土原料产品生产过程中污染大、环境代价高，一些发达国家不愿生产稀土原料产品，这是导致我国生产的稀土原料产品占全球较高比例的主要原因。另外，由于我国稀土生产过程中采富弃贫、回收率低、非法开采严重、产能扩张过快，稀土资源浪费严重，致使我国稀土资源储量迅速下降，在国际上的优势地位正在丧失。

稀土行业的企业规模小、数量多、技术水平低、难以监控被认为是造成环境破坏和资源浪费的主要原因。一般认为，不管是在环境污染方面，还是在产量控制方面，大企业比小企业更易监管。大企业在环保投资上更具资金优势、生产技术水平更高、大规模处理污染更具有经济性。同时，大企业也更具有社会责任感。因而将分散的小规模稀土企业整合成少数大企业集团，可以有效地解决环境破坏和资源浪费问题。

3. 解决稀土高端应用发展滞后问题

稀土的真正价值在于应用，越是高端应用，其价值越高。我国稀土的优势主要在低端产品上，在稀土高端应用和研发方面，与国外存在巨大差距。目前不但稀土应用技术的知识产权和高端应用核心产品缺乏，而且现有应用产品技术含量低，产品附加值不高，低端产品供过于求，自主创新不足，高端产品严重依赖进口。从长期来看，真正能使稀土产业良性发展、彻底解决"稀土问题"的关键，是稀土高端应用的研发和稀土应用产业的建立。如果国内稀土应用技术和应用价值始终落后于国外,那么"稀土问题"将会一直困扰着我们。

　　大企业相比小企业更有实力发展高端技术和产业,高端产品可以给企业带来更多的收益,有实力的大企业更愿意并且更有可能向高端产业发展。因而,对稀土产业进行整合,是希望整合成的大企业集团能够在稀土最为关键的高端应用环节实现突破。严纯华建议通过央企的兼并整合来推进稀土行业技术升级,央企可以利用自身在资金、人才、技术等方面的优势,加快稀土行业整合进度,更重要的是可以推动稀土应用领域的科技水平快速提升。

　　三　稀土产业整合的目的指向

　　对目前关于"稀土产业整合目的"的研究文献总结,可以更明确地了解我国稀土产业整合的目的指向。我们收集的从1984年到2015年3月有关稀土产业的研究文献和新闻报道,共有2617份,其中涉及稀土产业整合的有1589篇。通过对稀土产业整合期望解决的问题进行分析,结果见表5-2。

表5-2　　　　　　　　　稀土产业整合目的的文献分类

包含解决稀土出口定价权的篇数	包含解决稀土出口定价权和环境破坏问题的篇数	包含解决稀土出口定价权、环境破坏、产业升级问题的篇数
1589篇(100%)	1451(91.3%)	138篇(8.7%)

　　现有的国家稀土产业政策和稀土研究的相关文献表明,稀土产业整合的主要内容就是要形成大企业集团、提高稀土的行业集中度;通过对稀土产业整合,期望能够解决出口定价权缺失、生产的环境破坏以及稀土高端应用发展滞后等问题。

　　但是也应该看到,稀土之所以引起各方高度关注,源于对稀土出口价格过低的讨论。而对稀土出口定价权的讨论,引发了对稀土产业进行整合、形成大企业垄断、夺回"稀土定价权"的呼声。

　　由此看来,大多数人对于稀土产业整合的理解是:通过各种手段推进形成稀土大企业集团,提高产业集中度,形成垄断势力,夺回稀土出口定价权。对于解决生产的环境破坏问题和稀土产业升级问题只是形成的大企业集团附带完成的任务。

第三节 产业整合解决稀土问题的机理分析

如前所述，产业整合与企业兼并重组的实质内容基本上是相同的，从政府的宏观角度称之为"产业整合"，而从企业的微观行为角度称之为"兼并重组"。产业整合的目的是宏观层面的，而企业兼并重组的目的是微观视角的，微观目的多种多样，比如提高控制能力、实现经营协同（管理协同、营运协同、财务协同等）、降低生产能力、实现管理层利益、谋求增长、获得专门资产、提高市场占有率（获得垄断地位）、多元化经营、收购低价资产、避税、投机、其他目的等，总之就是要实现企业的利益最大化。宏观目的必须通过微观企业行为得以实现，如果宏观目的与微观目的不一致，整合要想实现宏观目的只能是一厢情愿。

通过对稀土产业整合，要想解决出口定价权缺失、生产的环境破坏以及稀土高端应用研发滞后等问题，这属于宏观目的。这些目的能否实现，有赖于形成的大型稀土企业集团的行为。因此，大型企业所能起到的作用就成为产业整合目的实现的关键。

一 整合对获得稀土定价权的作用

所谓"定价权"无外乎是指垄断企业（或组织）将其所供给的商品价格提到较高水平的能力。

（一）价格形成机制

经济学对于价格形成有广泛而深入的研究，其理论体系既庞大又复杂。如果要了解垄断势力本质上对价格产生什么影响，就要在尽量宽松的假设条件下（假设要少，并且与现实相符）进行价格模型的构建和推导，古典经济学的价格模型具有极强的解释能力。

假定产品价格是产品销售数量的减函数，企业总收益和总成本均为产品销售数量的函数；P 为产品价格；Q 为销售数量；R 为总收益；C 为总成本；MR 为边际收益；MC 为边际成本；E_d 为需求的价格弹性；π 为企业利润。

$$R = R(Q)$$

$$C = C(Q)$$

$$P = P(Q)$$

最为宽松条件下的企业利润为：

$$\pi = R(Q) - C(Q) = QP(Q) - C(Q)$$

从微观层面来看，企业追求的目标似乎很多，比如规模最大化、市场份额最大化、价值最大化等，但从长期来看，企业最本质追求的应该是利润最大化。

$$\frac{d\pi}{dQ} = \frac{dR}{dQ} - \frac{dC}{dQ} = P + Q \times \frac{dP}{dQ} - MC = 0$$

需求的价格弹性为：

$$E_d = \frac{dQ}{dP} \times \frac{P}{Q}$$

定价为：

$$P = \frac{MC}{1 - \dfrac{1}{|E_d|}}$$

此定价公式是在假设极为宽松的条件下得出的，因此代表性极强。在边际成本不变或生产规模达到最佳时，边际成本等于平均成本。假设平均成本用 AC 表示，则定价为：

$$P = \frac{AC}{1 - \dfrac{1}{|E_d|}}$$

从定价公式中我们发现，价格由供给商品的成本和商品买方的需求弹性决定，也就是由供求双方共同决定，并不是由某一方能够独自决定。厂商的供给成本越高，价格就越高；买方对价格越敏感，价格就越难以定高。

如果需求弹性小于 1，提高价格是有利的，厂商可以一直提价；随着价格的提高，需求弹性逐渐增大，价格提升到的最高处，需求弹性接近于 1；当需求弹性表现出无穷大时，价格基本等于成本。

（二）价格形成的进一步解释

一般来说，商品所形成的价格是指商品的均衡价格，即对于一定量商品能够实现交易的价格。我们所研究的价格问题都是指交易价格，讨论不能实现交易的价格没有实际意义。交易价格的形成由商品的需求和供给决定，但当商品的供给量受到限制时，交易价格由需求决定。商品的需求受很多因素影响，在各种因素影响下，买方形成了对商品的价值评价，即买方对不同数量商品的购买愿意付出的代价，我们称之为买方给出的商品需求价格。通常用"需求价格弹性（需求弹性）"来反映买方给出的需求价格特征。如果需求弹性较小，均衡价格可以在较大的波动范围内形成，如果需求弹性较大，则均衡价格只能在较小的波动范围内形成；商品的供给主要由卖方提供的商品成本决定（供给成本），供给成本主要包括生产成本、税收成本和社会成本，社会成本一般不由卖方承担，而是外在化给社会承担，如果社会成本内在化为卖方所承担，通常包含在各种税收成本中。卖方根据商品的供给成本形成了对商品的价值评价，即卖方对出售不同数量的商品愿意获取的价格，我们称之为卖方给出的商品供给价格。当需求价格高于或等于供给价格时，会实现交易，但当需求价格低于供给价格时，无法实现交易，因此买卖双方任何一方一厢情愿的定价是实现不了交易的。

买卖双方的相互作用不同，会形成完全竞争、完全垄断、垄断竞争、寡头垄断等不同的市场结构，需求弹性大小对形成不同的市场结构产生重要的影响，而不同的市场结构又会影响交易价格的高低。从长期来看，如果买卖双方都是竞争性的市场，交易价格会形成在卖方的平均供给成本上；如果买方是竞争性市场，而卖方是垄断市场，交易价格可能会高于或等于卖方的平均供给成本，商品价格的高低主要受买方需求弹性的影响，需求弹性小，价格可以定得高，需求弹性大，价格不可能定高；如果卖方是竞争性市场，买方是垄断市场，交易价格就会被压低，压低的程度主要受卖方供给成本的影响，供给成本低，价格容易压低，供给成本高，价格难以压低，但交易价格不会低于卖方的平均供给成本；如果买卖双方都是垄断性市场，交易价格的高低由双方的博弈策略决定，但买卖双方不管怎样讨价还价，形成的长期交易价格不会低于卖方的平均供给成本。

（三）垄断定价能力的有限性

从价格形成机制来看，在商品供给成本一定的情况下，决定商品价格高低的因素取决于买方对此商品的需求弹性大小。买方的需求弹性可以分为对厂商的需求弹性（买方对某个特定厂商所提供商品的需求弹性）和对市场的需求弹性（买方对所有厂商所提供商品的需求弹性）。市场的需求弹性由此商品的重要性、用途的广泛性、商品的可替代性、买方的偏好等因素决定；厂商的需求弹性除受市场需求弹性的影响因素决定外，还受厂商的数量和厂商之间的相互作用决定，厂商的数量越多、行业集中度越低、厂商之间的竞争越激烈，厂商的需求弹性就越大。因此，厂商的需求弹性最小不可能低于市场的需求弹性，如果有几个相互竞争的厂商，市场的需求弹性就是厂商的需求弹性的下限。

如果市场上只有一个厂商，即形成了卖方的完全垄断，这时厂商的需求弹性最小，等于市场的需求弹性。市场的需求弹性决定了厂商能够将价格定到成本以上的程度，这时的价格是该商品能够确定的最高价格。如果厂商的定价高于此价格，那么厂商的利润将会减少，除非厂商的目标不是追求利润最大化。

如果国外对中国稀土的需求弹性为 -4（出口价格上升1%，国外需求下降4%），中国出口稀土的供给成本为15万元/吨。那么中国稀土的出口价格最高可以定在20万元/吨，即在供给成本之上加价33.33%。如果国内有众多稀土生产商，并且相互之间展开激烈竞争，由于众多厂商提供同质产品，同质产品具有很强的可替代性，导致单个厂商的需求弹性远远大于市场需求弹性，单个厂商的稀土出口价格一定会低于20万元/吨。从长期来看，即使厂商之间激烈竞争，价格也不会低于15万元。

稀土产业即便是能够整合成一个大型企业集团，其定价能力也是有限的，其最高定价由稀土的需求弹性决定。国外的稀土矿山开发、稀土替代产品的出现都会增大国外对中国稀土的需求弹性，而需求弹性越大，稀土出口的定价能力就越弱。如果将稀土产业整合成少数几个寡头企业，寡头之间如果不合作，那么稀土定价能力还是会降低；如果寡头之间合作，定价能力最高也就等同于完全垄断市场的定价能力。此外，如果稀土的长期需求弹性变大，即便稀土产业整合形成了寡头垄断市场，寡头之间的合作也难以长久。因为在产品的需求弹性比较大时，寡头间博弈均衡的结果是不合作。

（四）供给成本对稀土出口价格的影响

定价公式表明，在需求弹性一定的情况下，供给价格越高，商品价格也就越高。供给成本包括生产成本、税收成本和社会成本。我国生产并出口的主要是稀土产业链中的上游产品，这一层次稀土产品的生产成本主要受稀土开采难易程度、生产技术以及资金和劳动力成本的影响。在世界上我国稀土资源开采相对容易，属于劳动密集型产业，资金进入的门槛较低，劳动力成本低廉。同时，我国稀土上游产品的生产技术是世界上最先进的。这些有利因素决定了我国稀土的生产成本较低。

税收成本主要包括征收的资源税、生产环节的各种税收以及出口关税。相对于国外资源型产品的税收成本，我国稀土产品的税收成本极低。对于稀土生产的社会成本主要是环境成本，在我国这一成本被外在化了，没有实质性地进入稀土的供给成本。出口关税取消以后，进一步降低了稀土出口产品的供给成本。

由此看来，我国稀土的供给成本具有明显的比较优势，这直接导致过低的稀土出口价格可以被长期接受。如果稀土的供给成本很高，过低的价格压缩了利润空间，低价格至少不会长期维持。巨大的成本优势使我国的稀土产品占据了世界市场的绝大部分，其他国家稀土资源的开发成本与中国稀土产品相比，基本没有开采价值，这也是世界上其他国家放弃开发稀土资源的重要原因。

所谓的稀土价格与价值背离，实际上就是指稀土价格不能够补偿其资源价值和环境成本。提高资源税和环境税，从而提高稀土的供给成本，可以有效地提高稀土的出口价格，让稀土价格体现出稀土的真正价值。供给成本对价格的影响是长期的，增加资源与环境成本以提高稀土供给成本，不但可以从根本上提高稀土出口价格，而且可以使其在较高价格上保持相对稳定，有利于稀土资源的节约和稀土产业的长远发展。

提高供给成本和提高产业集中度虽然都可以使稀土价格提高，但其对市场的影响却不相同。在稀土供给成本较低、需求弹性较小的情况下，形成寡头市场的确可以将稀土价格定得较高，但会形成巨大的利润空间，而利润空间越大，价格的波动空间就越大，越容易引起炒作，最终造成稀土产业发展的不稳定；提高供给成本可以压缩利润空间，使价格长期保持相对稳定，有利于行业的发展。

此外，提高稀土供给成本会使稀土出口价格上升，导致稀土出口量减少，这对于提高稀土利用效率、减少资源外流、保证稀土行业持续发展都是极为有利的。

出口配额和国家下达指令性计划产量都属于利用垄断势力减少稀土产品供给量来提高价格，但其对价格提升的作用并不长久；出口关税和征收资源环境税都属于增加稀土供给成本来提高价格，其对价格的作用是长期的。不同的是，出口配额和出口关税是稀土经营后端的销售环节实施的政策，只提高销往国外的稀土价格，而计划产量和征收资源环境税是在稀土经营前端的生产环节实施的政策，国内稀土价格也会提高。稀土出口配额和出口关税取消后，国内稀土的供给成本和出口国外稀土的供给成本是一样的，这意味着决定国内和国外稀土价格差异的唯一因素是国内和国外对稀土产品的需求弹性差异。如果国外对稀土产品的需求弹性小于国内的需求弹性，稀土出口价格会高于国内价格；如果国外的需求弹性大于国内的需求弹性，稀土出口价格会低于国内价格；如果国内外的需求弹性相同，国内外的稀土价格也会相同。

（五）稀土价格变动的实证研究

如果长期资料能够显示当稀土供给量增加时，稀土价格有较大下降，供给量减少时，稀土价格有较大上升，就可以间接地支持垄断对定价有较大的作用。否则，不能证明垄断对定价有长期效应。

我们根据美国地质调查局的稀土资料（其资料优势在于，稀土的

价格、供给量和消费量的时序资料较长），对稀土价格和供给量变化
进行分析。图 5 – 1 是按时序资料表现的稀土现价和不变价变动图。

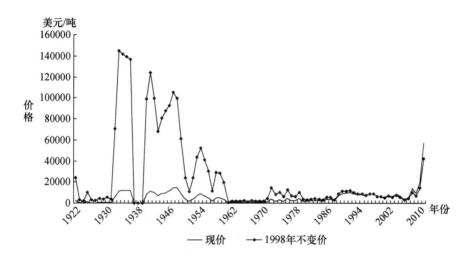

图 5 – 1　1922—2011 年世界稀土价格变动状况

　　以不变价格表示的稀土长期价格实际上是在不断地下降，这是稀
土生产技术提高、供给成本不断下降的结果。以现价表现的稀土价格
在 20 世纪 60 年代后总体表现比较平稳，只是到 2006 年后才出现大
幅度波动。20 世纪 60 年代至 80 年代正是美国钼公司垄断世界稀土市
场的阶段，其价格总体保持较低价位，垄断并没有形成高价。20 世纪
80 年代末期，中国稀土大量供应市场，价格反而有较大程度的上升。
总体来看，稀土长期价格下降的主要原因是稀土生产成本的大幅度下
降。即便是在美国钼公司对稀土全球垄断的情况下，稀土价格仍然呈
下降趋势。
　　为了直观反映稀土价格和稀土供给量之间的关系，我们将稀土现
价与稀土供给量分别按其平均数标准化，以时间顺序绘制成价格与供
给量关系图。见图 5 – 2。

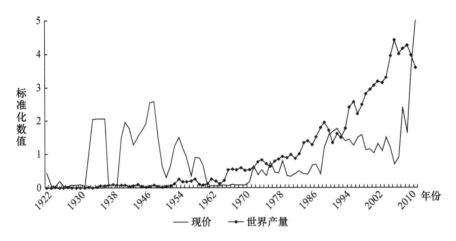

图 5 – 2 1922—2011 年世界稀土价格和供给量变动状况

图中所显示的长期趋势并没有反映出供给量和价格之间的明显反向关系，在稀土供给垄断势力最强的 20 世纪 60 年代至 80 年代，美国钼公司在不断增加产量，而价格也在不断上升。20 世纪 90 年代后期，中国稀土产量的不断增加，的确引起了价格的巨大波动。但总体来看，供给量的变动滞后于价格波动，说明并不是产量变动引起价格变动，而是价格变动引起了供给量的变动。

为了更准确地确定稀土价格与产量之间的长期关系，我们以 P_1 为稀土现价，P_2 为稀土不变价，q 为稀土产量，用线性—对数型做多种回归分析。

（1）用 1922—2011 年的稀土现价和产量数据回归，结果如下：

$$Ln\ (P_1)\ =5.450263+0.26522Ln\ (q)$$

t 值　　（7.289006）（3.265046）

$$R^2=0.108053$$

回归结果显示，稀土供给量对稀土现价有显著影响，但并不是影响稀土现价变动的主要因素。

（2）用 1922—2011 年的稀土不变价和产量数据回归，结果如下：

$$Ln\ (P_2)\ =10.05917+0.110276Ln\ (q)$$

t 值　　（13.83472）（ – 1.396071）

$$R^2=0.021668$$

回归结果显示，稀土供给量对稀土不变价既没有显著影响，也不是影响稀土不变价变动的主要因素。

（3）用 1980—2010 年的稀土现价和产量数据回归（20 世纪 80 年代后，中国稀土开始大量供应市场）。结果如下：

$$Ln（P_1）= 0.225654 + 0.759207 Ln（q）$$

t 值 （0.114624）（4.282126）

$$R^2 = 0.387366$$

回归结果显示，稀土供给量对稀土现价有显著影响，但并不是影响稀土现价变动的主要因素。

（4）用 1980—2010 年的稀土不变价和产量数据回归，结果如下：

$$Ln（P_2）= 6.328752 + 0.218778 Ln（q）$$

t 值 （3.633320）（1.394617）

$$R^2 = 0.062852$$

回归结果显示，稀土供给量对稀土不变价既没有显著影响，也不是影响稀土不变价变动的主要因素。

分析结果表明，长期来看，稀土供给数量的变化对稀土价格变动的解释能力都很低，这说明稀土供给量变动并不是稀土长期价格变动的主要影响因素。因此，垄断势力对价格的影响短期可能有效，但长期的影响极其有限。

（六）总结

通过稀土产业整合形成大企业集团、提高卖方垄断势力，对于解决稀土出口定价权缺失问题有一定的作用，但其效果是有限的。真正能够提高稀土价格，让其反映稀土价值的办法，是提高稀土的供给成本。如果仅以稀土垄断势力来提高稀土价格，会造成稀土价格的极度不稳定，而通过增加稀土的资源环境成本以提高稀土的供给成本，不但可以提高稀土的出口价格，而且可以使稀土在较高价位上保持相对的稳定，有利于稀土资源的节约使用和稀土产业的长远发展。

二 整合对解决稀土生产环境破坏的作用

稀土产业整合的实质内容就是要形成稀土大企业，因此整合对解决稀土生产环境破坏的作用，实质上就是大企业对解决环境破坏问题的作用。有人认为大企业有利于解决环境破坏问题，但也有人认为大企业与解决环境破坏问题没有太大关系，环境改善还是应该依靠政府的管制。大企业对于解决环境问题是有利还是无关有不同的解释。

（一）整合形成大企业对生态环境改善有利的解释

（1）大企业生产更规范、技术水平更高、生产设备更先进、生产组织安排更科学，这对减轻环境破坏是有利的。

（2）大企业生产的集约性更高、生产规模更大，这使大规模集中处理污染物成为可能，并且更为经济合算。

（3）大企业的资金实力更强，有能力承担控制环境破坏的成本，并且有能力对破坏了的环境进行恢复治理。

（4）大企业的研发力量更强，对环保技术的开发和应用更有可能。

（5）大企业相比中小企业，更具有社会责任感，更关注自己在社会中的形象，这对于保护环境有利。

（6）大企业的沉没成本巨大，因而存续时间更长，更关注可持续发展。

（7）组织大企业经营的难度更大，因而大企业人员的素质更高，更具有战略性和全局性眼光，环保意识更强。

（8）大企业相比中小企业，政府更易于环境监管，监管成本更低、效率更高，有利于环境保护。

（二）整合形成大企业对生态环境改善无关的解释

（1）大企业虽然有能力、有条件减少环境损害，但增加环保投入毕竟会增加成本，减少企业利润。如果没有相应的激励措施，大企业不会主动进行环境保护。因此，大企业只是为减轻环境破坏提供了必要条件，并不是充分条件。

（2）如果仅仅是在资本联合上形成大企业，生产方式上仍然是分散的中小规模生产模式，其对环境的影响与中小企业并无太大差别。

（3）大企业的"寻租"能力远高于中小企业，也远高于环境破坏的受害者。监管俘获理论和监管实践证明，在政府实施监管过程中，监管机构会逐渐受大企业影响，并被其俘虏。正是因为大企业过高的"寻租"能力，常常导致环境灾难。

（4）由于大企业对地方经济甚至国民经济的影响巨大（比如大企业一般对就业有很大影响，对某些关键产品供给的影响很大），因此大企业常常可以要挟政府，迫使政府在环保标准制定、环保监管等方面倾向大企业。

（三）企业规模结构对环境影响的实证分析

为了明确大企业是否有利于减轻环境破坏，我们通过对我国企业规模结构的环境影响分析来加以验证。企业规模结构是指大、中、小规模企业占全部企业的比重，如果大企业比重上升，环境破坏减轻，就说明大企业有利于环境问题的解决；如果大企业比重上升，环境破坏没有变化，说明大企业对环境问题的解决没有影响。如果大企业比重上升，环境破坏更加严重，说明大企业不利于环境问题的解决。

我们利用灰色关联度测算出不同规模企业对于环境污染的影响程度，进而分析企业规模结构变动对环境破坏的影响方向。

灰色系统理论提出了对各子系统进行灰色关联度分析的概念。对于一般的抽象系统，如社会系统、经济系统、农业系统、生态系统、农机系统、教育系统等都包含有许多种影响因素，多种因素共同作用的结果决定了系统的发展态势。我们常常希望知道在众多的影响因素中，哪些是主要因素，哪些是次要因素；哪些因素对系统发展影响大，哪些因素对系统发展影响小；哪些因素对系统发展起推动作用须强化发展，哪些因素对系统发展起阻碍作用须加以抑制等都是系统分析中的重要问题。我们意图通过一定的方法，去寻求系统中各个因素之间的数值关系。灰色关联度分析的意义是，在系统发展过程中，如果两个因素变化的态势是一致的，即同步变化程度较高，则可以认为两者关联较大；反之，则两者关联度较小。因此灰色关联度分析对于一个系统发展变化态势提供了量化的度量，非常适合动态的历程分析。

灰色关联度分析方法对样本量的多少和样本有无规律都同样适用，其基本思想是根据序列曲线几何形状的相似程度来判断其联系是否紧密。曲线越接近，相应序列之间的关联度就越大；反之就越小。灰色关联度分析方法研究的基本对象是数据列，分为母数列和子数列。通常称母数列为参考数据列，子数列为比较数据列。

设：$X_0(k)$ 为母数列；$X_i(k)$ 为子数列；$k=1$，2，…，n；$i=1$，2，…，m。

1. 原始数据标准化（无量纲化）

由于系统中各因素列中的数据，可能因计算单位的不同，不便于比较，或在比较时难以得到正确的结论。因此在进行灰色关联度分析时，都要进行标准化（无量纲化）的数据处理。

用各数列中的最大值进行标准化，可将各数据标准化成 1 以内的数据。（也可以采用其他的数据标准化方式进行标准化）

$y_0 = x_0/\max(x_0)$

$y_i = x_i/\max(x_i)$

2. 数列差

$\Delta_i(k) = |y_0(k) - y_i(k)|$

$\Delta_i(k) = \Delta_i(1)$，$\Delta_i(2)$，…，$\Delta_i(n)$

3. 关联系数

第 i 数列与母数列在 k 个对比点的关联系数为 $\xi_i(k)$。

$$\xi_i(k) = \frac{\min\limits_{i}\min\limits_{k}\Delta_i(k) + \zeta \max\limits_{i}\max\limits_{k}\Delta_i(k)}{\Delta_i(k) + \zeta \max\limits_{i}\max\limits_{k}\Delta_i(k)}$$

其中，ζ 为分辨系数，$0 < \zeta < 1$，通常设为 0.5。

4. 关联度

第 i 数列与母数列的关联度为 γ_i

$$\gamma_i = \frac{1}{n}\sum_{k=1}^{n}\xi_i(k)$$

γ_i 值越大关联关系越强，γ_i 值越小关联关系越弱。

将 2003—2011 年全国工业废水排放量、工业废气排放量、工业二氧化硫排放量、工业烟（粉）尘排放量和工业固体废物产生量计算成标准化系数（之所以要用标准化系数来进行表现，是为了消除量纲，便于不同排放物之间的比较。标准化系数计算方法：各年指标数值/最大指标数值），图 5 - 3 是以标准化系数形式表现的我国各类工业污染物变化情况。

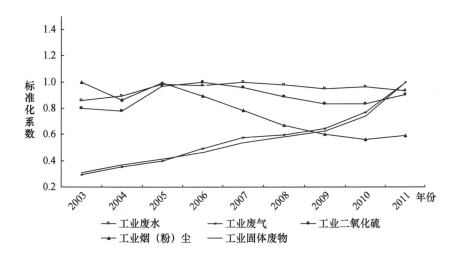

图5-3　2003—2011年中国工业污染物排放状况

　　我国工业污染物中只有工业烟（粉）尘排放量出现了明显下降趋势，2011年工业烟（粉）尘排放量比2003年下降了41%；工业废气排放量和工业固体废物产生量都呈现出持续大幅度上升态势，2011年与2003年相比，工业废气排放量增长了2.39倍，工业固体废物产生量增长了2.25倍；工业废水排放量和工业二氧化硫排放量的变动虽然有起伏，但总体仍然表现出上升趋势，2011年与2003年相比，工业废水排放量增长了8.79%，工业二氧化硫排放量增长了12.6%。总体来说，我国环境污染问题还相当严重。

　　利用《中国统计年鉴》提供的我国大、中、小企业产值，计算2003—2011年我国工业企业的规模结构（见表5-3）。

表5-3　　　　　　　　**2003—2011年中国企业规模结构状况**　　　　　单位:%

	2003	2004	2005	2006	2007	2008	2009	2010	2011
大型企业	34.38	31.25	36.27	35.48	34.76	33.36	32.06	32.92	41.63
中型企业	33.08	28.74	30.38	30.13	30.04	29.52	29.07	29.19	23.61
小型企业	32.54	40.01	33.35	34.39	35.20	37.11	38.87	37.89	34.75

2003—2005 年，大型企业的占比波动较大；2005—2009 年，大型企业的占比总体趋势下降；2009 年以后，大型企业的占比迅速上升，尤其 2011 年有大幅度的上升。2011 年和 2003 年相比，大型企业的占比上升了 7.25 个百分点，目前大型企业已经是我国企业类型中的主体。我国的企业规模结构呈现出哑铃形结构，大型企业和小型企业占比较高，中型企业的比重一直偏低。总体来看，我国企业规模结构朝着大型化方向发展。

我们以全国工业废水排放量、工业废气排放量、工业二氧化硫排放量、工业烟（粉）尘排放量和工业固体废物产生量五个方面代表工业企业生产活动对环境的污染影响，用大型、中型和小型工业企业产值与五个环境污染方面的排放量和产生量分别作灰色关联度分析。以各种规模工业企业与相关环境污染的关联度来反映不同规模工业企业对环境污染各个方面的影响程度，然后我们将不同规模工业企业对环境污染各个方面的影响程度进行简单平均，得到不同规模工业企业对环境污染的综合关联度，以综合关联度来反映不同规模工业企业对环境污染的综合影响程度（见表 5 - 4）。资料时间是 2003—2011 年。

表 5 - 4　　　　全国大、中、小型工业企业与主要工业
污染物的关联度及综合关联度

企业类型	工业废水排放量	工业废气排放总量	工业二氧化硫排放量	工业烟（粉）尘排放量	工业固体废物产生量	综合关联度
大型工业企业	0.4904	0.5045	0.53954	0.58127	0.5528	0.5337
中型工业企业	0.6244	0.6653	0.65906	0.59558	0.6539	0.6396
小型工业企业	0.5752	0.6113	0.62531	0.59169	0.6262	0.6059

从综合关联度来看，在全国工业发展中，对环境污染影响最大的是中型工业企业，大型工业企业对环境污染的影响最小。在污染种类上，大型企业对环境污染的所有方面均低于中小企业，在工业废气排放总量上相对最好，在工业烟（粉）尘排放量上与中小企业接近。大型企业自身在环境污染种类上表现为：工业烟（粉）尘排放量较高，

工业废水排放控制相对较好。

企业规模环境影响关联度是指工业各规模企业对环境的影响程度，对工业各规模企业的环境影响关联度用企业规模的构成比进行加权求和就得到了整个工业企业的规模结构环境影响系数。

具体计算公式为：$ISE_t = \sum_{i=1}^{36} E_i \cdot IS_{it}$

ISE_t 为 t 时期工业企业规模结构的环境影响系数；E_i 为第 i 类规模企业的环境影响关联度；IS_{it} 为 t 时期第 i 类规模企业的产值占工业总产值的比重。

如果对环境污染影响大的企业类型在整个工业中的比重上升，那么工业企业规模结构的环境影响系数就会变大，工业企业规模的结构调整加大了对环境污染的影响程度。计算出每一个时期工业企业规模结构的环境影响系数，就可以比较明确地显示出工业企业规模结构的调整对环境影响的方向和程度。

用大、中、小型工业企业与环境污染的综合关联度来代表不同规模工业企业对环境污染的影响程度。利用 2003—2011 年全国大、中、小型工业企业产值的结构比重，我们计算了相关年份全国工业企业规模结构的环境影响系数，如 5 – 5 所示。

表 5 – 5　　　　　全国工业企业规模结构的环境影响系数

	2003	2004	2005	2006	2007	2008	2009	2010	2011
环境影响系数	0.5923	0.5930	0.5900	0.5905	0.5909	0.5918	0.5926	0.5920	0.5838

2003—2011 年，全国工业企业规模结构变动对环境污染的影响程度仅仅下降了 1.44%，而同时期大型企业比重却提高了 21.1%，这说明大型工业企业比重的提高的确有利于环境污染的减轻，但是其效果并不太大。

为了更直观地反映工业企业规模结构变动对环境的影响程度，我们将全国工业企业规模结构的环境影响系数按时间顺序绘制成散点图，并配合趋势线以便于观察（见图 5 – 4）。

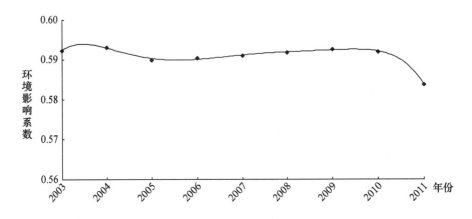

图 5 - 4　全国工业企业规模结构的环境影响系数变动趋势

可以发现企业规模结构对环境污染影响的明显趋势是：当大型企业比重上升时，对环境污染的影响程度下降，特别是 2010 年以后下降的幅度比较明显，而大型企业比重下降时，对环境污染的影响程度也上升。

（四）总结

从目前我国大型企业对环境污染影响的经验数据看，大型企业相比中小企业的确有利于减轻环境污染（虽然作用并不太大）。因此，稀土产业整合形成大企业集团，有利于减轻稀土生产对环境的破坏，但对其期望不能太高。目前已经形成的一些稀土大型企业集团，在多次稀土环评中没有过关的事实说明，如果没有其他激励措施，大型企业即便是有实力保护环境，但出于环保成本的考虑，也不会大幅度减轻对环境的损害。

三　整合对解决稀土高端应用研发滞后的作用

理论上一直都在争论是大企业还是小企业对技术研发和产业升级的推动作用更大，实践中也存在类似的问题。

（一）整合形成大企业对产业升级有利的解释

现代产业发展的历程表明，技术进步、产业升级的引领者是大企业，世界上大部分的研发活动是由大企业完成的。对这一现象的解释理由是：

（1）大型企业的生产集约化程度更高、生产规模更大，有利于先进技术的应用。而先进技术的应用更有助于生产成本的降低、产品质量的提高。

（2）大型企业的抗风险能力更强，有能力承担研发失败和技术应用失败的风险。而研发或应用一旦成功，会大幅度提高企业竞争力。大企业更愿意开发更高端的新产品，以保持自己的竞争优势。

（3）高端产品有更高的利润，大型企业资金规模巨大，传统产品经过充分竞争，其利润空间已不能支持大规模资金获得满意回报，因此大型企业更愿意进行产业升级，以维持大规模资金所要求的回报率。

（4）大型企业相比中小企业，对于人才和资金的吸引力更强，有条件组织大规模的研发活动。

（5）大企业拥有较多的技术储备，为降低研发失败提供了较好的基础，研发活动也会少走弯路、降低研发成本。

（6）大型企业拥有较大的市场份额，对研发方向的判断更为准确，市场对其推出的新产品信赖度更高，市场推广成本更低。

（二）整合形成大企业对产业升级不利的解释

世界上也有很多新技术由于大企业的垄断而得不到推广，延迟了产业升级的速度。对这一现象的解释理由是：

（1）大企业可以利用其垄断优势获取超额利润，而技术研发不但需要巨额投入，而且风险巨大；另外，技术进步、产业升级可能意味着需要巨大的转换成本，大企业需要背负沉重的沉没成本。因此，大企业如果在能够垄断技术进步的情况下，其合理选择是利用垄断地位，阻止技术进步。

（2）大型企业雄厚的资金实力，有能力购买对自己有威胁的先进技术，并通过专利保护，阻止先进技术在其他企业应用。

（3）资源型大企业，由于很难受到竞争威胁，因而技术进步、产业升级的意愿更低。

（三）企业规模结构对技术研发影响的实证分析

为了明确大企业是否有利于技术研发，我们通过对我国企业规模结构的技术研发影响分析来加以验证。如果大企业比重上升，研发活动增强，说明大企业有利于促进研发活动；如果大企业比重上升，研发活动减弱，说明大企业阻碍了研发活动。

利用灰色关联度测算不同规模企业对于技术研发的影响程度，以此了解大型企业对于产业升级的影响。

我们以 R&D 经费内部支出、R&D 项目数、企业办 R&D 机构数、有效发明专利数、新产品开发经费支出五个方面作为工业技术研发的代表，对 2003—2011 年的数据资料进行考察。表5－6是全国企业技术研发的基本情况。

表 5 - 6　　　　　　2003—2011 年全国企业技术研发基本情况

年份	R&D 经费内部支出（亿元）	R&D 项目数（项）	新产品开发经费支出（亿元）	有效发明专利数（件）	企业办 R&D 机构数（个）
2003	721	68633	639	15409	6841
2004	1105	53641	966	30315	17555
2005	1250	70580	1457	22971	9352
2006	1630	87207	1863	29176	10464
2007	2112	92913	2453	43652	11847
2008	2681	103234	3096	55723	13241
2009	3210	133852	3655	81592	15217
2010	4015	145589	4421	113074	16717
2011	5994	232158	6846	201089	31320

2003—2011 年，我国企业技术研发机构、技术研发经费和技术研发成果都呈现出持续的、大幅度的增加。其中增长最快的是有效发明专利数，2011 年比 2003 年增长了 12 倍多，增长最慢的 R&D 项目数也增长了 2.38 倍。

用大、中、小型工业企业产值与五个工业技术研发方面的支出金额和完成数量分别作灰色关联度分析。以各种规模工业企业与相关工业技术研发的关联度来反映不同规模工业企业对工业技术研发各个方面的影响程度，然后我们将不同规模工业企业对工业技术研发各个方

面的影响程度进行简单平均，得到不同规模工业企业对工业技术研发
的综合关联度，以综合关联度来反映不同规模工业企业对工业技术研
发的综合影响程度（见表 5 - 7）。

表 5 - 7　　　　　　　　全国大、中、小型工业企业与主要
工业技术研发的关联度及综合关联度

企业类型	R&D 经费内部支出	R&D 项目数	企业办 R&D 机构数	有效发明专利数	新产品开发经费支出	综合关联度
大型工业企业	0.8555	0.8203	0.80529	0.69976	0.8435	0.8049
中型工业企业	0.4999	0.6012	0.60609	0.48959	0.5019	0.5397
小型工业企业	0.6214	0.7014	0.68441	0.56401	0.6174	0.6377

资料来源：根据 2003—2011 年相关数据整理。

结果显示，大型企业在 R&D 经费内部支出、R&D 项目数、企业
办 R&D 机构数、有效发明专利数、新产品开发经费支出方面都表现
出了明显的优势，特别是在 R&D 经费内部支出方面远远高于其他类
型企业。

从综合关联度来看，在全国工业发展中，对技术研发影响最小的
是中型工业企业，大型工业企业对技术研发的影响最大。我国大型企
业显然是技术研发的引领者。另外，从地域分布上看，拥有大型企业
较多的地区，产业等级相对也较高。

为了反映企业规模变化对技术研发的影响趋势，我们用大、中、
小型工业企业与工业技术研发的综合关联度来代表不同规模工业企业
对技术研发的影响程度，利用 2003—2011 年全国大、中、小型工业
企业产值的结构比重，计算相关年份全国工业企业规模结构对技术研
发的影响系数（见表 5 - 8）。

表 5 - 8　　　　全国工业企业规模结构对技术研发的影响系数

	2003	2004	2005	2006	2007	2008	2009	2010	2011
技术研发影响系数	0.6628	0.6618	0.6686	0.6675	0.6664	0.6646	0.6628	0.6641	0.6842

2003—2011 年，全国工业企业规模结构变动对工业技术研发的影响程度上升了 3.23%，说明我国大型工业企业比重的提高较为明显地促进了工业技术的研发。

我们将全国工业企业规模结构对工业技术研发的影响系数按时间顺序绘制成散点图，可以更为直观地反映工业企业规模结构变动对工业技术研发的影响程度和影响趋势（见图 5–5）。

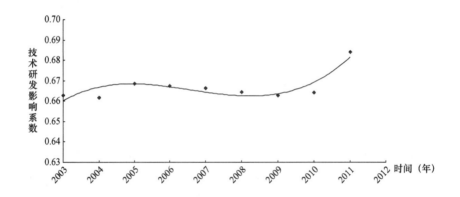

图 5–5　全国工业企业规模结构变动对技术研发的影响状况

图形显示，当大型企业比重上升时，对工业技术研发的影响程度上升，当大型企业比重下降时，对工业技术研发的影响程度下降，大型企业的占比结构变化与工业技术研发强度的变化基本同步，大型企业是企业技术研发的主导。

稀土产业发展的历程也表明，大型稀土企业技术水平更高，研发投入也更多，对于推动我国稀土产业技术进步起到了很大的作用。因此，通过稀土产业整合、形成大型稀土企业集团，可以有力地支持我国稀土产业升级。

（四）总结

从理论上说，大型企业的生产集约化程度更高，有利于先进技术的应用；大型企业的抗风险能力更强，有能力承担研发失败的风险；大型企业对于人才和资金的吸引力更强，有条件组织大规模的研发活动，因此大型企业可以有力地促进产业技术进步和结构升级。对我国企业规模结构变动对技术研发影响的研究发现，大型企业相比中小企业的确促进了企业的研发活动。通过稀土产业整合形成大企业集团对稀土产业升级较为有利。

第四节 稀土产业整合历程及评价

我国稀土产业整合经历了漫长而艰难的历程，通过对稀土产业整合历程的评价，总结稀土产业整合的经验教训，可以为稀土产业整合策略的制定提供借鉴。

一 我国稀土产业整合历程、整合政策及企业行为

针对稀土产业存在的问题，国家很早就试图通过整合的方式来加以解决。20 世纪 70 年代以来，在稀土主产地包头，分别由国家、自治区、市主管单位推动进行了 4 次稀土集团的组建，虽然形成了松散的组织形式，但因不同主体的利益差异难以一致，形式上的组织维持不久便告解体；2002 年，国务院同意了原国家经贸委会同原国家计委、财政部、国土资源部、外经贸部上报的《关于组建全国性稀土企业集团的请示》，批准组建南北稀土集团。然而，计划于 2003 年 5 月挂牌的中国北方稀土集团落了空，打算于较晚完成组建的中国南方稀土集团也逐渐无声无息；2006 年颁布的《国务院关于全面整顿和规范矿产资源开发秩序的通知》，明确提出做好稀土资源整合工作；2008 年颁布的《国务院办公厅转发国土资源部等部门对矿产资源开发进行整合意见的通知》，明确将稀土列为重点整合矿种；2010 年 6 月工信部和发改委选定了几家国有骨干企业试图对我国稀土资源进行整合；2011 年 5 月颁布《国务院关于促进稀土行业持续健康发展的若干意见》，全面提出稀土产业整合思路，该意见要求积极推进稀土行业兼并重组，加快实施大企业大集团战略，进一步提高稀土行业集中度。同时明确提出稀土产业整合的目标为：用 1—2 年时间，基本形成以大型企业为主导的稀土产业格局，南方离子型稀土行业排名前三位的企业集团产业集中度达到 80% 以上。

　　企业是产业整合的微观主体，在国家整合政策的推动下，包括央企和稀土资源地国有企业都参与到稀土产业整合之中，并且展开了争夺稀土地盘的激烈竞争。在北方的内蒙古自治区，轻稀土资源高度集中，由包钢稀土直接控制，其他企业很难介入，整合一直都由包钢稀土独自进行。包钢稀土的前身，是成立于1961年的"8861"稀土实验厂；1997年改制，并于当年在上海证券交易所成功上市；2003年整合了包头华美稀土高科有限公司、包头京瑞新材料有限公司、淄博稀土高科技有限公司3家民营企业；2007年包钢稀土产业实现整体上市；2009年收购了北京三吉利公司44%的股权；2011年在地方政府的强力推动下，包钢稀土对呼和浩特市、包头市和巴彦淖尔市35户稀土上游企业进行整合。目前北方稀土整合从形式上看大局已定，包钢稀土成为从事稀土上游产业经营的唯一企业，同时包钢稀土还积极参与到江西稀土的整合之中。2014年12月，包钢稀土发布公告，包钢稀土将整合重组包头市飞达稀土有限责任公司、包头市金蒙稀土有限责任公司、包头市红天宇稀土磁材有限公司、五原县润泽稀土有限责任公司、包头市新源稀土高新材料有限公司5家公司。包钢稀土表示，根据经内蒙古自治区人民政府批准和国家工信部备案同意的《中国北方稀土（集团）高科技股份有限公司组建实施方案》，包钢稀土正在分期分批开展对内蒙古稀土企业、甘肃稀土以及其他区外企业的整合重组。根据组建进度需要，公司更名为"中国北方稀土（集团）高科技股份有限公司"。四川冕宁地区是仅次于内蒙古包头市的我国第二大轻稀土资源供应地，先后有多家央企展开争夺。江铜集团2008年参与四川稀土整合，目前已实际控制了四川稀土。

　　相比北方轻稀土，南方中重稀土的价值更高，也更为稀缺。由于资源赋存状态和历史原因，稀土资源的控制权极为分散，这使南方稀土的整合之路异常艰难。2003年中国五矿就参与了江西稀土整合，经过近十年的发展，五矿的整合主要在稀土分离环节，并未介入稀土的开采环节。2004年赣州市成立了赣州稀土矿业有限公司，对全市稀土资源开采企业进行整合，实施总量控制和矿山统一管理，赣州稀土矿业有限公司成为南方离子型稀土资源的最大拥有者。2009年以后，南方稀土整合局面骤然升温，除五矿外，中铝和中色等央企也强势加入到南方稀土整合之中，在南方各稀土资源地展开了激烈的资源争夺。以江西省赣州稀土矿业有限公司、广东省广晟有色集团、广西有色集团公司、福建省厦门钨业股份有限公司等为代表的地方大型稀土企业，在地方政府的有力支持下，除了加大本地区稀土行业的整合力度，也将整合的触角向其他省区延伸。2009—2012 年，围绕稀土上游产业，特别是稀土资源，南方拥有稀土资源的各省和相关各大央企进行了激烈的博弈，各种整合的消息层出不穷，各省都相继推出了各自的稀土产业发展规划。从整体来看，南方稀土整合的关键点是赣州稀土。

到 2013 年 4 月，经过激烈博弈，以江西赣州稀土集团正式成立为标志，南方稀土整合暂告一段落（2015 年 3 月由赣州稀土集团、江铜集团和江西稀有稀土金属钨业集团有限公司共同组建成立了"中国南方稀土集团有限公司"，组建工作正在进行中）。至此稀土产业整合的大企业集团基本形成了"5 + 1"构架——南方 5 家：中铝（整合了江苏、广西稀土企业）；广晟有色（成为广东稀土整合主体）；赣州稀土集团（江西稀土整合平台）；五矿（在江西、广西、湖南兼并了一些稀土企业，参与了广东的稀土整合）；厦门钨业（成为福建稀土整合主体）。北方 1 家：北方稀土（整合了包头稀土资源并积极推进与四川、山东地区稀土企业的联合）。就整合形式而言，此格局与《国务院关于促进稀土行业持续健康发展的若干意见》中设定的目标并不相符，但在整合时间上正好达到了设定时间。整合的特点为：以地方国企为主，在稀土资源控制上形成了大企业垄断；未实现跨区域的稀土大企业集团，大企业仅仅是小企业的简单合并，未形成大规模集约化生产模式。

二　整合效果评价

我国稀土产业整合从形成大企业的形式上基本完成了预设的目标，整合也取得了一定效果，但也产生了新的问题。从总体上来看，问题大于成就，整合尚未达到预期的目的。

（一）整合取得的成绩

（1）稀土原料生产企业数量大幅度减少，开采环节的行业集中度有较大提高，稀土资源型大企业集团已见雏形。

（2）稀土资源得到了较为有效的控制，资源保护意识和保护措施都得到了加强，地方政府对稀土资源的管理逐步有序化。

（3）稀土生产秩序有所好转，对稀土开采企业和冶炼分离企业的监管得到了加强，恶性竞争局面得到了扭转。

（4）稀土资源地对稀土下游产业的发展规划已经显现，江西、广东、内蒙古、福建等省区先后出台了稀土产业发展规划，明确了稀土产业链的延伸。

（二）整合产生的问题

（1）在稀土整合政策中，整合目标太单一，只提出了"形式上"的整合目标。在政府行政的强力推进下，也只是在"形式上"形成了大型稀土企业，稀土原料的生产方式并没有多大变化。未形成跨区域的稀土大型企业集团，地区割据和地方保护更为严重。

（2）为了尽快组建大企业集团，在各方利益未取得一致的情况下，由政府出面强行并购重组，导致整合成本过高，极大地加剧了新组建大型稀土企业的债务负担，企业效益下滑。

（3）稀土产业整合引起了金融资本对稀土的大肆炒作，稀土从原材料变成投资品，企业从产品竞争转向了资本竞争，稀土资源地从产业争夺转向了资源争夺，加剧了稀土市场动荡。

（4）稀土价格大幅度波动，不但使稀土企业无所适从，而且造成稀土下游应用产业发展遇到阻碍，下游产品竞争力下降。

（5）稀土交易从市场配置转变为政府配置，从企业间博弈转向了政府间博弈，主导稀土市场的是政府而非企业，与市场化改革方向不一致。

（6）稀土上游产业从民企主导转向了国企主导，出现了严重的国进民退现象，市场经济体制出现倒退。不利于下一步的改革，不利于我国稀土资源企业向海外发展（国有企业在国内有特权、有保护，在国外遭质疑、有歧视）。

（7）投向稀土冶炼分离生产环节的资金有进一步扩大趋势，稀土冶炼分离的产能和规模可能进一步扩张。整合政策之间出现了矛盾，整合的目标是缩小生产规模，减少稀土市场供应量，从而提高市场价格，绝不是为了扩大生产规模而整合成大企业集团。但是在整合中确立能够成为稀土大企业的标准时，单纯以稀土资源生产规模的大小作为组建大企业的基本条件，生产规模越大，博弈中的优势越大。因此，产能扩大不可避免。从各地区现有的稀土大企业集团发展规划来看，扩大新的生产能力仍然是企业投资的主要方向。

（8）虽然稀土寡头市场的雏形已经形成，但寡头间的竞争依然激烈，单个大企业限产保价的行为常常因为寡头间非合作博弈而告失败。因而，对于稀土产量的控制依然需要依靠行政手段，行政干预迟迟不退出市场。行政对稀土产业的直接控制，导致各稀土资源地和稀土企业不断地与政府讨价还价，要求增加稀土产量指标。

（9）由于只是在"形式上"形成了稀土大企业，企业的生产模式并没有改变，由大企业引领的产业升级尚未显现。目前稀土大企业的生产环保达标问题突出，开采工艺的改进基本没有进展，稀土产业向高端应用产业升级没有实质性的推进。

（10）匆忙形成的稀土大企业集团，内部矛盾突出，遗留了大量未解决的问题，加之稀土市场剧烈波动，导致稀土上游全行业不景气，稀土企业对发展方向感到迷茫。

（11）通过整合形成的稀土大企业集团"寻租"能力加强，极大地影响了稀土有关政策的制定和执行。有些稀土政策（比如稀土储备、稀土资源税、稀土应用研发资金投入等）在实施过程中，由于受稀土大企业的影响，已经给国家造成了损失。稀土大企业"寻租"能力的增强，对稀土产业长远发展极为不利。

（12）针对我国的稀土产业整合，国外加强了应对措施，重开原有稀土矿山，积极寻找和开发新的稀土资源，加快新技术的研发、减少稀土使用量，开发稀土替代产品等。国外稀土产业的发展以及应用技术的进步，无疑会对我国稀土产业造成巨大的压力。这种压力有可能促使我国稀土产业加快升级步伐，也有可能使我国稀土产业仅存的优势彻底丧失。

三 整合存在的问题分析

稀土产业整合之所以没有达到理想效果，除了在整合目标确定上存在问题外，由谁主导整合、在稀土产业链的哪一个环节整合、采用什么手段进行整合、以什么模式进行整合等都存在深层次问题。这是直接导致整合局面较为混乱、整合产生众多新问题的直接原因。

（一）整合主导问题

整合不管其表现形式如何，最终都要落实在企业身上，表现为企业间的兼并重组，整合的主体是企业，因而由企业来主导整合是再自然不过的事。然而，在体制转换过程中，政府对市场还保留有强大的影响力，甚至在某些方面有着决定性的影响，这使政府常常扮演着产业整合主导的角色。稀土产业整合过程中存在央企、地方国企、民企、中央政府、地方政府等多个主体，由央企还是由地方国企、由国企还是由民企、由政府还是由企业、由国家还是由地方政府、由稀土企业还是由非稀土企业等来主导稀土行业整合并不明确。

不同主体的整合目的、整合手段和利益诉求并不相同，整合的条件要求也不相同，最终导致的整合效果有很大的差异。任何一个主体来主导整合都有其优势，同时也有其劣势，因而并不能一概而论由某个主体来主导稀土产业整合就一定是最好的。比如，由央企主导整合可以打破地区间的界线，形成行业寡头，而不是区域寡头，但央企与地方利益难以协调，其自身也存在诸多问题，并且并不是中国市场化改革的方向。中国在电力、石油、航空、钢铁、煤炭、电信等多个产业的整合已充分表明，由央企整合，虽可以做大产业规模，但并未能做强产业，事实上，央企自身改革的任务同样繁重；由地方主导整合，可以更容易处理各方利益关系，地方稀土资源也能够得到更切实的保护，但短期内只能形成区域寡头，难以形成跨区域的行业巨头。

由政府主导整合虽然会有很高的效率，在短时间内就会在形式上形成稀土寡头企业，但是由政府主导整合会对市场产生破坏，不利于产业今后的发展，极有可能还需要进行二次改革。政府应该是整合规则的制定者和维护者，政府不应该直接作为整合的博弈一方，否则就会出现政府既是裁判员又是运动员的局面，真正的博弈主体——企业将会无所适从。事实上，我国稀土产业整合，由于政府的过度介入，使本应是企业与企业之间的博弈，变成了政府与政府之间以及政府与企业之间的博弈。如果说在稀土产业整合之初，整合关系错综复杂，整合利益难以协调，单靠企业整合难以推进的情况下，政府依靠行政手段强力启动整合有其必要性和合理性；那么整合有了一定基础时，政府应适时退出，以维护市场规则。

由谁来主导稀土行业整合，关键是要明确稀土整合的目的、整合中的利益平衡以及整合所应具备的条件。这类问题没有厘清，整合主体当然难以明确，整合进程自然会迟滞。

（二）整合环节问题

稀土产业链很长，特别是在高端应用领域延伸得极为广阔，我们可以粗略地将稀土产业划分为开采、冶炼分离、功能材料、高端应用等产业环节。稀土产业整合既可以在产业链的不同环节横向进行，也可以沿产业链进行纵向整合。在稀土产业整合的环节上并不明确，地方政府希望央企利用自身优势在稀土下游环节整合，稀土开采环节的整合由地方国企完成；央企虽然在稀土分离冶炼环节进行了一定程度的整合，但其目标仍然是在稀土开采环节整合、获得稀土资源的控制权，在分离冶炼环节的整合仅仅是为能够在开采环节整合增加一个重要的砝码；包钢稀土则利用其对稀土资源的垄断进行了稀土全产业链的整合。目前，整合的焦点在稀土资源的开采环节，对稀土资源采矿权的争夺最为激烈，而在稀土功能材料和高端应用环节的整合基本没有涉及。

事实上，在哪一个或哪几个环节进行整合最好，要依据整合的目的和整合后可能产生的影响来判断。不同环节的整合所需具备的条件、技术要求、难易程度等都不相同。我国稀土产业整合的乱象说明了各利益主体对于稀土整合的目的、条件和技术要求等的看法并不一致，也并不明确。稀土产业链各环节的价值差异巨大，根据徐光宪院士的判断，稀土原材料、稀土功能材料和稀土元器件的价值比大致为1：10：100。从全世界的产业整合来看，在价值高的产业环节进行整合最为普遍（因为这一环节需要有大规模资金支持，需要有很强的抗风险能力，最适合大型企业运作模式）。我国稀土产业在最需要也最适宜整合的稀土下游产业没有进行，却在应该由国家直接控制的资源环节进行激烈的争夺，这不能不说我们在整合政策的引导上出现了问题，下游没有相应的激励政策是整合环节错位的主要原因。

从产业的经营流程来看，包括了研发、采购、生产、销售等环节，在经营流程的不同环节进行整合属于较高层次的整合形式，它符合专业化分工的发展趋势。如果是为了控制原材料成本，可以在原料采购环节整合；如果是为了控制生产规模，可以在生产环节整合；如果是为了掌握价格话语权，可以在销售环节整合。当然也可以进行经营全流程整合，产业链上每一个环节的企业间并购基本上都属于经营全流程整合。由于我国稀土整合的注意力全部放在了产业链的上游环节整合上，因而在经营流程的各环节基本未展开整合，这也表明目前的稀土产业整合还处于一个比较低的层次。

（三）整合手段问题

产业整合有市场化和行政化两种手段。在市场经济体制比较完善的国家和地区，产业整合是企业对市场竞争的一种正常反应，整合活动是一种市场行为，企业在自由谈判的基础上找到共同点从而完成整合。即便整合是政府的意图，政府也必须采用市场化手段、符合市场规则地间接促成整合，任何违背企业意愿的整合最终都难以实现。在市场没有出现重大变化的情况下，市场化整合手段可能会产生整合速度较慢、整合成本较高等问题。但其整合效果较好、整合目的较容易实现，更符合市场的要求，企业和产业竞争力往往能得到实质性的增强。

用行政手段进行产业整合，只有在市场经济体制不完善、政府对经济有强大影响力的情况下，才有条件运用。行政手段整合可能使整合速度更快，但整合效果不佳、整合后遗留的问题更多，往往是产业在形式上完成了整合，规模得到了扩大，竞争力却没有得到实质性提高。我国在石油、电力、航空、金融、钢铁等行业的行政整合，虽在短时间内形成了产业巨头，但并没有增强这些产业的国际竞争力，在整合已完成多年以后，反而惧怕竞争、排斥竞争，不断地一再寻求政府对其垄断地位的保护。在我国现有的体制框架下，用行政手段推进整合所能够依赖的微观主体基本上是国有企业。因此，在几乎所有由政府采用行政手段推进整合的产业，整合结果都出现了严重的国进民退现象。

目前稀土产业整合对行政手段的依赖度过大，这是社会各界期望稀土产业整合能在短时间内完成的一种必然结果。从已有的整合来看，也仅仅只是在形式上形成了几个稀土大型企业，稀土产业的内部矛盾并未根本解决，整合目的远未达到。另外，由于稀土行业整合是在全国范围内进行的，在运用行政手段整合时涉及了各级政府，而各级政府运用行政手段的方式和范围不同，对不同类型企业的控制能力也不相同，因而在稀土企业由行政干预而被动整合的状况下，产业整合就很自然地由企业间的博弈演变为企业与政府间以及各级政府间的博弈。

（四）整合模式问题

从微观角度来说，企业整合的目的有多种，比如，实现协同（管理协同、营运协同、财务协同等）、降低生产能力、实现管理层利益、谋求增长、获得专门资产、提高市场占有率（获得垄断地位）、多元化经营、收购低价资产、消除竞争威胁、避税、投机、其他目的等。出于不同整合目的，在不断创新的金融工具支持下，世界上衍生出来的整合模式极为繁多。仅就获得市场垄断地位这一目标来说，产业整合就可以采用公司合并、资产收购、股权收购、股权置换、承债接管、企业联盟等市场化整合模式，也可以采用政府行政划拨、行政授权等非市场化整合模式。从宏观角度来看，企业在空间上集聚的整合模式越来越受重视。

不同整合模式所需要的整合条件不同，比如，资产收购模式至少需要收购企业有强大的资金实力、雄厚的人才储备和高效率的资产管理系统；企业联盟模式（以卡特尔组织为典型代表）需要市场有较小的需求价格弹性、各联盟企业的生产差异较小以及能够订立有约束力的协议等；行政划拨模式要求政府能够完全控制所要整合的企业和资源,并能妥善地解决整合中的利益受损者。在不同整合模式下,整合的效率、成本、时间耗费等不同,整合后的企业运行方式以及利益分配格局也不相同。

稀土产业的整合应根据实际情况,采用不同的、符合市场要求的整合模式,以加快整合进程。但对于稀土资源的整合,不宜采用过多的整合模式。因为资源整合的最终目标是由国家完全控制稀土资源,过多的整合模式不利于这一目标的实现。目前稀土资源整合表现出多种整合模式并存的局面,稀土资源地政府利用其对稀土资源的直接控制,大多采用将本地稀土企业合并成立新稀土企业的整合模式;央企和部分地方国有稀土巨头企业则主要采用对中小稀土企业进行资产收购、股权收购等整合模式;部分地方政府采用将本地稀土企业与央企建立战略联盟的整合模式;行政授权稀土专营的整合模式也已经出现。根据不同条件,采用不同模式进行整合虽然有一定的合理性,但当整合经过一段时间后,稀土资源巨头群雄并起,同时,在各种整合模式下会形成更为复杂的利益关系,这将会使稀土资源的再整合遇到更大的困难。

第五节　主要结论

1. 产业整合是我国政府在解决一些产业问题时经常采用的一种行政干预手段。产业整合不等于产业整顿,尽管对产业整合的理解各不相同,但其所包含的核心内容却有着共同的指向,即产业整合主要指的是一种企业兼并重组行为。所以,从政府的宏观角度称之为"产业整合",而从企业的微观行为角度称之为"兼并重组",政府的产业发展目标最终都要通过企业的具体并购重组行为得以实现。

2. 从我国稀土产业整合的政策指向和整合实践来看,不管给稀土产业整合赋予怎样的内涵,其实质就是要形成稀土大企业集团,提高稀土产业的市场集中度。

3. 我国稀土产业主要存在缺失出口定价权、生产的环境破坏、高端应用发展滞后三大核心问题。普遍认为我国稀土产业中企业数量多、规模小、实力弱、竞争力差、行业集中度低是产生这些问题的主要原因。因而，期望通过对稀土产业进行整合，形成少数稀土大企业集团，可以有效地解决稀土产业所存在的这些问题。

4. 通过对稀土产业整合形成大企业集团，可以提高市场卖方垄断势力，从而获得稀土出口定价权。从价格形成机制和稀土价格长期变动的实证研究来看，提高卖方垄断势力，对于解决稀土出口定价权缺失问题在短期有一定作用，但长期效果是极其有限的，而且会造成稀土价格的极度不稳定。真正能够提高稀土价格，让其反映稀土价值的办法，是通过增加稀土的资源环境成本进而提高稀土的供给成本，这样不但可以提高稀土的出口价格，而且可以使稀土在较高价位上保持相对稳定，有利于稀土资源的节约使用和稀土产业长远发展。

5. 通过稀土产业整合可以解决稀土生产环境破坏问题的理由是：大企业在环保投资上更具资金优势、生产技术水平更高、大规模处理污染更经济、大企业比小企业更易监管、大企业更具有社会责任感等。通过对我国企业规模结构的环境影响研究发现，大型企业相比中小企业的确有利于减轻环境的破坏，但作用并不太大。大企业虽然有能力、有条件减少环境损害，但增加环保投入毕竟会增加成本，如果没有相应的激励措施，大企业不会主动保护环境。因此稀土产业整合形成大企业，只是为减轻环境破坏提供了必要条件，并不是充分条件。

6. 理论和实践都表明，大企业生产集约化程度高，有利于先进技术的应用；大企业抗风险能力更强，有能力承担研发失败风险；大企业对于人才和资金的吸引力更强，有条件组织大规模研发活动。通过我国企业规模结构变动对技术研发影响的实证研究也发现，大企业相比中小企业确实促进了研发活动。因此，对稀土产业整合，形成大型企业集团，可以有力地促进稀土产业升级。稀土产业整合的根本目标也应该是为了实现稀土产业升级，而不是夺回所谓的"稀土出口定价权"。

7. 从20世纪70年代起，我国稀土产业整合经历了漫长而曲折的历程，经过各利益主体激烈博弈，目前稀土原料产业基本形成了六家稀土企业集团控制市场的格局。整合的特点表现为：以地方国企为主，在稀土资源控制上形成了大企业垄断；未实现跨区域稀土大企业集团，大企业仅仅是小企业的简单合并，未形成大规模集约化生产模式。整合在提高产业集中度、资源控制、增加环保投入等方面产生了一定的效果。但也产生了很多新问题，整合成本过高，引起稀土炒作，市场动荡加剧，稀土原料产能扩张，开采工艺和高端应用没有实质推进，国进民退、大企业"寻租"能力增强等。因此，稀土产业整合需要进一步向纵深推进。

8. 稀土产业整合除了在整合目标确定上存在问题外，在整合主导、整合环节、整合手段、整合模式等方面还存在一些深层次问题。由政府主导的整合，使本应是企业与企业之间的博弈，变成了政府与政府之间以及政府与企业之间的博弈；稀土产业在最需要也最适宜整合的稀土下游产业没有进行，却在应该由国家直接控制的资源环节进行，引发了对稀土资源的激烈争夺；过度依赖行政手段的整合对市场是一种破坏，造成了严重的国进民退现象；在各种整合模式下形成了复杂的利益关系，使稀土资源的再整合遇到更大的困难。

第六章　稀土产业管制策略

　　我国利用稀土资源优势，建立起了世界上最完整的稀土产业链，并且形成了世界上最大的稀土产品生产规模。除部分稀土高端应用产品外，我国可以生产出从稀土开采到稀土应用整个产业链上的几乎所有种类稀土产品。同时，我国生产的绝大部分稀土产品产量都占到了世界同类产品的大部分份额。我国不但是世界上稀土原料的最大生产国，也是世界上稀土原料最大的消费国。在这种背景下是否还需要对稀土产业进行管制。

　　稀土产业虽然取得了如此辉煌的成就，但仍然无法掩盖其存在的问题。我国稀土产业是建立在廉价稀土原料基础上的，稀土原料的竞争优势是因为其价格未能体现稀土价值和稀土原料生产的环境成本，稀土后端产品的竞争优势也主要是因为使用了廉价的稀土原料。正是因为稀土原料价格过低，才使宝贵的稀土元素可以被大量应用于低端产品，而在稀土的高端应用领域则处于劣势。总体来看，我国稀土产业对资源的依赖度过大，而稀土作为可耗竭的不可再生资源，根本无法长期支撑这种低价值的大量消耗，一旦资源优势丧失，整个产业将无法生存。稀土产业作为市场竞争性产业，过多的管制可能会阻碍其正常发展，但是作为资源型产业，如果没有相应的管制，其发展并不能长久。

　　我国稀土产业所存在的问题一般被归纳为五个方面：稀土原料出口价格过低、稀土资源储量下降过快、稀土原料生产环境破坏过大、稀土高端应用发展滞后、稀土原料非法生产及出口走私严重。对于稀土原料出口价格过低问题，其实质是我国稀土原料供给成本中未能包含稀土真实价值和稀土原料生产的环境成本，从而造成了我国稀土原料价格整体过低，而绝不仅仅只是出口价格过低问题，更不是所谓"缺乏价格话语权"问题。稀土资源储量下降过快，一方面是我们的确没有控制好稀土资源的开采规模；另一方面正是因为稀土原料价格过低，导致了稀土原料可以在低端应用领域被大量消耗。稀土原料生产环境破坏过大，一是因为稀土开采企业的环境成本没有以适当的方式体现出来而被外在化；二是因为我国稀土环保标准自身不完善并且没有得到严格执行，致使稀土企业的环境破坏行为无所顾忌。稀土高端应用发展滞后，一方面是我国在稀土产业国际分工中进入到了比较优势陷阱中；另一方面是我们尚未找到促使稀土产业向高端应用领域升级的有效路径。对于稀土原料非法生产及出口走私严重问题，主要在于执法不严，国家没有有效地控制住稀土资源，没有管住稀土原料生产的关键环节。另外，在我国取消稀土出口关税和配额后，稀土走私问题会大大缓解。

针对稀土产业所存在的问题，我国虽然实施了众多的管制措施，但是管制效果并不尽如人意，问题依然存在，而且因管制而产生了很多新的问题。已实施的管制措施数量过多、对企业干预过细、行政色彩浓厚。对于生产什么、怎么生产、生产多少等应由企业根据市场需求进行的决策，政府都通过管制而全面介入，企业已逐渐成为政府的附庸。这种管制极有可能造成稀土产业对政策的过度依赖而失去市场活力，这对稀土产业竞争力的提升将会造成长期不利影响。对于稀土产业来说，不管不行，管制太多、太细也不行，稀土产业的特殊性要求我们必须在管制策略上进行创新。

第一节　资源控制策略

对于自然资源，尤其是不可再生的自然资源，存在严重的代际外部性问题。同时，由于事实上存在的自然资源在全球分布不均衡，所以还存在代内外部性问题。正因如此，世界各国对于自然资源都有所管制。稀土资源属于不可再生的自然资源，所以对稀土资源进行管制不仅是必要的，也是正当的。

一　稀土资源控制目标

外部性的存在导致当事人对其他经济主体所造成的损失没有反映在其私人成本之中，并最终通过市场价格反映出来。追求利润最大化的经济主体进行最优决策时，是基于私人成本与私人收益的比较。在存在负的外部性的情况下，私人边际成本小于社会边际成本，它往往导致价格偏低，产量过多。庇古认为，外部性的存在而引起的边际私人纯产值和边际社会纯产值的背离，不可能通过在合同或租约中规定补偿性的条件而得到解决，也就是说依靠市场机制已经不能发挥作用了，市场真正失灵了。所以庇古认为要解决外部性问题就必须引入外力，即依靠政府的力量来干预解决。一般来说，政府干预的方法是采取税收和限额。税收是对造成负外部性的生产者通过征税来限制其生产；限额是直接限定外部性活动的数量。

资源外部性理论事实上包含了两个不利后果，一是资源消耗过多，二是外在化的成本（资源价值）没有体现在价格之中，导致价格过低。引入政府的力量主要就是为了解决这两个问题。

因此，通过政府管制对稀土资源控制的目标主要有两个：

（1）限制稀土资源开采数量。在满足经济社会对稀土原料需求的情况下，尽量减少稀土资源的开采数量，延长稀土资源开采期。当然，由于轻稀土资源和中重离子型稀土资源在全球的储量和分布不同，对于轻稀土资源的控制可以相对较松；而中重离子型稀土资源的开采数量应严格限制。

（2）提升稀土资源价值。让稀土原料价格能够体现出稀土资源的真实价值。

二　资源控制思路

（一）目前所实施的资源控制思路

我国对稀土资源开采量控制的办法是采用稀土指令性生产计划管制措施。将计划的稀土原料产量下达给稀土原料产品生产地区，再由各地区分配给相应的稀土原料生产企业，稀土原料生产企业在指令性计划数量之内组织稀土原料生产。

通过稀土指令性生产计划控制稀土资源开采量，实际上是政府通过控制企业行为而达到控制资源的目标。政府对资源的控制属于间接控制，而非直接控制。这种管制方式有效性的前提是企业必须按指令性计划产量生产，而确保企业遵守指令性计划所需付出的管制成本也相当高昂。即便是企业能够遵守指令性计划，这种管制方式仍然是有弊端的，这是因为政府直接干预了企业的决策，使企业不能自主地面对市场。如果某个企业一直都能够获得稳定的计划产量指标，企业就不会有进取精神，在资源开采中就会弃贫采富，会造成资源浪费；如果企业不能够获得稳定的计划产量指标，企业的生产投资安排就会遇到难题，这一期计划产量指标高于企业的生产能力，企业就会面临是否增加投资的抉择，这一期计划产量指标低于企业的生产能力，企业前期的投资就会浪费。在这种管制方式下，企业需要应对的不是市场，也不是技术进步，而是要应对政府的计划指标分配，这会造成严重的"寻租"问题。

我国对稀土资源税进行改革，试图以资源税体现稀土资源的价值。正如第四章第二节所述，以资源税来体现稀土资源价值虽然是一个很好的想法，但由于稀土资源及稀土产业的特殊性，稀土资源税在税率确定和计征依据上会碰到难以克服的障碍。

（二）拍卖方式的资源控制思路

由国家拥有所有的稀土矿产资源，国家有关部门按照稀土资源开采控制规模要求，定期拿出一部分稀土矿山进行拍卖（实质上是对资源开采权的拍卖）。这样既可以达到限制稀土资源开采数量的目标，又可以实现稀土的资源价值。

拍卖是指通过公开竞价的方式，将特定物品或财产权利转让给出价最高，且出价超过底价的竞买人的买卖活动。作为一种有效的资源配置手段，拍卖被世界各国广泛应用于各种不同的领域。拍卖所遵循的基本原则是公开、公平、公正，由竞争的方式决定价格，这种方式不仅能够揭示资源的真实价格，也有利于资源的有效配置，更有利于降低交易成本和交易风险，提高交易效率。从理论上说，拍卖是迄今为止体现资源价值的最佳方式，国外资源开采权拍卖实践表明，以拍卖形式完成的资源开采权交易，在很多情况下是一种非常成功的机制。

　　当然，并不是所有的自然资源都适合拍卖。如果自然资源的开采规模过大、开采周期过长，参与拍卖的企业就会承担巨大的风险。这会导致参与拍卖的企业数量减少、自然资源估价趋于保守，拍卖效果不佳。另外，如果自然资源的价值差异很小，拍卖虽然仍有很大价值，但拍卖区分资源的级差收益功能就会大大弱化。

　　稀土资源的赋存及生产特点尤其适合采用"资源拍卖"方式体现资源价值。首先，资源拍卖方式能够最佳地体现资源的价值差异。我国所拥有的稀土资源具有北"轻"南"重"的特点，南、北稀土资源价值差异巨大。即使是同为轻稀土或中重稀土矿，由于稀土元素的配分不同，矿体价值也存在很大差异。只有采用拍卖方式，才能充分体现不同矿体资源的价值差异。其次，稀土资源开采周期短，不确定影响因素少，资源拍卖估价相对容易和准确，拍卖更容易实施，也更可能取得好的效果。以世界上最大的轻稀土资源产地包头为例，稀土元素与铁矿伴生，通常以选铁尾矿提取稀土矿产品，生产周期通常在一周以内。南方稀土资源赋存于各个山体之中，单个矿体的资源赋存量小，开采工艺简单，开采工期较短，单座矿山开采时间一般在半年以内，最长开采周期不超过 1 年。

　　自然资源拍卖的实质是自然资源开采权的交易，其前提是自然资源的实际所有者要非常明确。稀土资源的名义所有者是国家，但由于历史原因，稀土资源实际上是由各级地方政府和企业所控制。因此，如果要对稀土资源实施国家统一拍卖，中央政府就必须成为稀土资源的实际控制者。在目前的资源管理体制下，将稀土资源全部收归中央政府控制还需要有很长的改革之路要走。国家可以建立稀土资源地储备制度，以稀土资源地储备形式，将全部稀土资源（包括矿山和尾矿）予以控制，明确国内所有稀土资源均属国家储备。因为稀土资源属于不可再生的战略资源，国家完全有理由将其全部作为战略储备予以控制。此外，国内各界对稀土国家储备的呼声很高，实施稀土资源地储备制度比改革现有的资源管理体制更容易被社会所接受，遇到的阻力相对较小，可以在较短的时间里实现国家对稀土资源的实际控制。

三 资源控制方案

（一）稀土资源地储备与拍卖

（1）国家以稀土资源地储备形式，将全部稀土资源（包括矿山和尾矿）予以控制，明确国内所有稀土资源均属国家储备。加快战略性资源的资源地储备立法。

（2）国家按市场需求和战略需要，对稀土资源开采权，以拍卖方式释放稀土储备，从而控制稀土供给量。

（二）稀土资源拍卖实施步骤

考虑到现行稀土资源控制方式的平稳过渡，分两个阶段实施资源拍卖。

1. 第一阶段

（1）改变稀土产量的控制办法。保留稀土矿开采计划指标，取消稀土精矿生产计划指标，从监管开采企业转到监管冶炼分离企业，定期核查冶炼分离企业的稀土矿来源。

（2）不再批准新设稀土冶炼分离企业，通过环保达标、稀土矿来源合法性审核，逐步限制和取消非稀土资源地冶炼分离企业；通过资源地稀土企业收购部分非稀土资源地冶炼分离企业，最终使稀土冶炼分离企业集中到稀土资源地。

（3）主要采用激励性政策而非限制性政策，鼓励稀土开采企业兼并重组稀土冶炼分离企业，最终将全部稀土冶炼分离生产纳入稀土开采企业。

（4）加快推进战略性资源的资源地储备立法，明确资源地储备管理的责任主体、非法盗采资源储备的惩处办法、储备资源的释放办法和释放程序等。

2. 第二阶段

（1）将国内稀土资源（包括矿山和尾矿）全部纳入资源地储备之中，由国家指定相关部门完全控制。对于因资源地储备制度实施而造成的利益受损地区，采用财政转移的办法进行损失补偿；加快推出

"稀土应用产业空间发展规划"，将稀土应用企业向重点稀土资源地集聚，以此作为对重点稀土资源利益损失的补偿。

（2）对已开采稀土矿山按现行办法确定稀土企业开采权，明确其开采权利和责任。

（3）对未开采稀土矿山和新发现的稀土矿，依据其地质储量，国家按市场需求和战略需要，有计划地进行储备释放。以稀土资源开采权形式，通过资源开采权拍卖方法有计划地释放稀土储备，既可以控制稀土供给量、保护资源，又可以用市场化手段体现稀土的资源价值。

（4）对于经拍卖获得的稀土资源进行开采，由于稀土资源拍卖所得中已经体现了稀土资源价值，因此不再征收稀土资源税。

（三）稀土资源拍卖效果预估

（1）政府对稀土资源的管理对象发生改变，从控制企业转到控制资源（管资源，而非管企业）。减少了行政对企业生产经营活动的干预，有利于完善市场经济体制。

（2）不需要再由政府主导企业整合，降低了整合成本，也减少了各方的利益冲突。今后企业间如需要进行兼并重组，完全由企业主导、自己决策，政府主要采用激励性政策（尽量少用限制性政策）引导整合方向，从而实现宏观目标。

（3）以资源地储备形式，从源头上管住稀土资源，更有利于打击非法稀土开采。对未经合法释放的稀土矿山储备，进行非法开采，不仅仅属于非法生产性质，更属于盗取国家储备性质。在惩处力度上可以更大，从而解决稀土非法生产难以量刑、处罚过轻的问题。

（4）政府以拍卖稀土采矿权的方式，释放稀土储备，有利于市场机制的完善。"资源拍卖"在世界上属于通行的资源管理方法，是市场配置资源的典型方式。它造就了一个公平的竞争环境，降低了博弈成本，各稀土企业在相同的规则下进行竞争，有助于企业将精力放在提高自身技术水平和管理水平方面。

（5）"资源拍卖"方式将稀土资源价值和稀土开采风险（以稀土地质储量为基础进行拍卖，地质储量与实际开采量之间可能有差异）

交由市场决定，有利于资源价值的合理体现及开采风险的合理分担。在采用资源拍卖方式后，资源拍卖所得中可以综合体现稀土资源的价值，稀土资源税可以相应地取消，降低了征收难度和征管成本。

（6）通过对"稀土储备释放"的控制，可以更好地调控稀土市场，发挥政府宏观调控的作用。为稳定稀土市场，当稀土价格上涨过快时，可以多释放一些储备的稀土矿；稀土价格下跌过多时，减少稀土矿储备的释放。

（7）拍卖稀土矿，有利于稀土企业改进技术，提高资源的利用效率。稀土企业经拍卖获得的稀土矿，在付出一定的拍卖成本后，企业开采稀土的回收率越高，单位拍卖成本越低，企业受益越高。由于提高稀土资源回收率符合企业利益最大化方向，因此不管富矿还是贫矿，企业都会尽力去开采。目前政府给企业下达计划产量指标的稀土控制方式，由于需要根据产量征收资源税，造成企业采富弃贫，降低开采成本。另外，为了避免突破计划产量遭受处罚，稀土企业还会瞒报实际产量，致使政府通过计划产量对稀土的控制失效。

（8）在对稀土资源拍卖时，可以配合采用"未完成矿山生态恢复验收和未达到环境准入标准的企业，不允许参与新的矿山开采权竞拍"规则，这样更有利于企业在稀土开采过程中注重环境保护和环境恢复。

（9）控制稀土供给量的监管，从稀土开采环节转到稀土生产分离环节，可以降低监管成本，提高监管效率；更可以有效打击稀土非法生产，减少稀土资源地的利益争夺（由于开采的稀土精矿可以异地冶炼分离，为了吸引投资和稀土加工产业进入本区域，各地区竞相减免资源、环境等税费，放松管制，使稀土冶炼分离产能不断扩大）。

（四）稀土资源拍卖的风险预估

任何资源控制方案都不是完美无缺的，稀土资源拍卖方案实施有可能达不到预期目标并可能出现其他不利后果。对拍卖方案进行风险评估，可以帮助我们对拍卖的风险点和可能造成的不利后果有一个判断，从而制定出针对资源拍卖不利时的应对措施。

第一，在实施稀土资源地储备制度时，可能会有来自稀土资源地区的强烈反对，致使国家对稀土资源的完全控制落空。对此应采取：（1）先立法、后实施策略；（2）对于已开采的稀土资源维持原有政策，对于未开采的稀土资源实施资源地储备制度；（3）对于稀土资源地给予适当的利益补偿；（4）对国内所有稀土资源地区施行无差别的稀土资源地储备制度。

第二，在实施稀土储备释放拍卖制度时，可能会出现企业虽获得了稀土资源开采权，但不实际进行开采行为。对此，可以采用规定开采期、限制开采权转让次数、收回开采权重新拍卖等措施。事实上，对资源的炒作难度大于对产品的炒作难度，国家对稀土资源进行控制，会减少对稀土的炒作，维护稀土市场稳定。

第三，能否最大限度地实现稀土资源开采权价值的最大化，与竞拍者的数量和参与程度有关。更多的稀土企业参加开采权的竞价，才能实现开采权价值最大化的目标。由于我国稀土开采行业整合后企业数量大幅度减少，可能会影响参与稀土开采权竞价的企业数量，这可能不利于稀土开采权市场价值的实现。对这一问题可以通过跨区域竞拍、跨行业竞拍解决。稀土开采难度并不大，开采的沉没成本不是很高，跨区域、跨行业竞拍完全可以实施。

第二节　环境保护策略

对环境破坏行为的管制属于社会性管制，从全球管制现状和未来发展趋势看，在任何情况下，以环境保护为目标的管制都是必要的，甚至需要不计成本的严格管制。稀土资源开采过程中会产生严重的环境破坏，这种稀土资源开发所造成的环境成本已经高于稀土资源开发所能够获得的收益。因而，从某种意义上说，对稀土产业最必要也是最急迫的管制是稀土资源开发过程中的环境管制。

一　稀土产业环境保护目标

在整个稀土产业链中，环境破坏问题主要集中在开采环节和冶炼分离环节。稀土冶炼分离环节主要产生废气、废水和废弃物，由于其生产工艺本身可以对生产过程中的污染物进行有效处理，因此冶炼分离环节的环境污染问题并不突出，目前的冶炼分离企业都可达到环保标准的要求；稀土开采环节的环境破坏（包括生态破坏和环境污染）问题最为严重，目前稀土资源开采的环境成本很大程度上外溢给了整个社会承担，未能完全进入稀土原料产品价格中，这也导致了我国稀土原料价格低廉，因此稀土产业的环境保护管制主要针对的就是稀土资源开采环节。由于稀土资源的赋存特点不同以及开采工艺的差异，稀土开采对环境的破坏方式和破坏类型也不相同。针对不同的环境破坏类型应设置不同的环境保护目标。

（一）稀土资源开采的环境破坏方式

1. 地形地貌景观破坏

主要体现在离子型稀土矿开采上，具体表现为山体破损、土地毁坏、植被破坏等。采取池浸、堆浸选矿工艺的矿区，开采后的矿山基本被夷为平地，基岩裸露，而在其附近又堆起另一座尾砂山，地表原植被往往荡然无存。如赣州市，在该市境域内未进行稀土开采的地区，地面植被的覆盖率均超过95%；但在稀土矿开采区，因原生森林被破坏，矿区内遍布侵蚀沟壑和裸地，寸草不生，植被覆盖率不到10%。在表土剥离阶段，将地表植被破坏掉，使整个矿区废弃地表层腐殖土层灭失，采剥完矿体的地表强风化层和半风化层裸露，呈土黄色或土红色；选矿后的尾砂堆积在原地，每当雨季，尾砂淋漓，地表大面积呈沟壑纵横的"红色沙漠"状。采矿废弃地中尾砂堆积的地段，pH值平均为5.8—6.3，即呈酸性至中性。稀土资源开采中使用的药剂遗留于土壤中，使采剥后的土地和尾砂堆均缺少植物生长所必需的因素，植物难以生长。所以即使在矿山停采后很长时间内，矿区大面积土地均直接裸露于地表，表层土颗粒呈现逐步沙化的趋势，附近农田里的农作物无法存活，土地资源破坏严重。

2. 矿山地质灾害及隐患

这类环境破坏主要体现在离子型稀土矿开采上。产生的地质灾害主要有：滑坡、崩塌、泥（石）流隐患、次生灾害（主要指拦砂坝的溃坝）。采用池浸法和堆浸法选矿工艺的矿山，露天开采面广、深度大，形成多处陡壁；由于尾砂的堆积大多没有规划，形成大面积、多台阶的堆浸平台，平台衔接坡面多为直立，毫无防护，降雨条件下，极易发生垮塌或滑坡。采用原地浸矿选矿工艺的矿山，矿体地表植被破坏较小，不剥离表土，直接在矿山上布置浸取剂注入孔和交换液收集孔，通过注入硫酸铵浸取剂，从集液沟内收集稀土母液，最后用草酸或碳酸氢铵沉淀。但是，灌液孔布置的不合理或者雨水通过灌液孔渗入都容易造成山体的滑坡、崩塌，而这类灾害的发生在时间上、地点上具有很大的不确定性，导致灾害防治工作难度和环境成本测算难度非常大。稀土矿区大多处于低缓丘陵区，地形起伏变化不大，表土剥离后的土壤抵抗雨水冲刷能力弱，雨季时土层受湿膨胀，旱季时土壤水分蒸发收缩，干湿交替，矿区裸露地出现大面积的垂直裂隙，一半以上的土壤失去有机质层，风化层完全裸露，土壤侵蚀现象严重。稀土矿的尾砂透水性差，雨后迅速产生径流，矿区内多处地段切沟与崩岗密布，颗粒较细的尾砂随着雨水肆意漫流，雨季时形成红色的泥流，淹没农田、淤塞河道；山间沟谷因为上游植被的破坏、次级沟谷发育、汇水面积相对增大，泥沙流量大大增加，沟床被抬高，使矿区内泥流现象频频发生。次生灾害是稀土矿开采的一个主要的环境问题。一般开采一吨氧化稀土需挖矿土 1300—1600m^3，如果所产生的大量尾矿堆放没有与之相配套的挡土坝，遇暴雨时，往往泥沙齐下，冲毁农田，淤积河道、山塘、水库，污染水源。有些矿点的拦砂坝由于当时施工工艺简单，未作反滤层，造成坝后流出混浊泥水；或者挡土坝工程质量差，遇到暴雨时发生溃坝，从而产生严重的环境破坏。

　　3. 含水层破坏及水污染

　　这类环境破坏主要体现在离子型稀土矿开采上。由于稀土埋藏浅，只在地表开采，稀土开采对含水层的破坏主要体现在浅层地下水与地表水水量减少和水质污染。稀土"搬山运动"式开采不可避免地破坏了土壤和植被对水资源的涵养能力，破坏地表水和浅层地下水；同时矿业活动需要使用大量的工业用水，而水体直接来自矿山周边的河流和水井，这些都造成水资源破坏和匮乏，矿山周边的河流基本处于断流状态。稀土难溶于水,通过各种化学处理将其变成各种混合稀土化合物,从而对地下水产生污染。矿区内稀土矿开采产生大量废水,废水酸性极强,排施后渗入土壤与地下水中,严重污染了矿区地表地下水源及土壤。矿区周边排水沟中测得 pH 值为 4.58—5.28,污染了下游的河流和水库。

4. 放射性污染

放射性污染主要发生在北方稀土矿的生产过程中,北方稀土矿伴生大量放射性元素"钍",富集于稀土精矿和尾矿中,对露天水源和环境造成了不同程度的放射性污染。以我国第一大稀土矿的内蒙古白云鄂博矿为例,稀土精矿钍含量为 0.24%,尾矿中钍含量为 0.057%。放射性物质超过一定标准,会致使人体免疫系统受损害,并诱发类似白血病等慢性放射病,并且污染具有隐蔽性、长期性和不可逆性等特点,所造成的水污染和土壤污染难以恢复、治理,环境监管和污染成本测算难度都很大。

(二)稀土资源开采的环境破坏分类

对环境破坏的方式可以按不同目的进行多种环境破坏分类,我们按环境破坏的可控性对稀土资源开采的环境破坏进行分类。环境破坏的可控性一般是指人类活动对环境破坏的范围和后果的可控制程度以及破坏后的可修复或可治理程度。

1. 容易控制的环境破坏类型

人类的技术进步对于某些环境破坏方式可以进行相应的控制,使环境破坏控制在一定的范围之内,降低或消除环境破坏的危害程度,或将破坏了的环境重新恢复。容易控制的环境破坏类型又可分为事前可控和事后可恢复的环境破坏。

(1)事前可控的环境破坏类型。在现代集约化工业生产方式下,对于生产中产生的污水和废气基本可以达到无害化排放,甚至有些工艺可以达到"零排放"。对于废弃物,可以事前科学设计将危害锁定在一个较小的范围之内。比如放射性尾矿在无法进行无害化处理时,先将其封存,等到技术发展后再对其处理。

(2)事后可恢复的环境破坏类型。有些生产活动在生产过程中无法避免对环境产生破坏,但在生产活动结束以后,对破坏了的环境可以进行修复。比如露天采矿对森林植被产生破坏,在开采结束后,可以对森林植被进行恢复。国外的矿山开采一般都有恢复生态植被的要求,或者对破坏了的环境进行综合整治,用于其他接替产业的发展。

2. 难以控制的环境破坏类型

目前的技术水平无法控制污染物的扩散,也无法进行相应的污染物处理,或者是造成的环境破坏属于隐性的,在一段时间未体现出来,今后有可能发生环境损害。难以控制的环境破坏类型又可分为不可控制的环境破坏和难以预知的环境破坏两种。

(1) 不可控制的环境破坏类型。有些生产活动直接造成江水、河水、地下水或空气污染,随着水和空气的流动,污染不断扩散,造成无法对污染物进行处理。之所以难以控制主要是因为污染物向外扩散,难以控制在一定范围之内,今后也难以进行治理或恢复。

(2) 难以预知的环境破坏类型。有些生产活动可能已经造成了环境破坏,但在一段时间内并未显露出来,因而也未加治理,以后这种环境破坏有可能显露出来。比如,矿物开采活动造成了山体破损,今后有可能发生滑坡、崩塌、泥(石)流等地质灾害。

稀土资源开采所造成的环境破坏类型既有容易控制的,也有难以控制的,这与资源赋存特点有关,更与开采工艺的选择有关。

北方轻稀土资源开采的环境破坏,主要表现在稀土尾矿中含有"钍"元素所形成的放射性污染。不加处理的稀土尾矿的放射性会造成水污染和土壤污染,而且难以治理,但其危害的流域面积主要在矿区内。目前对放射性元素"钍"的处理,一是将钍元素提取出来,用于核工业的发展;二是采用较高标准的防护技术将含有钍元素的稀土尾矿封存起来,消除水污染和土壤污染的隐患,今后有需要时再对尾矿进行处理。按目前的技术水准来说,北方轻稀土开采的环境破坏可控程度较高。

南方离子型稀土资源开采中主要造成生态破坏和水污染。采用堆浸生产工艺会造成植被的完全破坏,但破坏后可进行生态恢复,如生态恢复及时,水土流失也可得到有效控制。堆浸产生的溶浸液以及尾矿堆废液泄漏也可通过采取适当措施加以解决，从而避免水土污染。此外，尾矿堆滑坡现象也容易控制，尾矿堆可通过资源回收利用、国土整治以及作为建筑材料加以利用。堆浸生产工艺造成的环境破坏总体上属于容易控制类型；采用原地浸矿生产工艺，植被破坏较少，容易自我修复，属于容易控制类型。开采中的采场滑坡可通过控制注液速度、注液强度以及加强监测等措施减少滑坡现象的发生，属于容易控制型。但采后的采场滑坡成因较复杂，属于难以预知的环境破坏类型。在稀土矿床底板发育不好的矿山或采用人造底板的矿山，采用原地浸矿工艺会造成地下水污染，而且危害的流域面积大，几乎无法进行治理，属于不可控制的环境破坏类型。

（三）稀土资源开采的环境保护目标

（1）对于稀土资源开采的环境破坏尽量限制在可控范围之内，即便是现在不能够进行无害化处理，也不能让污染扩散，为今后处理创造条件。

（2）对于技术上已经能够达到可事前控制的环境破坏类型，一定要在生产前就采取相应的环保措施（比如增加环保设施等），未达到环保标准不能进行稀土开采。

（3）对于稀土资源开采过程中不可避免但事后可恢复的环境破坏类型，一定要在生产结束后及时进行生态恢复，或进行综合整治，消除水土流失的隐患。

（4）对于产生不可控制的环境破坏，应估算环境损失进行赔偿，并停止相应的稀土资源开采活动。

（5）对于难以预知的环境破坏类型，一定要加强监测，并在环境灾害发生后，及时对环境灾害进行治理。

二　环境保护思路

国内外环境保护的管制工具有很多种，比如限定生产工艺、强制性的环保标准、环保收费、环境税、环境风险准备金等。每一种管制工具都有相应的优缺点，任何一种管制工具不可能将所有的环境问题都有效解决。例如，强制性的环保标准规定了污染物排放标准，对于达不到排放标准的生产活动进行禁止。这种管制手段具有很高的权威性和强制性，只要能够严格执行，管制结果比较确定、见效较快，政府也易于掌握和操作。但强制性的环保标准管制缺乏弹性和效率，执行成本较高，抑制企业技术创新的积极性。最为关键的问题是，强制性环保标准对于"先破坏，后治理"的环境破坏类型以及难以预知的环境破坏类型并不能进行有效管理。如果不分具体情况地严格执行强制性环保标准，往往造成企业无法生产，造成经济损失；如果放松环保标准，环保标准的权威性就会受到挑战，今后将会造成更为严重的环境破坏。因此，应根据环境破坏的类型特点，设置有针对性的环保管制措施。

对于稀土资源开采环节的环境保护思路是：鼓励企业因地制宜地采用最合适的生产工艺，避免造成不可控的环境破坏。对于事前可控的环境破坏类型，采用强制性环保标准进行管制；对于事后可恢复的环境破坏类型，采用征收环保税方式，筹集今后用于治理和恢复所需的资金；对于难以预知的环境破坏类型，建立环境风险准备金，应对可能发生的环境灾害。

（一）限定生产工艺

采用不同的生产工艺，对环境破坏的类型是不同的。一般情况下，生产活动对环境的破坏首先应该能够限定在可控范围之内，其次才能对环境破坏进行相应的处理；如果环境破坏处于不可控状态，就根本谈不上治理问题。因此在工艺选择上，应该是该工艺所产生的环境破坏属于可控型。对于不可控制的环境破坏类型生产工艺应当摒弃。技术在不断地发展，生产工艺也在不断地改进和创新，由政府强制性限定采用某种生产工艺事实上会阻碍技术进步。况且，任何一种生产工艺都不是完美无缺的，都有适用的具体条件，限定生产工艺往往会因为条件不具备而使环境问题更为严重。在这种情况下，因生产工艺是政府限定的，环境破坏的责任主体难以归咎为生产企业。

目前我国对南方离子型稀土开采的生产工艺进行了限定，从实践来看效果并不好，应该进行改变。政府应当以环境破坏的可控性作为管制目标，鼓励企业因地制宜地采用最合适的生产工艺，在事前能够消除环境破坏，在事后能够治理环境破坏，即便是暂时不能够治理的环境破坏，也应能够控制在一定范围之内，防止环境危害扩散。

（二）强制性环保标准

强制性环保标准是为企业准入设置的一个环保门槛，只有达到了环保标准的企业才能够进行生产活动，这种管制方式适用于事前可控的环境破坏类型。

（1）对于技术上已经能够达到事前可控的环境破坏类型，应制定严格的强制性环保准入标准，迫使企业增加环保投入。目前我国制定的《稀土工业污染物排放标准》中，未包含南方离子型稀土原地浸矿工艺所产生的污染物排放，这是环保标准的一个漏洞，应尽快对《稀土工业污染物排放标准》进行修改完善。

（2）强制性环保标准的有效性在于严格执行，我国虽制定了稀土生产的环保标准，但因执行不严，使其环保效果大打折扣。今后以强制性环保标准进行管制，关键是严格执法，对于未达到环保标准的生产活动坚决制止。除政府管制外，鼓励环境破坏的受害主体以环保标准为依据，对未达标而生产的企业进行民事诉讼，迫使相关企业承担环保责任并进行损害赔偿。

（3）北方轻稀土资源赋存比较集中，政府环境监管成本相对较低，并且稀土资源开采所产生的环境破坏基本上属于事前可控的环境破坏类型，目前的环保技术手段可以消除环境的破坏。因而，应主要采用强制性环保标准进行管制。

（4）南方离子型稀土开采中的污染物排放，只要开采工艺选择恰当，污染物排放是可以达到环保标准的。因而对污染物排放应以强制性环保标准进行管制。

（三）环境税

目前对环境税的认识有很大差异。环境税功能定位存在广义和狭义之分。广义环境税认为环境税不但包括污染排放税、自然资源税等，还包括为实现特定的环境目的而筹集资金的税收，以及政府影响某些与环境相关的经济活动的性质和规模的税收手段。狭义的环境税认为，环境税是对一切开发、利用环境资源的单位和个人，按其对环境资源的开发、利用强度和对环境的污染破坏程度进行征收或减免的一种独立税收，环境税的征收目的就是引导纳税人减少污染排放数量、降低生态破坏程度，筹集用于治理环境污染和恢复生态平衡的财政资金，将环境成本以税收方式内部化。显然，从其既要调控排污和生态破坏行为，又要筹集环境保护财政资金的财政收入目标来看，环境税是一种特定目的税，其开征的目的是为了保护环境。对于环境税如何征管问题，争论的焦点集中在环境税税率如何合理确定上，尽管学者们所持有的特定视角和目标不同，对于环境税率的确定方法存在很大差异，但其却有着共同的认识，即环境税应该能够准确地反映污染排放行为和生态破坏行为所产生的外部性成本，也就是环境损失成本。环境损失成本主要采用治理成本法和污染损失法的价值量核算方法进行测算和计量，采用这两种方法测算环境损失成本的前提是环境外部损害的程度和影响容易确认。但在某些情况下，由于有些环境外部损害的程度和影响很难确认，使部分环境外部损失成本存在难以度量的问题。因此，环境损失成本实际上包括可测算成本和不可测算成本两部分。环境税的征收只能解决可控的环境破坏问题，体现的是环境损失成本中的可测算成本。

综合各方面对环境税的研究，我们认为：

（1）对于已经达到环保标准的生产行为，由于没有对环境造成实质性损害，因而不应该征收环境税。

（2）对于生产活动造成不可控的环境破坏类型，由于环境损失成本无法测量（用污染损失法测量，可能因污染面积过大而导致环境损失成本无穷大；用治理成本法测量，因环境破坏不可控而导致无法治理或恢复），因而无法征收环境税。

（3）对于生产活动造成的事后可恢复治理或可准确测量损失的环境破坏类型，可以征收环境税。因而环境税应该是一种专项税，专门用于环境恢复治理或用于损害赔偿。

稀土资源开采环节对植被、山体的破坏，可以采用环境税的办法解决。这种环境破坏是可以修复的，甚至可以进行综合治理用于其他方面的开发利用，其修复、治理的资金来源可通过环境税来征收。政府征收环境税就意味着环境修复、治理的责任主体是政府，如果不对开采企业征收环境税，环境修复、治理的责任主体就是企业，政府当然可以要求开采企业对破坏了的环境自行修复、治理，然后政府进行验收。这种做法的弊端在于，开采企业一旦资金紧张或经营失败，对已经破坏了的环境就会无力修复。征收环境税的优势在于，在开采过程中就可将环境修复资金征收上来，环境修复更有资金上的保障。

（四）环境风险准备金

稀土资源的开采活动会造成一定程度的山体破损，今后有可能发生滑坡、崩塌、泥（石）流等地质灾害。这类灾害有可能发生，也有可能不发生，并且在灾害发生的时间上具有很大的不确定性。这种环境破坏属于难以预知的环境破坏类型。与事后可恢复的环境破坏类型不同，难以预知的环境破坏类型在环境灾害未发生时，不需要进行治理，只有在环境灾害发生后才需要治理。环境税用于解决一定会发生的环境灾害，而难以预知的环境破坏不一定会发生环境灾害。因此，环境税用于解决难以预知的环境破坏并不合适。

环境风险准备金类似企业的"坏账准备金"，按照环境灾害发生的概率和灾害治理所需支付的费用总额提取一定数额的准备金，以备环境灾害发生时使用。

总之，用强制性环保标准、环境税、环境风险准备金对稀土资源开采进行环境管制，一方面可以保护环境，另一方面可以将环境成本内在化到稀土开采企业，使稀土原料产品的价格中包含环境成本。强制性环保标准是通过增加企业的环保投入，从而将环保成本加入稀土原料产品的生产成本中；而环境税和环境风险准备金则直接通过税费成本的形式体现稀土开采的环境成本。因此，对稀土产业的环境管制，可以将外在化的环境成本内在化，使稀土原料价格能够反映出稀土原料生产的环境成本。

三　设置稀土环境税

稀土资源开采环节现行的环保收费主要有排污费、森林植被恢复费、水土保持设施补偿费和水土流失防治费、矿山生态环境恢复治理保证金等。现行环保收费制度突出的问题是环境税费功能界限不清晰、征收和分配不规范、征管效率低、执行成本高，多重收费在一定程度上加重了企业负担，不利于企业发展和公平竞争。此外，稀土开采环保收费分属多个部门征收、监管和使用，形成不了资金合力，对于环境保护没有起到很大的效果。由环保收费制度过渡到环境税收制度是我国财税体制改革的必然趋势。对稀土开采环节开征环境税的主要目的是恢复治理由于开采活动破坏了的环境。

1. 纳税义务人

根据"谁受益、谁承担"，"谁破坏、谁付费"原则，环境税应向环境污染或破坏者征收。就稀土产业而言，从事稀土资源开采而产生环境破坏的单位是稀土环境税的纳税义务人。

2. 征收范围

从税收公平和环境可持续发展的角度，凡是直接或间接破坏环境的行为都应纳入征税范围。稀土环境税的征税对象应为稀土开采过程中的生态破坏行为。生态破坏行为指森林植被破坏、土壤污染、水土流失。

3. 计税依据

借鉴国际上征收环境税的经验，以及我国排污收费的计征方法，环境税应确立从量计征的原则，以生态破坏数量为计税依据。比如森林植被破坏、土壤污染、水土流失面积。

4. 税率设计

环境税最为关键的问题是确定税率。根据经济学原理，环境税的最优税率是使环境破坏的边际成本等于边际社会损失，但这些数值不容易测算，最优的税率是很难达到的。稀土环境税宜采取定额税率，依据稀土不同生产工艺下所产生的实际环境损失成本设计差别定额税率，同时，税率也要随着经济技术的发展进行调整。

目前，可以考虑用生态恢复（或治理）费用作为税率设计的依据。根据稀土资源开采造成的生态破坏面积和全部进行生态恢复需要支付的金额，计算出平均每平方米生态恢复所需投入资金量，作为环境税税率。

5. 税收征管

环保部门对于生态环境破坏情况拥有更为专业的判断能力，除有专业测量设备外，更拥有专业核定人员，因此在环境税征收工作中起着关键作用，而税务机关并无此优势。为了发挥环保部门与税务机关各自的专业优势，实现环境税收的有效征管，环境税应采取"环保认定、税务征管、共同核查"的税收征管模式。即环境税的征收应由地方税务机关承担，而对于生态破坏数量的核定，则由相应环保专业管理部门负责。

6. 税收的分配使用

稀土环境税严格执行专款专用制度，全部用于生态环境的治理和恢复。将稀土环境税列入财政预算管理，集中使用资金来治理、恢复环境问题。稀土开采的资源耗竭成本和环境成本主要由稀土资源地区承担，当地政府还承担着对稀土资源管理和环境治理的职责。根据财权与事权相匹配的原则，环境税应该定位为地方税。

7. 税收优惠和处罚

构建税收奖罚机制，促使稀土开采环节的技术升级，实现绿色开采和高效开采。在税收激励机制方面，通过税收优惠措施鼓励企业对环保技术的研究、引进和使用；允许环保设备加速折旧等鼓励企业对环保设备的投资；对企业自行恢复、治理环境行为减征稀土环境税。

政府还应对稀土尾矿治理制定专门的税收优惠政策。如减免尾矿回收利用涉及的资源补偿费、资源税、增值税、所得税等税费；对尾矿治理单位销售其尾矿回收相关产品免征增值税；各资源地政府自行制定的收费项目，也一律予以减免。鼓励稀土生产企业与政府签署环境协议，对达到恢复生态目标的开采企业，实施部分退税优惠；对未履行协议所规定的义务，则取消减税优惠。建立完善的废弃矿山复垦奖惩机制，充分调动各矿业企业采取先进的复垦技术和努力履行复垦义务的积极性；调动社会各方的积极性，制定相关优惠政策吸引社会各方力量参与解决废弃矿山的复垦。

四 建立稀土矿山环境风险准备金

稀土矿山环境风险准备金在功能上与稀土环境税完全不同，主要是针对稀土资源开采过程中未纳入稀土环境税范畴但存在环境破坏隐患的潜在环境风险征收的。比如，采用原地浸矿工艺开采稀土资源，虽然没有直接破坏地表植被，但是崩塌、滑坡、泥石流这类矿山地质灾害在发生时间上、地点上具有很大的不确定性，对环境的影响是巨大的。因为在一段时间内并未发生实际的环境灾害，环境损害程度无法测算，无法征收环境税。但环境灾害一旦发生，需要进行环境修复，这部分修复资金应由稀土企业承担，才能将环境外部性成本完全内在化。

1. 环境风险准备金征收方式

由于难以预知的环境破坏问题所产生的环境成本测算难度很大，我们可以借鉴企业"坏账准备金"的提取方法用于稀土矿山环境风险准备金的计提上。根据矿山滑坡、崩塌、泥（石）流隐患、次生灾害发生的概率和灾害治理所需资金进行测算。比如，某稀土资源地区根据历史资料统计，已开采完的废弃稀土矿山发生滑坡、崩塌、泥（石）流的概率约为1%，而对所发生的灾害进行治理所需资金约为1000万元，那么稀土矿山环境风险准备金就应计提10万元。定期（如每个月份）从企业销售收入中提取一定比例的环境风险准备金，以备矿山地质灾害及隐患发生时恢复治理所需；稀土企业计提并自行申报、上缴至政府指定的稀土矿山环境风险准备金专用账户中，并由财政部门协同环保部门核实准备金金额、监督和指导准备金的使用。

2. 环境风险准备金缴纳方式

在环境风险准备金的征缴方面，可借鉴国外经验，积极构建国内矿产资源开发的信用制度。准备金缴纳的形式除现金外还可以有很多形式，如银行担保、信托资金、公司担保或母公司担保、信用证、采矿复垦合同协议、债券等，矿山企业可以有很大的选择余地，减轻企业资金周转的压力，为企业公平竞争和发展创造条件。

3. 环境风险准备金的使用

稀土矿山环境风险准备金实行专款专用制度，资金全部用于环境灾害发生后的修复费用支出。同时，可以建立准备金定期返还制度，根据企业对环境保护的程度，按核定比例定期返还准备金。即稀土企业可根据矿山开采对环境的影响情况，针对可能发生的环境灾害进行防御性修复，达到防止环境灾害发生的要求，在此基础上，可向环保部门提出申请，经环保部门审核确认情况属实后，从稀土产业环境风险准备金专用账户中返还部分准备金。

第三节　产业整合策略

如第五章所述，我国稀土产业现有的整合主要是在稀土原材料生产环节形成了大企业集团，稀土原材料领域的生产方式并没有改变；大企业仅仅是小企业的简单合并，未形成集约化生产；稀土开采和冶炼分离也没有形成一体化生产模式；以资源拥有量为特征的大企业集团，无论是在资金实力、人才规模，还是在研发力量方面都还相当薄弱；在稀土功能性新材料、高端应用领域均未进行整合。另外，形成大企业集团仅仅是产业整合的一种模式，促使产业在地域空间上的集聚、建立研发联盟、销售联盟等，也属于产业整合的重要模式，并且这类整合对产业升级的促进作用往往更大。就稀土产业目前整合的框架来说，还不足以支持稀土产业的升级，需要进一步整合。

一　国家从源头将稀土资源完全控制

矿产资源由国家控制、矿产资源开发利用由市场配置，这是世界上绝大多数国家资源管理的普遍做法。稀土资源的战略性、稀缺性、可耗竭性等特点，表明对稀土资源完全应该实施保护性开发，也足以支持由国家对其完全控制。我国前期稀土产业整合的重点实际上就是稀土资源的整合，整合的思路是通过形成少数大型稀土企业，由大型企业对稀土资源进行控制，配合给大型稀土企业下达计划开采指标和计划稀土原料生产量的政策，以达到控制稀土资源的目的。在这一思路下进行的整合，导致了各利益主体对稀土资源的激烈争夺。整合的结果是：各稀土资源地区依托本地区国有稀土企业，将本地区稀土资源控制在本地区国有企业手中，对稀土资源的地方保护主义和地区封锁更为严重，整合未形成跨区域的大型稀土企业的原因就在于此。由于各稀土资源地区之间存在利益竞争，因此期望通过稀土大企业对稀土资源进行控制、保护稀土资源，其有效性值得怀疑。

建立稀土资源地储备制度，国家以稀土资源而非稀土原料产品储备形式，控制全部稀土资源（包括矿山和尾矿），明确国内所有稀土资源均属国家储备。按市场需求和国家战略需要，以拍卖方式有计划地逐步释放稀土矿山开采权，从而控制稀土供给量。加快稀土资源地储备制度的立法，出台非经批准开采稀土资源地储备的惩处办法、储备稀土资源的释放条件和释放程序等，确保稀土资源地储备制度的有效运行。

建立稀土资源地储备制度，可以加快稀土资源整合的步伐，解决稀土产业整合中难度最大的资源环节整合，将整合重点转移到稀土应用领域。

二　用市场手段由企业主导整合

通过企业对自身利益的合理追求实现稀土产业整合的国家意图。稀土产业整合目标可以分为体现国家意图的宏观目标和体现企业利益的微观目标。通过稀土产业整合达到解决稀土出口价格定价权缺失、稀土生产环境破坏和稀土高端应用研发滞后等问题，基本属于宏观目标，而企业参与稀土整合的目标则是为了追求自身利益的最大化。当为了宏观目标的产业整合并不能实现微观目标时，企业对微观目标的追求可能并不能实现整合的宏观目标。由于产业整合的实质是企业的行为，因而宏观目标必须转化为微观目标。让企业来主导稀土产业整合，就是让企业在追求自身利益的同时实现国家目标。

只有企业才知道自己最想得到什么，由政府来主导产业整合往往只关注到宏观目标，而忽略了企业的微观目标。且不说在整合过程中由于目标不一致，会使整合无果而终，即便是政府可以采用强有力的行政手段能够形成行业寡头，最终还是要由寡头企业自身进行经营管理，很难相信寡头企业能够为了国家利益而放弃自身利益。在合法的范围内，企业追求自身利益是正当的，并且是企业发展壮大的持久动力，只有将国家利益与企业利益进行很好的融合，国家利益才能真正得到保证。

由企业主导稀土产业整合并不是说政府可以完全无所作为，事实上，政府对于引导稀土企业整合以实现国家目标起着至关重要的作用。企业间的兼并重组完全是企业自己的事，谁来兼并、兼并谁、兼并的条件等都应该由企业自己做出判断，政府不应代替企业做出整合决策。但是政府在确立整合规则、创造整合条件等方面有着不可推卸的责任，作为规则的制定者和维护者，政府可以充分利用规则的调整来使国家利益与企业利益相融合。政府可以采用税收、财政、金融等经济手段推进整合，这些手段最符合市场经济的要求。政府通过提供有利于整合的条件，引导企业朝着实现宏观目标的方向整合。

由稀土企业来主导稀土产业整合，整合成本相对较低，信息的不对称性相对较小，是稀土产业整合的首选。如果由国有企业主导稀土产业整合，最终形成国有稀土寡头，最大的弊端在于，国有企业自身也面临着改革，国有企业身份对于稀土企业向海外发展可能会形成极大的阻力。

三　对稀土资源地区进行利益补偿

整合本身就是一种利益的再分配，整合中所涉及的各个主体只有在愿意接受新的利益分配结果后，整合才可能完成。稀土产业整合的特殊性在于，围绕稀土的利益主体众多，相互间的利益关系错综复杂，整合造成的利益冲突较多。目前在稀土资源开采环节的整合，所引起的利益矛盾最为突出，其焦点表现为稀土资源地区的利益可能会因为稀土产业整合而难以得到保障。比如，如果通过央企对稀土资源进行跨地区整合，稀土资源地区在经济利益上就可能蒙受损失。在现行财税体制下，与原来地方企业利税均归地方所有不同，跨地区经营的外来投资者向当地缴纳的资源税税率多年偏低。而且，由于跨地区经营的大型企业集团客观上需要在整个集团内部统一筹划运营收入和税收支出，以便实现收益最大化，因此常常通过转移定价等方式将账面利润集中到总部所在地，致使资源开发地或生产地分享的所得税等收入份额大大减少。同时，所得税等收入的转移，假如是集中到中央财政手里，最终还可以通过转移支付等手段返还稀土资源地区。但问题是这种账面利润和随之而来的税收转移，相当一部分落到了大型企业总部所在地，从而加剧了区域之间发展的不平衡，这有违公平原则。

稀土开采有资源耗竭成本和环境成本，这种成本基本上都要由稀土资源地区承担。如果稀土产业整合导致稀土资源地区利益受损，那么产业整合受到来自稀土资源地区的阻力就是再正常不过的事了，稀土资源地区的阻碍行为不但是正常的，而且是合理的。稀土产业的任何整合方式，如果得不到稀土资源地区的有力支持，都不可能获得成功。

既为了消除来自稀土资源地区的阻力，也为了稀土资源地区的可持续发展，国家在制定稀土产业整合规则和创造稀土产业整合条件时，必须明确稀土资源地区的合理利益。给稀土资源地区留下足够的利益份额，不仅用于稀土资源地区的经济社会发展，而且用于修复当地的生态环境和培育未来的替代产业。稀土产业整合应该是能够给整合各方带来更大的利益，而不应该是加剧利益的不平衡。

四 推进冶炼分离环节整合

大企业能够促进产业升级的一个重要原因在于：大企业的生产模式不同于中小企业，大企业规模化、一体化、集约化生产模式是支持产业升级的必要条件。稀土产业目前整合形成的资源型大企业集团，基本上是原有小企业的简单合并，在生产模式上没有多大的改变，还不足以支持稀土产业的升级。

实施"禁止非稀土资源地开设稀土冶炼分离企业，逐步将冶炼分离生产全部并入稀土资源型大企业"的整合政策，可以促使现有稀土资源型大企业形成开采与冶炼分离一体化的集约型、规模化生产模式，以此支撑稀土资源型大企业转变生产方式，为稀土原料生产环节的技术升级创造条件。

从稀土产业链的各环节整合现状来看，稀土资源开采环节整合的利益冲突最大。稀土资源地区利用其对稀土资源的实际控制各自独立进行整合，而央企千方百计地想进入稀土开采环节，由此形成了这一环节上的整合僵局；在稀土冶炼分离环节整合的利益冲突较小，早期的稀土产业整合即在这一环节展开，特别是央企在这一环节的并购活动进行得比较顺利，但在冶炼分离环节整合还远未形成跨地区的行业寡头时，这一环节的整合却基本停顿下来。显然各方整合的真正意图并不在这一环节，而是利用这一环节的整合，获取在稀土开采环节整合的筹码。

　　由下游向上游整合属于后向一体化整合，其整合的目的通常是为了有效控制原材料等投入的成本、质量以及供应的可靠性，确保生产经营活动的稳定性。目前我国稀土资源的开采规模、质量、成本等，足以保证国内稀土下游生产对稀土原料的需求，从企业后向一体化整合的动因来看，稀土冶炼分离环节向开采环节整合的必要性并不充分；从整合的目的是为了获得稀土出口定价权的角度来看，在稀土冶炼分离环节进行整合形成寡头垄断市场就已经足够了，因为需要控制出口的是稀土冶炼分离产品，而稀土原矿本身就是禁止出口的；从通过整合来达到解决生产的环境污染问题来看，冶炼分离环节更需要大规模集中生产，以便能更经济合理地处理生产所带来的污染。

　　此外，实施"禁止非稀土资源地开设稀土冶炼分离企业，逐步将冶炼分离生产全部并入稀土资源型大企业"政策，还可以有效解决稀土非法生产问题。我国稀土非法生产问题很早就存在，尤其是南方稀土，资源分布广泛且分散、埋藏较浅、不进行环保处理的矿产品生产技术简单、盗采滥挖较为容易。我国对稀土加强管制后，稀土价格有较大程度上升，大幅提高的利润空间，使稀土非法生产更为猖獗。目前非法生产的稀土已严重冲击到了正规稀土大企业的生产，并使国家对稀土的管制政策失效。同时，稀土非法生产大大压低了稀土原料产品的价格，阻碍了稀土产业升级，我国稀土应用一直处于稀土产业链的低端，一个很重要的原因就是可以使用廉价的稀土原料，这大大降低了稀土产业的升级动力。

　　稀土冶炼分离是稀土生产链条中的关键一环，非法开采的稀土矿产品如果不进行冶炼分离，并不能直接使用，没有销售市场。由于我国稀土冶炼分离企业众多、产能巨大，加之各地区对稀土利益的争夺，非法生产的稀土矿产品很容易通过冶炼分离这一环节。甲地区非法生产的稀土矿产品运到乙地区分离冶炼，使不能直接使用的矿产品变成可以直接使用的各种稀土冶炼分离产品。实施这一措施，可以阻断非法稀土生产链条，有效打击"稀土黑色产业链"，保护正规稀土企业利益，为稀土产业升级创造有利条件。

五　在稀土产业链的应用环节启动整合

众所周知，稀土的最大价值在于其应用环节的开发，按产业链整合的逻辑顺序，稀土应用环节的整合应该对各方具有最大的吸引力。但我国稀土产业整合的现实却是舍弃应用环节而在资源开采环节激烈争夺，其原因就在于目前我国稀土开采环节投入低、利润高、风险小、收益快。稀土产业之所以在开采环节有巨大的利润空间，是因为该环节的最终产品——稀土精矿的供给成本过低。供给成本包括生产成本、税收成本和社会成本，我国稀土资源开采相对容易，属于劳动密集型行业，资金进入的门槛较低，劳动力成本低廉，这些有利因素决定了我国稀土精矿的生产成本较低；税收成本主要包括征收的资源税、生产环节的各种税收等，我国稀土精矿的税收成本极低，基本没有反映稀土资源的稀缺性和战略价值；稀土生产的社会成本主要是环境成本，在我国这一成本被外在化了，没有实质性地进入到稀土的供给成本中。当稀土精矿的价格有几倍的上涨后，供给成本却没有太大的上升，其利润空间就可想而知了。在这种情况下，稀土开采环节的博弈就是一种正常现象。

与稀土开采环节相比，我国稀土应用环节特别是高端应用产业起步晚、基础差、研发力量不足、与国外差距大，需要有较高的投入、承担较大风险，并且收益期可能较长，这导致众多企业不敢涉足。而稀土应用产业发展更需要强大的资金、技术和人才支持，更适合以大企业、大集团模式发展。

我国在稀土高端应用环节基本没有利益冲突，稀土资源地区期望跨区域的大企业集团尤其是央企能够在这一环节有所作为，甚至将稀土下游的应用开发作为央企进入稀土资源开采环节的一个重要条件，但遗憾的是，稀土应用环节的整合并未展开。

稀土产业在应用环节的整合不仅是必要的，而且是阻力最小的，各方最容易达成利益上的一致。政府可以利用财政、税收、环保标准、研发资助等手段，降低稀土原材料生产环节的利益，提高稀土应用环节的利益，引导稀土产业在应用环节进行整合。

六　采用灵活多样的整合模式

除通过兼并重组形成大企业外，在不同经营流程环节上的企业联盟以及企业空间集聚等都是产业整合的重要模式。在现有稀土企业资金实力和研发力量不足情况下，为在较短时间内实现技术升级，可以在技术研发环节率先建立联盟；为了在稀土高端应用领域尽快有所突破、形成一定的产业竞争力，可以尽快出台"稀土应用产业发展空间规划"，促使稀土应用企业在特定区域形成集聚。

产业集聚可以在较短的时间里扩大产业规模、增强产业竞争力、促进产业升级。目前国内稀土应用研发和应用产业太分散，不能形成集聚效应。通过制定稀土应用产业发展空间规划，明确稀土产业发展的空间布局，使分散的研发力量和分散的应用产业迅速集聚，可以缩短稀土在应用领域取得突破的时间。另外，利用稀土应用产业对稀土上游产品需求所产生的吸引力，逐步将稀土产品的交易集聚在稀土应用产业聚集地，最终形成稀土交易中心，从而使稀土管制更容易、成本更低、效率更高。

稀土应用产业集聚的空间指向应选择在产业发展条件相对较好、发展空间相对较大的主要稀土资源地，这样一方面可以较好地解决稀土供给地和稀土使用地之间的利益冲突，减轻对稀土资源的争夺，保证稀土应用产业发展所需稀土原料的稳定供给；另一方面便于国家对稀土的管控，有稀土资源地政府的支持，稀土的各项管控措施可以落到实处。就目前国内稀土利益格局而言，将稀土应用产业集聚地规划在主要稀土资源区，可以在最短的时间里、阻力相对最小地形成集聚。

第四节　产业升级策略

就稀土产业整体来说，除了稀土高端应用产品外，我国能够生产出从稀土开采到稀土应用整个产业链上的几乎所有种类稀土产品，并且绝大部分稀土产品产量都占世界同类产品的大部分份额。但我们仍然对我国稀土产业感到焦虑，其原因在于稀土的真正价值在于稀土的高端应用价值，目前稀土在国外的应用价值高于在国内的应用价值，而稀土未来的应用价值又高于现在的应用价值。我国在稀土高端应用领域与发达国家有巨大的差距，在大量低价出口稀土原料的同时，也在向国外高价购买稀土高端应用产品。低价出口稀土资源不但抑制了我国稀土高端应用技术和产业的发展，而且助推了国外稀土高端应用的优势。客观来看，我国稀土产业的核心问题并不在于稀土原料环节，而在于稀土高端应用领域的发展严重滞后，这不但使稀土对提升高科技产业竞争力的巨大作用无法体现出来，而且导致我国在稀土产业国际分工中处于被动地位。即便是稀土产业其他问题解决得再好，这种被动局面也无法得到根本改变。因此，唯有促使稀土产业向高端应用升级，才能真正体现出稀土的价值，发挥出稀土在提升国家产业竞争力方面的独特作用，才能彻底消除我们在稀土国际贸易中的焦虑。

一　产业升级的含义

虽然国内外学者对产业升级问题进行了大量研究，但由于研究视角不同，对产业升级概念和内涵的认识有很大分歧，至今仍难以形成全面、一致的看法。

Ernst（1998）认为，产业升级的概念复杂，涉及广义的创新活动，不同国家的同一产业以及同一国家的不同产业的升级均呈现着不同的特点。在概念界定上，国际贸易理论多从中观和宏观层面分析，将产业升级和产业比较优势相联系。如认为产业升级是指在某产业内国家转向高附加值产品生产的动态专业化。Porter（1990）认为，产业升级是当资本相对于劳动力和其他资源禀赋更加充裕时，国家在资本和技术密集型产业中发展比较优势。而大多数经济学和管理学文献是从微观层面来界定产业升级的，这常见于企业竞争力研究文献。Gereffi（1999）将产业升级界定为企业为了提升利润水平，由低利润的劳动密集型领域转向高利润的资本和技术密集型领域的发展过程，并认为这一过程是在价值链内部从低到高的增值活动转变。Poon（2004）认为，产业升级就是制造商成功地从生产劳动密集型低价值产品向生产高价值的资本或技术密集型产品转换的过程。企业微观层面和国家宏观层面存在重要联系，企业竞争力关注企业通过有目的的努力而获得的动态比较优势，而这些企业通常并不处于那些已经拥有静态比较优势的产业；获得竞争力的不同路径和方法正是企业战略在宏观层面的体现。

通常情况下，直接阐述产业升级内涵的学者较少，更多的是从产业升级的方式角度对其内涵进行解释。如 Ernst（2001）为了使概念便于操作，提出了产业升级的 5 种具体方式（后 4 种都属于产业内升级）：

（1）产业间升级：在产业层级中从低附加值产业（如轻工业）向高附加值产业（如重工业和高技术产业）移动。

（2）要素间升级：在生产要素层级中从"禀赋资产"或"自然资产"向"创造资产"，即物质资本、人力资本和社会资本移动。

（3）需求升级：在消费层级中从必需品向便利品，然后向奢侈品移动。

（4）功能升级：在价值链层级中，从销售、分配向最终的组装、测试、零部件制造、产品开发和系统整合移动。

（5）链接上的升级：在前后链接的层级中，从有形的商品类生产投入到无形的、知识密集的支持性服务。

Humphrey 和 Schmitz（2002）将产业升级区分为 4 种类型：工艺升级、产品升级、功能升级和跨产业升级；其中，前 3 种类型属于产业内升级。

国内学者对产业升级的研究大多始于 20 世纪 80 年代。总体来说，国外学者大多是从企业层面的微观角度来界定产业升级的内涵，而国内学者偏向于从中观和宏观角度来理解和诠释产业升级的内涵，主要包括"内涵同一"论和"内涵不同"论两种观点。"内涵同一"论认为产业升级是指产业由低层次向高层次的转换过程，不仅包括产业产出总量的增长，而且包括产业结构的高度化，后者即产业结构升级。"内涵不同"论则认为产业升级和产业结构升级不同，对产业升级有着不同的具体解释，持该观点的学者通常认为，产业升级是一个比产业结构升级更细的概念。后者主要表现为国民经济中不同产业之间比例关系的变化，前者则是指某个具体产业内高附加值产品不断增加、不断向更高级迈进的过程。李江涛、孟元博（2008）认为，产业升级应包括产业结构升级和产业链升级；产业升级是一个比产业结构升级更高层次、更细的概念，即产业升级包括两个不同升级方向的、并列的产业发展内容：产业结构升级和产业深化发展。李晓阳、吴彦艳等（2010）认为，产业升级是指产业结构的改善和产业素质与效率的提高，前者表现为产业的协调发展和结构的提升，后者表现为生产要素优化组合、技术水平和管理水平以及产品质量的提高。

总之，对产业升级的理解虽然众多，但不管哪一种理解都包含产业升级的两个核心内容：一是技术进步，二是沿着产业链由前端向后端延伸。前者属于技术升级，后者属于产业内升级，我们称之为"结构升级"。由于产业链越往后端，技术水平越高，产品的技术附加值越高，因而结构升级必然要由技术升级来推动。同时，在产业链的同一环节也存在着更先进技术的发展，使之从相对传统的生产方式向现代生产方式转变。因此，产业升级至少应包括结构升级和技术升级，而技术升级包括沿产业链方向的技术推进和产业链某一环节的技术改进。

二 我国稀土产业的升级指向

稀土产业链从前端到后端大致可以划分为：稀土原料环节（包括稀土开采和稀土冶炼分离）、稀土功能材料环节、稀土终端应用环节。在国内的大多数研究以及实际部门的管理中，并不将稀土终端应用归入稀土产业。事实上，如果将稀土产业链限定在稀土功能材料环节，我国稀土产业除了生产的环境破坏问题以外，在全球的竞争力最强，虽然在稀土功能材料环节的技术对外依赖性较大，但生产规模仍然是世界上最大的，因此谈稀土产业升级的意义并不大。正是因为我国稀土终端应用的落后，即使我国稀土原料和稀土功能材料环节发展得再好，我国稀土产业在国际分工中的被动局面依然不能改变，不包括稀土终端应用的稀土产业的发展是不可持续的。

如果将稀土终端应用排除在稀土产业之外，那么我国"稀土问题"的核心应该并不在稀土产业之内，而在稀土产业之外的稀土应用领域。在关于稀土问题的大多数研究中，基本上都认识到发展稀土终端应用产业是解决我国稀土问题的长远的、根本性的措施。因此，在我们的分析中，为了能够突出我国稀土产业发展中的核心问题，还是将稀土终端应用归入稀土产业之中。

（一）全球视野下的我国稀土产业发展状况

1. 稀土原料环节

在稀土矿产品和稀土冶炼分离产品的生产环节，无论是生产技术、产品质量还是生产规模，我国都有产业优势。但是在稀土矿产品生产环节，稀土矿开采所造成的环境破坏还是相当严重的。目前全世界在这一环节的环境破坏问题都比较突出，这也是国外放弃稀土资源开采的重要原因。

我国北方所拥有的轻稀土资源在全世界并不稀缺，并且与国外主要轻稀土矿相比，资源价值（按稀土元素在稀土矿中的配分和稀土元素价格计算）偏低；北方稀土原料产品的供给成本目前还具有一定优势，但资源价值和环境成本并未完全体现出来。如果按国外的资源价值和环境成本计算，我国北方稀土原料环节的竞争优势已经很小了。

我国南方所拥有的中重离子型稀土资源相对比较稀缺，资源价值较大，并且为我国所独有，国外同类产品的竞争较小。即便是将资源价值和环境成本完全加入供给成本之中，南方稀土原料产品仍有较大的竞争优势。需要注意的是，日本经过长期研究所进行的深海中重稀土资源开发，有可能在未来对南方稀土形成一定的竞争压力。

总体来看，稀土资源价值对稀土原料产业的竞争力产生决定性影响，南方稀土原料产业竞争优势较大的主要原因，是南方离子型稀土的价值高于北方轻稀土资源的价值。稀土资源的价值高低由稀土元素在稀土矿中的配分和稀土元素价格决定，因此稀土元素价格的变化对稀土资源价值会产生很大的影响。稀土有 17 种元素，随着科学技术的发展，各种元素在应用终端的使用价值会发生变化，原来应用价值很低的某种稀土元素，可能因为技术的发展而使其应用价值大幅度提高。这种应用价值的变化会使稀土元素的价格发生变化，从而对稀土资源价值产生影响，最终对稀土原料产业的竞争力产生影响。因此，稀土原料环节的产业竞争力很大程度上并不由这一环节的技术水平、产业规模所决定，而是由稀土终端应用产业的技术发展状况决定的。

2. 稀土功能材料环节

我国稀土功能材料的生产规模和生产能力世界上最大的，大多数种类的稀土功能材料产品产量都是世界第一，因此从生产规模上看，稀土功能材料环节我国也具有产业优势。但是我国生产稀土功能材料所使用的专利技术绝大部分是国外的，国内自主专利少之又少；稀土新材料研发能力弱、产品种类少，且主要是对国外同类产品的模仿；我国生产的绝大部分稀土功能材料的产品档次，在全球属于中、低档次，稀土元素的利用效率较低，相同性能产品的稀土消耗量较大，在这方面我国与国外有较大差距。因此，我国稀土功能材料产业虽然生产规模大，但其发展严重受制于国外的技术发展。除此之外，稀土功能材料仍属于中间产品，其产业发展受制于稀土终端应用的发展。

3. 稀土终端应用环节

稀土终端应用有低端应用和高端应用之分，我国在传统低端产品上的稀土应用规模是全世界最大的，但创造的产值却远比不上日本。在稀土高端应用环节，我国基本处于空白，不但不能生产稀土元器件产品，反而要大量从国外进口。

我国稀土产业从总体来看，前端产业（原料环节）有较强的竞争优势，而后端产业规模虽大，但竞争力不强。尤其是稀土高端应用的落后，造成我国稀土产业大而不强。

（二）稀土产业结构升级的必要性

在稀土产业链上，我国稀土产业整体处在低端，在稀土产业链的整体价值中，只获取了极为有限的利益。从"比较优势陷阱"理论和"资源诅咒"理论来看，如果不在稀土高端应用领域有所突破，稀土产业对我国经济发展的利用价值并不高。

"比较优势陷阱"是指一国（尤其是发展中国家）完全按照比较优势，生产并出口初级产品和劳动密集型产品，则在与以技术和资本密集型产品出口为主的经济发达国家的国际贸易中，虽然能获得利益，但贸易结构不稳定，总是处于不利地位。"比较优势陷阱"有两种类型：一是初级产品比较优势陷阱。它是指发展中国家完全按照机会成本的大小来确定本国在国际分工中的位置，运用劳动力资源和自然资源优势参与国际分工，从而只能获得相对较低的附加值。并且比较优势战略的实施还会强化这种国际分工形式，使发展中国家长期陷入低附加值环节。由于初级产品的供给弹性小，加上初级产品的国际价格下滑，发展中国家的贸易条件恶化，不可避免地会发生贫困化增长现象。二是制成品比较优势陷阱。由于初级产品出口的形势恶化，发展中国家开始以制成品来替代初级产品的出口，利用技术进步来促进产业升级。但由于自身基础薄弱，主要通过大量引进、模仿先进技术或接受技术外溢和改进型技术等作为手段来改善在国际分工中的地位，并有可能进入高附加值环节。但是由于过度地依赖技术引进，使自主创新能力长期得不到提高，无法发挥后发优势，只能依赖发达国家的技术进步。各国的发展经验表明，制成品的出口比初级产品出口带来较大的利益，而在制成品中，技术和资本密集型产品出口一般比劳动和资源密集型产品出口带来更多的利益。要想突破"比较优势陷阱"就必须实行竞争优势战略。所谓竞争优势战略就是指以技术进步和制度创新为动力，以产业结构升级为特征，全面提高本国产业的国际竞争力，以具有竞争优势的产品参与国际竞争。为了获得稳定的、长期的贸易利益，甚至可以牺牲一些中短期的比较优势，将一国的潜在资源优势转变成现实的竞争优势。

从目前稀土产品的国际贸易特征及世界范围的稀土产业国际分工格局来看，我国稀土产业事实上已经落入"比较优势陷阱"之中。要想改变这一局面，我国稀土产业只有结构升级。

如果不注重发展稀土高端应用产业，而过分依赖稀土资源优势，发展稀土原料产业，那么稀土资源优势带给我们的很可能是一种资源的诅咒。"资源诅咒"是一个经济学理论，指丰富的自然资源可能是经济发展的诅咒而不是福音，大多数自然资源丰富的国家比那些资源稀缺的国家增长更慢。"资源诅咒"表现得最为严重的现象是所谓的"荷兰病"，它是指自然资源的丰富反而拖累经济发展的一种经济现象。经济学家常常以此来警示经济发展对某种相对丰富的资源的过分依赖的危险性。荷兰 20 世纪 50 年代因发现海岸线蕴藏巨量天然气，而迅速成为以出口天然气为主的国家，其他工业逐步萎缩。资源带来的财富使荷兰国内创新的动力萎缩，国内其他部门失去国际竞争力。至 20 世纪 80 年代初期，荷兰由此经历一场前所未有的经济危机。理论和实践表明，资源产业的扩张和制造业萎缩必将降低资源配置效率，采掘和原料工业的比重过大，中间产品比例高，挤占了技术含量和附加值高的最终产品工业和高新技术产业的发展，资源部门的扩张在一定程度上会"挤出"制造业。同时，在产权制度不清晰、法律制度不完善、市场规则不健全的情况下，丰裕的自然资源还会诱使资源使用的机会主义行为及"寻租"活动的产生，造成大量的资源浪费和掠夺性开采。另外，资源的开发加大了生态环境的压力，环境问题突出，这不仅阻碍了资源地区潜在优势的发挥，而且成为经济发展的主要障碍，在资源接近枯竭时，经济发展的可持续性受到了严峻的挑战。

我国稀土产业的发展历程，恰恰印证了"资源诅咒"理论所揭示的资源类产业发展规律。丰富的稀土资源导致我国稀土原料产业的过度扩张，社会资本的争夺焦点集中在稀土原料生产领域，根本无暇顾及稀土高端应用产业的创新、发展。依靠稀土资源发展起来的稀土原料产业，并未给我们带来多少利益，反而造成了沉重的环境负担。大规模开采导致的稀土资源储量迅速下降，又直接威胁到稀土产业的可持续发展。稀土产业打破"资源诅咒"规律的唯一办法就是坚定不移地发展稀土高端应用产业，否则，"资源诅咒"的悲剧会一遍又一遍地重演。

长期来看，真正能使稀土产业良性发展、彻底解决"稀土问题"的关键，是稀土高端应用产业的创新发展。如果没有稀土的高端应用，或国内稀土的应用技术和应用价值始终低于国外，那么稀土永远都会低价外流，"稀土问题"将会一直困扰我们。我国在稀土的前端具有相对优势，如果稀土高端应用技术和高端应用产业没有发展起来，稀土研发和生产投入还主要停留在开采和分离阶段，那么稀土产业链的前端技术越发展、生产水平越高，稀土价格的下行压力就越大，我国稀土资源储量下降得就会越快，稀土产业面临的威胁就越大。

虽然我国在稀土原料环节还存在着严重的环境破坏问题，在稀土功能材料环节还存在着自主知识产权缺乏问题，这些问题的解决都需要稀土产业在原料和功能材料环节进行技术升级。但与稀土产业结构向高端应用升级相比，结构升级更为关键和急迫。在我国稀土高端应用领域没有突破的情况下，原料和功能材料环节技术升级得再好，稀土产业的发展也摆脱不了"比较优势陷阱"和"资源诅咒"。因此，我国稀土产业升级最关键、最重要的指向就是稀土产业结构向着高端应用领域不断地攀升。

三　产业内结构升级的驱动因素

产业内结构升级最直接表述为：某个产业沿着产业链由前端向后端、由上游向下游、由低端向高端的发展，这种发展表现为产业结构的不断高级化。绝大多数对产业升级的探讨是从宏观或中观视角展开的，对产业升级包含的内容、产业升级的必要性、产业升级的路径和产业升级的结果探讨较多，而从市场微观主体的角度探讨产业升级的驱动因素却极为少见。

就产业内结构升级来说，在计划经济体制下，由于政府掌握着整个社会资本，因此政府可以将资本投向产业链的后端（下游），产业内结构升级的主要推动力量是政府。在政府作为投资主体的情况下，从宏观或中观角度探讨产业结构升级的必要性、升级方向、升级路径等问题有很大的意义，它可以使政府的投资决策更为科学。在市场经济体制下，投资主体已由政府转变为市场微观主体（企业和社会投资者），虽然政府可以对市场微观主体的投资行为进行引导，但直接做出投资决策的是市场微观主体。在这种情况下，产业内结构升级的决定因素是市场微观主体是否愿意将资本投向产业链的后端。因此，当市场微观主体成为产业内结构升级的主要推动力量时，从市场微观主体角度探讨投资的驱动因素意义更大。

影响市场微观主体投资决策的因素很多，但归纳起来主要有两个因素：投资收益和投资风险。不管投资到哪一个领域、哪一个环节，投资最终都表现为企业组织形式，因此市场微观主体的投资收益和投资风险是通过具体企业的经营收益和经营风险表现出来的。通常，某个领域中的企业经营收益越大、经营风险越低，就越能吸引更多的投资，这一领域就会发展得比较快。在现代市场经济中，经营收益概念有很多局限性，比如企业在经营中会有资本、人力资源、技术等多种投入，投入规模和投入结构不相同；企业追求的目标也不是单一的，有短期目标、长期目标，有市场目标、价值目标、收益目标等。经营收益难以反映出企业综合的投入和产出情况。事实上，企业总是处在需要进行多种投入和追求多种产出的决策中，并且总是尽可能地以最小的投入去获取最大的产出，这种投入产出之比一般被称为"综合效率"，它能综合反映出企业获取收益能力、市场竞争能力和可持续发展能力等；同样，经营风险也不是某一种单一风险，而是包括研发风险、融资风险、市场风险、财务风险等多种风险的一种"综合风险"。

大多数研究在探讨沿产业链的产业内结构升级时，有一个基本假定：产业链上的价值分割呈倒金字塔形，越往上游（前端）所分割的价值越少，越往下游（后端）所分割的价值越大，即产业链前端的价值低于后端价值，前端产品的附加值低于后端产品的附加值。因而作为追求利益最大化的企业沿产业链从前端向后端升级是应当的和必然的。这种产业升级逻辑所存在的问题是：产品价值和企业收益是两个不同的概念，产业链后端产品的价值高于前端产品的价值，并不等同于产业链后端企业的收益就一定高于前端企业的收益。另外，企业还要考虑获取收益所要承担的风险大小，高收益如果伴随着高风险，作为风险规避型企业也未必愿意冒着高风险去获得高收益。因此，产业链后端产品的价值高于前端产品的价值仅仅是产业内结构升级的一个诱导因素，作为微观投资主体的企业还要根据综合效率和综合风险的判断决定是否向产业链后端发展。

在某一产业内，产业链前端和后端企业所表现出的综合效率和综合风险，决定着该产业内结构是否能够得以升级。如果处在产业链后端企业的综合效率高于前端企业、综合风险低于前端企业，那么产业内结构升级就比较容易实现；如果产业链后端企业的综合效率低于前端企业、综合风险高于前端企业，产业内结构升级基本没有可能。因此，从微观视角看产业内结构升级的驱动因素就是处在产业链不同环节上企业的综合效率和综合风险。

四　稀土产业结构升级的微观驱动因素分析

从表面上看，我国稀土产业基本被锁定在了低端环节，那么究竟是什么因素阻碍了我国稀土产业的结构升级。我们通过对比我国稀土产业链前后端企业的综合效率和综合风险，从微观视角寻找我国稀土产业低端锁定的原因。

（一）稀土企业样本的选取

为了保证研究的可行性及所选取的企业样本具有较强的代表性，能够基本反映我国稀土产业的总体现状，我们在选取企业样本时考虑：（1）为了保证所选企业相关研究数据较为详细及可以获得，主要在稀土上市公司中选取样本；（2）为了便于时间序列分析，选取2007—2013年始终处于稀土板块的上市企业；（3）为了比较稀土产业链前后端企业的效率和风险水平，所选样本企业的主营业务比较突出，能够识别在产业链中所处的主要环节。

根据以上考虑，我们共选出11家稀土企业作为研究样本。包括10家上市公司和1家非上市公司（赣州稀土）。依据11家企业主营业务类型大致将其划分为：以稀土采选、冶炼分离为主营业务的稀土产业链前端企业5家（包钢稀土、厦门钨业、广晟有色、中色股份和赣州稀土）；以稀土功能性材料和高端应用为主营业务的稀土产业链后端企业6家（中科三环、宁波韵升、横店东磁、太原刚玉、天通股份和安泰科技）。需要说明的是，赣州稀土公司虽然不属于上市公司，但该公司是我国南方离子型稀土产业中的龙头企业以及南方第一大稀土资源平台，掌控着全国乃至全世界绝大部分离子型稀土原料的供应，资源控制力强、市场影响力大，在全国稀土产业中具有举足轻重的地位。该公司2007—2013年经审计并出具标准审计意见的年度财务报告可以支持研究所需的数据资料。因此，将该公司纳入研究样本能够使评价结果更为全面地反映我国稀土产业的整体状况。

（二）综合效率和综合风险的评价方法

1. 综合效率的评价方法

综合效率的评价方法有很多种，目前能够较好反映多投入、多产出状况下综合效率水平的方法是数据包络分析（Date Envelopment Analysis，DEA）。该方法是以线性规划理论为工具，评价具有多投入、多产出决策单元相对效率的一种非参数前沿效率分析方法。其基本思想是依据决策单元的投入产出数据，确定一个有效生产前沿面，并根据各决策单元与有效生产前沿面的距离得出各决策单元的效率。与其他效率评价方法相比，DEA 方法的优点在于：可以处理多投入、多产出的效率评价问题，避免了其他方法只能处理单一投入产出的弊端；无须事先估计各个投入、产出指标的权重，也无须预先估计投入产出指标之间的参数与函数关系式，规避了人为主观性的片面影响，评价结果更为客观；对产出指标数值的正负没有要求，当某项产出指标值出现负数时，将各企业的该指标同时加上相同的数使其变成正数不会改变其结果的有效性；不仅可以测算出企业的综合效率，而且可以测算出影响综合效率的两大因素（纯技术效率和规模效率），据此判断影响企业综合效率的关键因素，进而找出提高企业综合效率的主要路径。

DEA 方法测算的是一种相对效率，学术界使用 DEA 方法评价某个行业的效率时，普遍的做法是将所有样本每一年的数据分别置于一个总体范围进行评价，而由于每一年的生产前沿面不一致，导致只能进行截面或时间序列数据分析，而不能进行面板数据分析。DEA 的基本思想是依据决策单元的投入产出数据，确定一个有效生产前沿面，根据各决策单元与有效生产前沿面的距离得出各决策单元的效率，其所测算出的效率为决策单元之间的一种相对效率，处于有效生产前沿面的效率为 1。在已有决策单元的基础上，增加 1 个或 n 个决策单元，若增加的决策单元不在生产前沿面上，并不会改变其他决策单元的效率值。我们根基 DEA 的这一原理，将每一个时点上的每一个企业（假设共 a 个时点，b 个企业）作为一个决策单元，将所有时点上的所有企业置于一个总体范围（共 a×b 个）中进行 DEA 效率测算，得出的效率值既可以进行静态比较也可以进行动态比较。

2. 综合风险的评价方法

对企业所面临的多种风险进行综合评价的方法有很多种，其中客观评价法中的因子分析法（Factor Analysis）使用得较多、评价效果较好，但是因子分析法不能处理面板数据。为了能够对多个企业的综合风险进行动态比较，我们选用动态因子分析方法（Dynamic Factor Analysis，DFA）对综合风险进行评价和比较。DFA 方法由 Coppi 和 Zannella 于 1978 年首先提出，之后由 Coppi（1986）和 Corazziari（1997）进一步完善。是将利用主成分分析（PCA）得到的截面分析结果和利用线性回归分析得到的时间序列分析结果进行综合的一种多元统计分析方法。该方法最大的优点在于能够客观地处理面板数据，适用于多个主体跨时期的动态变化趋势分析，因而能够很好地克服因子分析等客观赋权法在进行综合评价时，只能进行静态的横向比较而不能进行动态的纵向比较的弊端。运用该方法对前后端企业的综合风险水平进行评估，不仅能对各年产业链前后端的综合风险水平进行静态比较，而且能对考察期内产业链前后端的综合风险水平进行动态比较，使评估结果具有横向对比和纵向对比双重效应，能够更为全面地揭示稀土产业链前后端的综合风险差异。

（三）稀土产业链前后端的综合效率分析

1. 投入产出指标选取及数据来源

基于数据的可得性以及指标构建的合理性，在借鉴已有相关研究的基础上，构建如下指标体系评价稀土企业的效率水平（见表 6 - 1）。

表 6 - 1　　　　　　　　　投入产出指标体系

指标类型	指标名称	定义
投入指标	总资产	（期初总资产 + 期末总资产）/2
	营业成本	主营业务成本 + 其他业务成本
	期间费用	财务费用 + 销售费用 + 管理费用
产出指标	营业收入	主营业务收入 + 其他业务收入
	净利润	利润总额 - 所得税费用

　　在投入指标中，总资产作为衡量公司资产规模的核心指标，是企业长久生存和取得长足发展的重要基石，也是企业获取经济效益最稳定的投入要素；营业成本是公司取得营业收入而发生的最直接的成本投入，与产出指标中的营业收入相比，其高低直接影响着公司的盈利能力，是衡量公司效率水平的重要指标；期间费用是公司为了组织生产经营管理活动、筹集生产经营管理所需资金以及销售商品等产生的重大投入，反映公司经营管理的效率水平。

　　在产出指标中，营业收入是公司日常经营活动中形成经济效益的总产出；净利润能够综合反映公司的最终经营成果。两者都是反映公司产出状况的重要指标，通过将两者与公司的总资产、营业成本和期间费用等投入指标相比，能够有效地反映公司的综合效率水平。

　　以2007—2013年为研究区间。上市公司研究数据主要来源于Osiris全球上市公司数据库（osiris. bvdinfo. com/ip）、锐思金融研究数据库（www. resset. cn）和巨潮咨讯网（www. cninfo. com. cn），赣州稀土公司的相关数据来自其年度财务报告。

　　2. 稀土产业链前后端企业的效率测算

　　将11家稀土公司7年的投入产出数据全部置于一个总体范围，共计77个决策单元。依据前述构建的稀土企业投入产出指标体系，应用DEA – BC^{2}模型，采用MAXDEA软件，对2007—2013年11家稀土企业的效率进行测算，结果见表6 – 2。

表6 – 2　　　　2007—2013年稀土产业链前后端企业的效率值

公司简称	效率名称	2007 年	2008 年	2009 年	2010 年	2011 年	2012 年	2013 年
包钢稀土 （前端）	crete	0.5991	0.5163	0.4012	0.6336	1.0000	0.5359	0.4593
	vrete	0.6288	0.5292	0.4267	0.6423	1.0000	0.5556	0.4607
	scale	0.9528	0.9756	0.9402	0.9864	1.0000	0.9645	0.9969
赣州稀土 （前端）	crete	1.0000	1.0000	1.0000	0.7669	0.6628	0.5952	
	vrete	1.0000	1.0000	1.0000	0.8430	1.0000	0.6798	0.6190
	scale	1.0000	1.0000	1.0000	0.9097	1.0000	0.9751	0.9615
广晟有色 （前端）	crete	0.5388	0.4643	0.4599	0.5249	0.6385	0.5865	0.4701
	vrete	0.6514	0.5847	0.6345	0.6034	0.6631	0.6060	0.5166
	scale	0.8271	0.7942	0.7249	0.8699	0.9628	0.9679	0.9100

续表

公司简称	效率名称	2007 年	2008 年	2009 年	2010 年	2011 年	2012 年	2013 年
厦门钨业 （前端）	crete	0.5619	0.5697	0.6448	0.5240	0.6494	0.5326	0.5528
	vrete	0.6550	0.6563	0.8444	0.5669	0.9044	0.6318	0.6535
	scale	0.8579	0.8681	0.7636	0.9244	0.7181	0.8430	0.8459
中色股份 （前端）	crete	0.5772	0.4809	0.4405	0.4786	0.5500	0.5557	0.5606
	vrete	0.6630	0.4839	0.4462	0.5021	0.7818	0.9298	1.0000
	scale	0.8706	0.9939	0.9871	0.9532	0.7035	0.5977	0.5606
安泰科技 （后端）	crete	0.5522	0.5356	0.5540	0.5404	0.5538	0.4608	0.4529
	vrete	0.5710	0.5482	0.5616	0.5460	0.6041	0.4702	0.4617
	scale	0.9670	0.9771	0.9865	0.9897	0.9168	0.9801	0.9809
横店东磁 （后端）	crete	0.5703	0.5027	0.4677	0.5988	0.5829	0.5278	0.5651
	vrete	0.6274	0.5549	0.5459	0.6106	0.5879	0.5451	0.5780
	scale	0.9090	0.9059	0.8567	0.9808	0.9915	0.9684	0.9777
宁波韵升 （后端）	crete	0.6459	0.4925	0.8269	0.5528	0.7474	0.5834	0.4807
	vrete	0.9943	0.5361	0.8519	0.5926	0.7521	0.6067	0.5171
	scale	0.6496	0.9186	0.9707	0.9328	0.9937	0.9614	0.9296
太原刚玉 （后端）	crete	0.4357	0.3596	0.4263	0.4316	0.6039	0.5422	0.4153
	vrete	0.6961	0.6180	0.7227	0.5957	0.6703	0.5982	0.5035
	scale	0.6259	0.5819	0.5898	0.7245	0.9009	0.9063	0.8247
天通股份 （后端）	crete	0.4404	0.4743	0.3376	0.5017	0.4636	0.4050	0.4381
	vrete	0.5169	0.5120	0.4940	0.5713	0.5219	0.4965	0.5083
	scale	0.8519	0.9265	0.6835	0.8782	0.8882	0.8156	0.8619
中科三环 （后端）	crete	0.5874	0.5724	0.5043	0.5993	0.7389	0.6544	0.5405
	vrete	0.6201	0.6042	0.5562	0.6236	1.0000	0.7002	0.5512
	scale	0.9473	0.9472	0.9066	0.9610	0.7389	0.9347	0.9806

注：crete 表示综合效率，vrete 表示纯技术效率，scale 表示规模效率。

3. 稀土产业链前后端的平均综合效率比较

将前端 5 家稀土企业的综合效率值简单平均计算出稀土产业链前端的平均综合效率，将后端 6 家稀土企业的综合效率值简单平均计算出稀土产业链后端的平均综合效率。表 6 - 3 显示的是 2007—2013 年稀土产业链前后端每年的综合效率平均值。

表 6 – 3　　　2007—2013 年稀土产业链前后端的平均综合效率值

年份	2007	2008	2009	2010	2011	2012	2013
产业链前端	0.6554	0.6062	0.5893	0.5856	0.7676	0.5747	0.5276
产业链后端	0.5387	0.4895	0.5195	0.5374	0.6151	0.5289	0.4821

数据显示，2007—2013 年，我国稀土产业链前端的综合效率值均高于后端，综合效率出现"倒挂"现象。这意味着从综合效率的角度来说，不能驱动稀土产业结构升级。我国稀土产业链前后端综合效率的变动特征有很高的相似性，前、后端综合效率最高年份都出现在2011 年，最低年份都在 2013 年。这说明我国稀土产业整体的综合效率（综合盈利能力）对稀土原料价格的依赖度比较大，稀土原料价格大幅度上涨时，综合效率较高；稀土原料价格下降时，综合效率立即变差。2013 年与 2007 年相比，我国稀土产业链前端综合效率下降了19.50%，后端综合效率下降了 10.51%。这表明稀土产业链后端的综合效率对稀土原料价格的依赖度略小于前端。

4. 稀土产业链前后端综合效率产生差异的影响因素分析

根据 DEA – BC^2 模型，综合效率 = 纯技术效率 × 规模效率。因此，综合效率的高低是由纯技术效率和规模效率两大因素影响的。

规模效率是指由企业要素投入规模带来的效率，BC^2 模型不仅可以测算企业的规模效率值，还可以判断企业的规模收益状况。规模收益是用来衡量一个企业同比例地增加或减少投入量所引起产出量的变化情况。若增加一定比例的投入量，能带来更高比例的产出量，则为规模收益递增，此时企业通过扩大生产规模可以提高投入产出效率；若产出量增加的比例低于投入量增加的比例，则为规模收益递减，企业扩大生产规模虽会提高企业的产出量，但会降低企业的投入产出效率；若产出量增加的比例与投入量增加的比例一致，则为规模收益不变，此时企业的效率最好。

纯技术效率并非仅指技术研发所产生的效率，而是指除企业规模因素以外的所有影响企业效率的因素，主要包括企业科技水平、管理效率、产品价格、政策变动、员工素质等。

（1）稀土产业链前后端的平均纯技术效率比较。将前端 5 家稀土企业的纯技术效率值简单平均计算出稀土产业链前端的平均纯技术效率，将后端 6 家稀土企业的纯技术效率值简单平均计算出稀土产业链后端的平均纯技术效率。2007—2013 年稀土产业链前后端每年的纯技术效率平均值见表 6 - 4。

表 6 - 4　　2007—2013 年稀土产业链前后端的平均纯技术效率值

年份	2007	2008	2009	2010	2011	2012	2013
产业链前端	0.7196	0.6508	0.6704	0.6315	0.8699	0.6806	0.6500
产业链后端	0.6710	0.5622	0.6221	0.5900	0.6894	0.5695	0.5200

2007—2013 年的数据显示，我国稀土产业链前端的纯技术效率值均高于产业链后端，意味着我国稀土产业链后端的纯技术效率水平对稀土产业结构升级没有吸引力；产业链前后端的纯技术效率波动过程与综合效率基本相似，两者的变化轨迹具有较强的一致性，表明纯技术效率是影响产业链前后端综合效率的决定性因素；产业链前后端的纯技术效率水平均呈下降态势，2013 年和 2007 年相比，前、后端纯技术效率分别下降 9.67% 和 22.50%，后端的纯技术效率下降程度更大；产业链前后端的纯技术效率差距存在着扩大趋势，前后端的纯技术效率值 2013 年比 2007 年扩大了 2.68 倍，后端的劣势愈加突出。

（2）稀土产业链前后端的规模效率比较。根据各个企业的投入产出数据，使用 MAXDEA 软件，得到 2007—2013 年 11 个稀土企业的规模收益情况（见表 6 - 5）。

表 6 - 5　　　2007—2013 年各稀土企业的规模收益情况

类型	公司	2007 年	2008 年	2009 年	2010 年	2011 年	2012 年	2013 年
前端企业	包钢稀土	irs	irs	irs	irs	—	drs	drs
	赣州稀土	—	—	—	irs	—	drs	drs
	广晟有色	irs	irs	irs	irs	irs	drs	drs
	厦门钨业	drs	drs	drs	drs	drs	drs	drs
	中色股份	drs	irs	irs	drs	drs	drs	drs

续表

类型	公司	2007 年	2008 年	2009 年	2010 年	2011 年	2012 年	2013 年
后端企业	安泰科技	irs	irs	irs	irs	drs	irs	irs
	横店东磁	irs	irs	irs	irs	irs	irs	irs
	宁波韵升	drs	irs	irs	irs	irs	irs	irs
	太原刚玉	irs	irs	irs	irs	irs	irs	irs
	天通股份	irs	irs	irs	irs	irs	irs	irs
	中科三环	irs	irs	irs	irs	drs	drs	irs

注: irs 表示规模收益递增, drs 表示规模收益递减, —表示规模收益不变。

表 6 - 5 显示, 2011 年以前, 稀土产业链前端的大部分稀土企业都处于规模报酬递增阶段, 2011 年以后, 前端的所有稀土企业都处于规模报酬递减状态; 而稀土产业链后端的所有稀土企业几乎在所有时期均处于规模报酬递增状态。这表明我国稀土产业链前端的产业规模已经达到饱和, 稀土原料产业的规模继续扩大, 会降低前端的综合效率。而稀土产业链后端的产业规模仍未达到最佳, 扩大后端产业规模, 可以提高后端的综合效率。

将前端 5 家稀土企业的规模效率值简单平均计算出稀土产业链前端的平均规模效率, 将后端 6 家稀土企业的规模效率值简单平均计算出稀土产业链后端的平均规模效率。表 6 - 6 反映的是 2007—2013 年稀土产业链前后端每年的规模效率平均值。

表 6 - 6　　2007—2013 年稀土产业链前后端的平均规模效率值

环节	2007 年	2008 年	2009 年	2010 年	2011 年	2012 年	2013 年
产业链前端	0.9017	0.9264	0.8832	0.9287	0.8769	0.8696	0.8550
产业链后端	0.8251	0.8762	0.8323	0.9112	0.9050	0.9277	0.9259

表 6 - 6 显示, 2011 年以前稀土产业链前端的规模效率均高于后端的规模效率, 2011 年以后稀土产业链前端的规模效率均低于后端的规模效率。这一方面表明, 规模效率不是造成稀土产业链后端综合效

率低于前端的因素，后端纯技术效率的低下才是导致其综合效率低于前端的根本原因；另一方面表明，我国稀土产业链前端综合效率一直高于后端，吸引大量生产要素投入产业链前端，尤其是历经2011年稀土原料价格暴涨后，更多的社会资本涌入稀土产业链前端，致使前端的产业规模迅速膨胀，规模效率逐年下降。

总之，我国稀土产业链前端的综合效率始终高于后端，前端对生产要素的吸引力远大于后端，致使我国稀土产业结构升级缺乏足够的效率驱动力。而稀土产业链后端的综合效率低于前端的主要原因是后端的纯技术效率过低。另外，我国稀土产业链前端的生产规模已经处于规模收益递减阶段，再扩大规模只会降低其综合效率；而稀土产业链后端扩大生产规模有利于其综合效率的提高。矛盾之处在于：由于后端的综合效率低，无法吸引大量生产要素投向后端，后端的规模不能迅速做大，反过来又抑制了后端的综合效率提高。

（四）稀土产业链前后端的综合风险分析

1. 风险度量指标的选取及数据来源

企业面临的风险种类很多，但最主要的风险是经营风险和财务风险。经营风险可以用亏本风险和收益波动风险来衡量。亏本风险一般用经营杠杆系数衡量，但由于本书所选企业样本中有经营杠杆系数为负数的情况，因此无法采用经营杠杆来进行度量。考虑到经营杠杆所反映经营的亏本风险主要是从企业的固定成本角度出发，而固定资产是体现企业固定成本的主要因素，固定成本的弥补主要来源于经营活动所产生的营业收入，因而本书选用固定资产占营业收入的比重来衡量亏本风险；收益波动风险选取息税前利润三年内的标准差进行衡量。该指标数值越大，表明企业的经营收益波动越剧烈，收益的波动性风险越大。用 EBIT 表示息税前利润，SD_{EBIT} 表示收益波动风险，计算公式如下：

$$SD_{EBIT}(t) = \sqrt{\begin{array}{l} \left[EBITt - \left(\sum_{t=1}^{3} EBITt \right) \big/ 3 \right]^2 + \left[EBITt - 1 - \left(\sum_{t=1}^{3} EBITt \right) \big/ 3 \right]^2 + \\ \left[EBITt - 2 - \left(\sum_{t=1}^{3} EBITt \right) \big/ 3 \right]^2 \end{array}}$$

财务风险我们用财务杠杆系数、资产负债率和现金流量风险来反映。现金流量风险用营业收入的现金含量来度量，该指标反映企业销售商品或提供劳务过程中创造现金流的能力及资金回收的风险程度，指标数值越大，现金流量风险越小。表6－7为风险度量指标体系。

表6－7　　　　　　　　　　风险度量指标体系

指标类型	指标名称	定义	性质
经营风险	亏本风险	平均固定资产净额/营业收入	正指标
	收益波动风险	息税前利润的标准差	正指标
财务风险	财务杠杆系数	息税前利润/（息税前利润－财务费用）	正指标
	资产负债率	（负债总额/资产总额）×100%	正指标
	现金流量风险	销售商品提供劳务收到的现金/营业收入	逆指标

以上5个指标中，除了现金流量风险是逆指标外，其他4个指标均为正指标。为避免指标性质不一致而导致评价结果失真，对现金流量风险这一指标，取倒数进行正向化处理。

数据主要来源于Osiris全球上市公司数据库（osiris. bvdinfo. com/ip）、锐思金融研究数据库（www. resset. cn）和巨潮咨讯网（www. cninfo. com. cn），赣州稀土公司的相关数据来自其年度财务报告。

2. 稀土产业链前后端企业的风险测算

用DFA方法进行测算，利用STATA 13.0软件，参照Alessandro Federici和Andrea Mazzitelli（2006）的编程方法进行编程。[①] 得到各因子的特征值、方差贡献率（见表6－8）。

表6－8　　　　各因子的特征值、单一贡献率及累计贡献率

因子	亏本风险	收益波动风险	财务杠杆系数	资产负债率	现金流量风险
特征值	12. 5908	7. 7433	6. 4545	5. 0417	4. 3564
单一贡献率	0. 3479	0. 2140	0. 1784	0. 1393	0. 1204
累计贡献率	0. 3479	0. 5619	0. 7403	0. 8796	1. 0000

---

① Alessandro Federici，Andrea Mazzitelli，Dynamic Factor Analysis with Stata，http：// www. stata. com/meeting/2italian/Federici. pdf.

由于 5 个因子的特征值均大于 1，并且贡献率相差不大，将这 5 个因子全部提取为公因子对稀土前后端企业的风险水平进行度量。计算出各稀土企业平均得分和动态得分，以各因子的方差贡献率为权重，计算出 2007—2013 年各稀土企业的综合风险值（见表 6 - 9）。

表 6 - 9　　　　　　　2007—2013 年稀土产业链前后端
企业的综合风险值（未标准化）

类型	公司	2007 年	2008 年	2009 年	2010 年	2011 年	2012 年	2013 年	均值
前端企业	包钢稀土	-0.0151	0.7489	0.8627	0.1593	-0.3668	-0.3380	-0.3482	0.1004
	赣州稀土	-0.8928	-0.8051	-0.5572	-0.5424	-0.5503	-0.0550	0.6925	-0.3872
	广晟有色	1.8334	0.9731	-0.4698	-0.4693	-0.4298	-0.4245	-0.9641	0.0070
	厦门钨业	-0.3964	-0.1923	-0.2215	0.0336	0.4925	0.1164	0.0410	-0.0181
	中色股份	-0.3590	-0.1766	-0.2975	-0.0516	-0.1541	-0.1251	0.0007	-0.1662
后端企业	安泰科技	-0.3257	-0.4319	-0.3159	-0.1872	0.0657	0.2548	0.2227	-0.1025
	横店东磁	0.1237	-0.1126	0.0531	-0.0489	0.3768	0.2785	0.1712	0.1202
	宁波韵升	-0.5879	-0.2501	-0.0619	-0.2177	-0.2982	-0.2996	-0.2779	-0.2848
	太原刚玉	0.9414	-0.1721	0.8182	1.1413	-0.0711	0.7827	-0.1982	0.4632
	天通股份	0.1960	0.8963	0.5652	0.4478	1.2936	0.3562	1.1896	0.7064
	中科三环	-0.5175	-0.4775	-0.3754	-0.2649	-0.3583	-0.5465	-0.5293	-0.4385

为方便后续比较，将表 6 - 9 中的数值标准化，使数值在 [0, 1] 区间，标准化公式为：

$$F'_i = \frac{F_i - \min(F_i)}{\max(F_i) - \min(F_i)}$$

其中 F'_i 为标准化后的综合风险值；F_i 为标准化前的综合风险值。标准化后的稀土企业综合风险值见表 6 - 10。

从 2007—2013 年各稀土企业年平均综合风险来看，综合风险值最高的 3 家稀土企业为天通股份、太原刚玉和横店东磁，均属于产业链后端企业；综合风险值最低的为中科三环，属于产业链后端企业，其次为赣州稀土，属于产业链前端企业。总体而言，产业链前端企业的综合风险处于中等水平，而产业链后端企业的综合风险偏高。

表 6 - 10   2007—2013 年稀土产业链前后端企业的
综合风险值（标准化）

类型	公司	2007 年	2008 年	2009 年	2010 年	2011 年	2012 年	2013 年	均值
前端企业	包钢稀土	0.3392	0.6123	0.6530	0.4016	0.2135	0.2238	0.2201	0.3805
	赣州稀土	0.0255	0.0568	0.1454	0.1507	0.1479	0.3250	0.5922	0.2062
	广晟有色	1.0000	0.6925	0.1767	0.1769	0.1910	0.1929	0.0000	0.3471
	厦门钨业	0.2029	0.2759	0.2654	0.3566	0.5207	0.3862	0.3593	0.3382
	中色股份	0.2163	0.2815	0.2383	0.3262	0.2895	0.2999	0.3449	0.2852
后端企业	安泰科技	0.2282	0.1902	0.2317	0.2777	0.3681	0.4357	0.4242	0.3080
	横店东磁	0.3888	0.3044	0.3636	0.3271	0.4793	0.4442	0.4058	0.3876
	宁波韵升	0.1345	0.2552	0.3225	0.2668	0.2380	0.2375	0.2453	0.2428
	太原刚玉	0.6811	0.2831	0.6371	0.7526	0.3192	0.6244	0.2738	0.5102
	天通股份	0.4147	0.6650	0.5466	0.5047	0.8070	0.4720	0.7699	0.5971
	中科三环	0.1596	0.1739	0.2104	0.2499	0.2165	0.1493	0.1554	0.1879

注：后文所使用的综合风险值均为此表中标准化后的数据。

3. 稀土产业链前后端的平均综合风险比较

将前端 5 家稀土企业的综合风险值简单平均计算出稀土产业链前端的平均综合风险，将后端 6 家稀土企业的综合风险值简单平均计算出稀土产业链后端的平均综合风险。表 6 - 11 反映的是 2007—2013 年稀土产业链前后端每年的综合风险平均值。

表 6 - 11   2007—2013 年稀土产业链前后端的平均综合风险值

类型	2007 年	2008 年	2009 年	2010 年	2011 年	2012 年	2013 年	平均值
产业链前端	0.3568	0.3838	0.2958	0.2824	0.2725	0.2856	0.3033	0.3114
产业链后端	0.3345	0.3120	0.3853	0.3965	0.4047	0.3938	0.3791	0.3723

2008 年以前稀土产业链后端的综合风险低于前端，但从 2009 年开始后端的综合风险一直高于前端；2013 年和 2007 年相比，稀土产业链前端的综合风险下降了近 15%，而后端的综合风险上升了13.33%；以七年的平均风险衡量，我国稀土产业链后端的综合风险

比前端高出了近20%。因此，从投资规避风险的角度来看，我国稀土产业链后端的综合风险变动趋势不利于稀土产业结构升级。

2009—2011年，稀土产业链前端的综合风险呈"逐年降低"的态势，原因在于这段时期大量密集的稀土管制政策出台，对稀土产业链前端企业形成了事实上的保护。如限制出口政策使稀土原料价格大幅度上涨，提高了企业的利润空间，降低了财务风险；稀土原料环节的强力整合，大幅度减少了稀土原料生产企业的数量，削弱了市场竞争，降低了国有大型稀土原料企业的经营风险。2012—2013年，稀土产业链前端的综合风险又呈现出"逐年加大"的态势。主要原因是稀土原料价格在经历2011年暴涨后持续下降，稀土原料市场持续低迷，加大了前端企业的经营风险；同时这段时期前端企业为了进行兼并重组，过度举债整合，大大增加了前端企业的财务风险。2009—2013年我国稀土产业链后端的综合风险表现出与前端截然相反的变化趋势，当前端的综合风险"逐年降低"时，后端的综合风险"逐年加大"；而当前端的综合风险"逐年上升"时，后端的综合风险则"逐年降低"。这种现象表明，我国稀土产业链后端的产业竞争力并不高，其风险变化严重依赖于前端稀土原料的价格高低，稀土原料价格上升，后端利润空间立刻大幅度减少，企业风险加大。因此，在稀土产业链前端对后端有决定性影响的情况下，社会资本最优选择是进入前端，而非后端。

（五）效率和风险对稀土产业结构升级的影响分析

微观市场主体对于收益（投入与产出效率）和风险的态度有三种类型：风险规避型、风险中性和风险爱好型，世界上绝大多数投资主体属于风险规避型。风险规避型投资主体宁愿进入一个低收益、低风险的产业领域，也不愿进入高风险、高收益的产业领域；风险中性投资主体对于低收益、低风险和高收益、高风险的产业领域没有特别偏好，都可以进入；风险爱好型投资主体可能更愿意进入高收益、高风险的产业领域。但不管投资主体属于哪一种类型，对于低收益、高风险的产业领域肯定不愿进入，而高收益、低风险的产业领域毫无疑问会吸引大量的投资者。

因此，将我国稀土产业链前端领域和后端领域的综合效率（综合收益）和综合风险进行对比，可以确定微观市场主体更愿意进入到稀土产业链的哪一个领域，以此从微观市场主体投资意愿的角度，判断我国稀土产业结构升级的可能性。

根据表 6 - 3 和表 6 - 11 中我国稀土产业链前后端的综合效率值和综合风险值，整理出表 6 - 12 反映前后端的对比情况。

表 6 - 12　　　　　　2007—2013 年稀土产业链前后端的
综合效率和综合风险比较

驱动因素	综合效率			综合风险		
年份	前端	对比	后端	前端	对比	后端
2007	0.6554	>	0.5387	0.3568	>	0.3345
2008	0.6062	>	0.4895	0.3838	>	0.3120
2009	0.5893	>	0.5195	0.2958	<	0.3853
2010	0.5856	>	0.5374	0.2824	<	0.3965
2011	0.7676	>	0.6151	0.2725	<	0.4047
2012	0.5747	>	0.5289	0.2856	<	0.3938
2013	0.5276	>	0.4821	0.3033	<	0.3791
平均值	0.6152	>	0.5302	0.3114	<	0.3723

注：表中平均值是相应指标 2007—2013 年七年数据的简单平均。

对比我国稀土产业链前后端的综合效率值和综合风险值可以发现，稀土产业链前端在考察期内，所有年份的综合效率均高于后端；前端的综合风险从 2009 年以来均低于后端；从前后端七年的平均综合效率和平均综合风险来看，稀土产业链前端的平均综合效率比后端高，而平均综合风险前端却比后端低。

显然，就我国稀土产业目前的发展状况来说，前端比后端具有更高的投资效率和更低的投资风险。如果社会资本要进入稀土产业，不管投资主体属于哪一种类型，当然首选进入稀土产业前端的原料生产领域。这也正是我国稀土整个产业链中，唯有稀土原料生产领域出现各利益主体激烈博弈，而稀土后端领域却无任何整合的最主要原因。

　　为了更直观地表现我国稀土产业链前后端的效率与风险状况，我们将 2007—2013 年稀土产业链前后端的综合效率和综合风险以及七年的平均综合效率和平均综合风险绘制成散点图。散点图的横坐标代表综合效率值，纵坐标代表综合风险值。2007—2013 年稀土产业链前后端所有企业的综合效率和综合风险均值分别为 0.57 和 0.34，我们将 0.57 和 0.34 分别作为横坐标 "综合效率" 和纵坐标 "综合风险" 的临界值，以两个临界值将效率和风险坐标系分割成四个代表区域。第 Ⅰ 区域代表 "高效率、高风险"；第 Ⅱ 区域代表 "低效率、高风险"；第 Ⅲ 区域代表 "低效率、低风险"；第 Ⅳ 区域代表 "高效率、低风险"。见图 6 – 1。

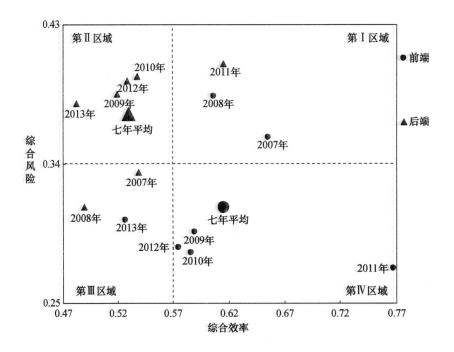

图 6 –1　我国稀土产业链前、后端效率与风险散点

　　通常，第 Ⅰ 区域和第 Ⅲ 区域属于正常投资区域，符合产业正常的发展规律。投资者如果想要有高回报就需要承担较高的风险，如果不愿意承担高风险就只能获得一个较低的回报。第 Ⅳ 区域的高回报、低风险会吸引大量投资者进入这一产业领域，从而竞争加剧，收益下降、风险上升。产业的风险和报酬最有可能从第Ⅳ区域进入第Ⅲ区域，这常常是一个传统成熟产业的发展路径。因此，一个正常产业不可能长久处在第Ⅳ区域，除非有政策上的保护。第Ⅱ区域的高风险、低回报会挤出一些竞争力较弱的企业，从而使收益上升。产业的风险和报酬最有可能从第Ⅱ区域进入第Ⅰ区域，这常常是一个新兴产业的发展路径。一个正常产业不会长期处于第Ⅱ区域，除非投资是非市场化的，或者该产业的退出门槛太高，但无论如何，该产业都只能谈生存问题，而难以谈发展问题。

图中显示，我国稀土产业链前后端的效率和风险表现出明显分化。在考察期的大部分时间里，前端表现为高效率、低风险，而后端表现为低效率、高风险。七年的效率和风险平均值可以反映一段时期里稀土产业链前后端的总体风险和效率情况，我国稀土产业链前端总体处于高收益、低风险状态，而后端总体处于低收益、高风险状态。因此，我国产业链前后端的效率和风险分布特征，不可能驱动稀土产业结构升级。

五 稀土产业升级的管制重点

我国稀土产业升级的重点是结构升级，核心是要发展稀土高端应用环节。因此，政府如果想要在稀土高端应用发展方面有所作为（政府对某些产业结构升级可以进行干预，也可以不干预，日本和韩国政府对某些高技术产业发展的干预起到了较好的效果。目前，发达国家政府对新能源、新材料、航空航天等产业的发展进行干预是一个比较明显的趋势），就应该将管制的重点从控制稀土原料产业转向支持稀土高端应用产业。通过对我国稀土产业结构升级的微观驱动因素分析可以发现，抑制稀土原料环节过高的利益、降低稀土高端应用环节的投资风险、提高稀土高端应用环节的收益水平应该是管制的主要内容。

（一）大幅度减少对稀土原料环节的保护性管制

目前我国对稀土产业管制的重点在稀土原料环节，稀土原料经营企业的产能规模、产品生产数量、生产工艺、销售（包括出口）、兼并重组等都进行了相应管制。试图通过对稀土原料经营企业的管制，达到对稀土资源的控制。但这种管制并没有达到预期效果，却在事实上形成了对国有稀土原料企业的一种保护。这种保护降低了稀土原料环节的竞争，使稀土原料企业在较低的风险下可以获得较高利益，这对于稀土产业的结构升级极为不利。为了促进稀土高端应用环节的发展，政府可以在直接控制资源的前提下，引入竞争机制，降低稀土原料环节的收益水平，引导社会资本进入稀土高端应用领域。

1. 管住稀土资源

国家可以通过建立稀土资源地储备制度直接将稀土资源控制起来，完全不必通过管制稀土开采企业而间接控制稀土资源。通过稀土指令性生产计划控制稀土资源开采规模的效果并不好，而且会对市场竞争产生严重破坏。在国家对稀土资源直接控制的基础上，通过稀土矿山开采权拍卖可以有效地控制稀土资源开采规模，进而可以控制住稀土原料产品的市场供应量。不但如此，矿山拍卖方式比指令性计划方式的政府管制成本更低、更容易操作，产生"寻租"行为的难度更大。更重要的是，稀土矿山拍卖可以真正体现出稀土的资源价值，从而提高稀土原料产品的供给成本，降低稀土原料环节的收益水平，有利于稀土产业的结构升级。

2. 降低稀土原料环节的收益水平

（1）放松稀土原料环节的生产经营管制。在实施稀土资源地储备制度后，通过对稀土矿山开采权拍卖，引入市场机制，增加市场竞争。同时放松稀土原料环节的生产经营管制，让稀土企业自己面对市场，自主做出经营决策，从而增强稀土企业的市场竞争力。通过充分竞争，不但可以降低稀土原料经营企业的收益水平，而且可以形成较为稳定的市场价格，这对于高端应用领域对稀土原料的稳定预期和合理使用都是大有益处的。

（2）加强稀土原料生产环节的环境管制。在放松稀土原料环节生产经营管制的同时，必须加强稀土原料生产环节的环境管制。严格执行稀土生产的环境准入标准，以此逼迫稀土原料生产企业增加环保投入，在生产成本环节增加稀土原料产品的供给成本，降低稀土原料领域的收益水平；开征环境税及建立稀土矿山环境风险准备金，在税费环节提高稀土原料产品的供给成本，降低稀土原料领域的收益水平。加强稀土原料生产环节的环境管制，不但可以达到环境保护的目的，而且可以将外在化的环境成本内在化，抑制稀土原料环节的过高收益，有利于引导资本投向稀土高端应用领域。

（二）用激励性管制方式促使稀土高端应用的发展

从全世界的产业发展历程来看，属于政府鼓励的产业发展方向，一般难以采用限制性管制方式，而激励性管制方式往往能够起到较好的效果。

1. 降低稀土高端应用的研发风险

我国在稀土高端应用领域存在的主要问题是研发能力弱、创新不足，世界上的稀土高端应用产品我国几乎是空白，社会资本即便是想投入稀土高端应用领域，也无可以依托的技术。更为严重的是，目前我国对于稀土高端应用的发展方向还存在巨大的争议，这无疑大大迟缓了稀土高端应用的突破。高端技术和产品的研发创新有极高的风险，也正因如此，稀土高端应用领域的研发难以吸引到更多的资金投入，尤其是在稀土元素性能的基础研究方面投入更是不足。基础研究极为重要，它是应用研发创新的基础。正因为我国在稀土基础研究上的薄弱，致使稀土高端应用方向不能明确，一味地模仿国外。

鉴于稀土基础研究和稀土高端应用研发需要较大的投入，且风险极大，在目前状况下难以吸引大量社会资本投入，国家可以在这方面发挥更大的作用。通过设立稀土高端应用专项研发资金，或对研发活动进行专项补助，尽快在稀土高端应用技术和应用产品上形成突破（不用在稀土高端应用的所有方面都取得进展，而是应该尽快在稀土高端应用方向上进行论证，取得共识，在稀土高端应用的某些方面能够形成突破），以此降低稀土高端应用的研发风险，推动稀土产业结构升级。

2. 提高稀土高端应用环节的收益水平

政府可以从降低稀土高端应用产品生产企业的经营成本角度，提高稀土高端应用环节的收益水平。在稀土高端应用产品生产企业的原料供给和能源消耗方面给予优惠，降低企业的生产成本；在税收上进行鼓励性减免，降低企业的税收成本；在融资上给予政策倾斜以降低企业的资金成本；在工商、土地、产品检验、人才培养、技术引进等各个方面给予政策支持，减少企业的各种费用。另外，对于电子、通信、航空航天等产业应用稀土，如同国家鼓励新能源汽车发展一样给予适当的财政补助。提高稀土高端应用的收益水平，吸引投资进入高端应用之中。

3. 促使稀土高端应用形成产业集聚

全球高新技术产业的发展历程表明，产业集聚对于高新技术产业的发展有着积极的推动作用。目前我国稀土高端应用研发和应用企业太分散，不能形成集聚效应。为了在稀土高端应用领域有所突破、形成一定的产业竞争力，可以尽快出台"稀土高端应用产业发展空间规划"。通过制订稀土高端应用产业发展空间规划，明确稀土高端应用产业的发展空间布局，使分散的研发力量和分散的应用产业迅速集聚，可以缩短稀土在高端应用领域取得突破的时间。设定的稀土高端应用集聚区，可以为各类稀土开发组织提供一个集聚平台，在集聚区中采取各种优惠措施和特殊产业扶持政策，有针对性地解决稀土高端应用产业发展中的困难和问题，不但吸引国内稀土企业和稀土研发组织进入，而且广泛地吸引国外稀土开发企业进入。总之，促进稀土高端应用形成产业集聚，利用集聚效应推动稀土产业结构升级。

4. 设立"稀土应用产业发展基金"

为促进稀土产业发展，2012 年我国设立了"稀土产业调整升级专项资金"。专项资金主要支持的稀土产业项目有：（1）稀土资源开采监管。支持有关地方政府为保护稀土资源，整治开采秩序实施的监管系统建设项目，包括监管基础设施建设项目及电子监控系统建设项目等。（2）稀土采选、冶炼环保技术改造。支持现有企业对稀土采选、冶炼生产系统和环保系统进行清洁生产改造，达到国家环保法律法规要求。（3）稀土共性关键技术与标准研发。支持开展绿色、高效稀土采选共性关键技术与标准研发，建立采选生产技术规范与标准。支持开展低能耗、低排放、高效清洁的冶炼关键技术研发。支持铽、镝等稀缺元素减量化应用技术和镧、铈、钇等高丰度元素应用技术研发。支持废旧稀土材料及应用器件中稀土二次资源高效清洁回收技术研发。（4）稀土高端应用技术研发和产业化。支持拥有自主知识产权、相关技术指标达到国际先进水平的高性能稀土磁性材料、发光材料、储氢材料、催化材料、抛光材料、先进陶瓷材料、人工晶体材料、稀土助剂等稀土功能材料与器件技术研发和产业化。支持高稳定性、高一致性稀土材料制备技术及专用装备的研发。（5）公共技术服务平台建设。支持具备条件的稀土企业建立高端稀土材料及器件研究开发中试基地；建立完善的稀土材料综合性能测试、应用技术评价及标准体系。

从"稀土产业调整升级专项资金"的支持内容和实际运行来看，仍然偏重于稀土前端产业的发展，对稀土高端应用没有形成强有力的支持。此外，"稀土产业调整升级专项资金"由政府多个部门共同管理，资金使用效率不高，专项资金事实上成了稀土产业链前端企业的一项财政补助，并没有在稀土高端应用领域发挥出明显的作用。

设立"稀土应用产业发展基金"与"稀土产业调整升级专项资金"完全不同，它是一种市场化的运作方式，资金来源更为广泛，资金运作效率更高，投资决策更科学，可以放大政府引导资金的杠杆效应。不同的产业发展基金，其组织运行方式有所不同，产业发展基金的组建形式一直都在不断地进行创新。设立"稀土应用产业发展基金"必须对稀土产业进行深入研究，根据稀土产业的特点及其发展趋势进行设计和组建。以下仅就"稀土应用产业发展基金"（简称发展基金）与"稀土产业调整升级专项资金"（简称专项资金）的主要差异做一些说明。

（1）设立目标不同。专项资金：主要用于稀土资源开采监管，稀土原料生产环节绿色采选、冶炼，共性关键技术与标准研发，高端应用技术研发和产业化，公共技术服务平台建设等；发展基金：支持和促进稀土高端应用研发和产业的建立、发展。

（2）组织形式不同。专项资金：政府行政部门；发展基金：公司制、合伙制企业等。

（3）资金来源不同。专项资金：全部由政府财政预算安排；发展基金：国内外公司法人、社会投资人、其他法人机构、政府财政资金（只占基金总额的很小一部分，主要属于引导资金）等。

（4）资金使用方式不同。专项资金：以奖代补、无偿资助和资本金注入方式；发展基金：主要是项目投资方式。

（5）决策主体不同。专项资金：政府行政管理部门；发展基金：法人治理结构（股东会、董事会、监事会、总经理等）。

（6）运营管理不同。专项资金：由政府行政管理部门按行政程序管理；发展基金：组建专业基金管理团队或委托专业基金管理公司，按市场化方式进行管理。

（7）投资管理流程不同。专项资金：政府行政管理流程；发展基金：由基金投资决策委员会、专家委员会、管理公司管理团队控制，按照项目预选、项目立项、尽职调查、交易谈判、投资决策、项目管理、投资退出等流程进行投资管理。

第五节　主要结论

1. 国家通过稀土资源地储备制度，将稀土资源从源头上完全控制起来。按市场需求和国家战略需要，有计划地逐步释放稀土矿山开采权。研究非经批准开采稀土资源地储备的惩处办法和立法可能、储备稀土的释放条件和释放程序等，确保稀土资源地储备制度的有效运行。

2. 在实施稀土资源地储备制度后，通过对稀土矿山开采权拍卖，引入市场机制，增加市场竞争。同时，通过拍卖方式真正体现出稀土资源的价值。

3. 放松稀土原料环节的生产经营管制，让稀土企业自己面对市场。对于稀土资源的开发、交易、使用等，以市场配置为主，政府主要用激励性政策加以引导。

4. 加强稀土原料生产环节的环境管制，鼓励稀土开采企业因地制宜地采用最适合的生产工艺，避免造成不可控制的环境破坏。对于事前可控的环境破坏类型，采用强制性环保标准进行管制；对于事后可恢复的环境破坏类型，采用征收环保税方式，筹集今后用于治理和恢复所需的资金；对于难以预知的环境破坏类型，建立环境风险准备金，应对可能发生的环境灾害。通过加强环境管制，使稀土原料生产的环境成本内在化到稀土原料价格之中。

5. 调整稀土产业整合思路，由企业主导，政府采用税收、财政、金融等经济手段推进稀土产业整合。政府可以通过整合规则的调整使国家利益与企业利益相融合，引导企业朝着实现宏观目标的方向整合。采用灵活多样的整合模式，在稀土产业链的应用环节启动整合。

6. 对稀土资源地区进行利益补偿，消除整合阻力。稀土开采的资源耗竭成本和环境成本，都要由稀土资源地承担。如果稀土产业整合导致稀土资源地利益受损而又得不到相应补偿，稀土资源地的阻碍行为不但是正常的，而且是合理的。将稀土高端应用产业向稀土资源地集聚，是一个较为现实并可行的补偿办法。尽快确定稀土产业发展空间布局，可以使稀土资源地对未来有明确预期，减少地区间利益博弈。

7. 禁止非稀土资源地开设稀土冶炼分离企业，逐步将冶炼分离企业全部并入稀土开采企业，推进现有稀土资源型大企业形成开采与冶炼分离一体化的集约型生产模式，使非法开采的稀土失去市场，同时为稀土原料生产环节的技术升级创造有利条件。

8. 我国稀土产业的核心问题并不在于稀土原料环节，而在于稀土高端应用领域的发展严重滞后，这不但使稀土对提升高科技产业竞争力的巨大作用无法体现出来，而且导致我国在稀土产业国际分工中处于被动地位。虽然我国在稀土原料环节还存在严重的环境破坏问题，在稀土功能材料环节还存在自主知识产权缺乏问题，这些问题的解决都需要稀土产业在原料和功能材料环节进行技术升级。但与稀土产业结构向高端应用升级相比，结构升级更为关键和急迫。在我国稀土高端应用领域还没有突破的情况下，原料和功能材料环节技术升级得再好，稀土产业的发展也摆脱不了"比较优势陷阱"和"资源诅咒"。因此，我国稀土产业管制的重点应该从控制稀土原料生产规模方面转向支持稀土产业结构升级方面。

9. 我国稀土产业结构升级的主要障碍在于，稀土产业链前端（原料端、上游端）的投资效率高于后端（应用端、下游端），前端的投资风险低于后端，致使稀土产业链后端难以吸引社会资本进入。另外，导致我国稀土产业链后端投资效率低下的主要原因是稀土应用环节的研发水平过低、缺乏自主创新。

10. 通过稀土资源拍卖和稀土原料生产的环境管控，抑制稀土原料环节过高的收益。通过设立稀土高端应用专项研发资金，或对研发活动进行专项补助，降低稀土高端应用的研发风险；通过税收、融资、工商、土地、产品检验、人才培养、技术引进等各个方面的政策支持，降低企业的各种成本，提高稀土高端应用环节的收益水平。以此吸引社会资本进入稀土高端应用的发展之中，推动稀土产业结构升级。

11. 为了在稀土高端应用环节尽快有所突破、形成一定的产业竞争力，应尽快出台"稀土高端应用产业发展空间规划"，促使稀土高端应用企业在特定区域形成集聚，利用集聚效应推动稀土产业结构升级。稀土高端应用产业集聚的空间指向应选择在产业发展条件相对较好、发展空间相对较大的主要稀土资源地，这样一方面可以较好地解决稀土供给地和稀土使用地之间的利益冲突，减轻对稀土资源的争夺，保证稀土应用产业发展所需稀土原料的稳定供给；另一方面便于国家对稀土的管控，有稀土资源地政府的支持，稀土的各项管控措施可以落到实处。就目前国内稀土利益格局而言，将稀土高端应用产业集聚地规划在主要稀土资源区，可以在最短的时间里、阻力相对最小地形成集聚。

12. 通过设立"稀土应用产业发展基金"，促进稀土产业结构升级。目前已有的"稀土产业调整升级专项资金"是一种由政府主管部门直接运作的产业发展支持资金，除了支持重点不突出外，其运作的行政化色彩浓厚，效率较低。而"稀土应用产业发展基金"是一种市场化运作方式，运作主体是公司组织，政府支持资金只占发展基金的很小一部分，资金来源更为广泛，资金运作效率更高，投资决策更科学，可以产生放大政府引导资金的"杠杆效应"。"稀土应用产业发展基金"可以在很大程度上缓解稀土高端应用投入不足的问题。

参考文献

[1] 阿尔钦:《产权,一个经典注释:财产权利与制度变迁》,上海三联书店 2000 年版。

[2] 阿兰·兰德尔:《资源经济学》,施以正译,商务印书馆 1989 年版。

[3] 保罗·萨缪尔森:《微观经济学》,华夏出版社 1999 年版。

[4] 鲍荣华:《矿业权管理法规制度国内外对比研究》,《国土资源情报》2007 年第 11 期。

[5] 庇古(Pigou):《福利经济学》,商务印书馆 2006 年版。

[6] 边俊杰、赖丹:《"稀土企业可持续发展风险准备金制度"释义——基于当前几种制度的辨析》,《有色金属科学与工程》2012 年第 5 期。

[7] 蔡超、张云:《中国稀土出口管理、保护现状及相关对策》,《金融经济》2013 年第 18 期。

[8] 曾国华、吴雯雯:《中国南北稀土产业竞争力的比较及差异化发展策略》,《有色金属科学与工程》2012 年第 4 期。

[9] 曾先峰、李国平、汪海洲:《基于完全成本的碳酸稀土理论价格研究——兼论中国稀土资源定价机制改革》,《财经研究》2012 年第 9 期。

[10] 陈富良:《S－P－B 规制均衡模型及其修正》,《当代财经》2002 年第 7 期。

[11] 陈果、张寿庭:《我国稀土定价权的影响因素及应对措施》,《中国矿业》2011 年第 12 期。

[12] 陈欢:《国内外稀土市场及企业发展分析》,《新材料产业》

2014 年第 6 期。

［13］陈家作、陈欢、陈淑芳：《我国稀土出口管理措施的变动及影响》，《中国金属通报》2015 年第 1 期。

［14］陈家作：《稀土产业发展方向的理性思考》，《中国金属通报》2013 年第 13 期。

［15］陈家祚：《整合：中国稀土话语权实现的必由路径》，《中国有色金属》2010 年第 2 期。

［16］陈甲斌：《稀土资源管理制度构建与政策调整研究》，《当代经济管理》2015 年第 3 期。

［17］陈瑞强、刘洪吉：《当前我国稀土产业运行形势与政策导向分析》，《中国金属通报》2014 年第 14 期。

［18］陈占恒：《稀土原材料价格上涨对稀土新材料生产成本的影响》，《稀土信息》2013 年第 3 期。

［19］陈占恒：《中国稀土产业动态和相关政策概览》，《四川稀土》2010 年第 3 期。

［20］陈志、刘峰：《稀土产业态势国际比较与中国的选择》，《改革》2011 年第 5 期。

［21］陈梓睿：《中国争取稀土国际贸易定价权的策略》，《广东经济》2012 年第 11 期。

［22］池汝安、田君等：《风化壳淋积型稀土矿的基础研究》，《有色金属科学与工程》2012 年第 4 期。

［23］戴维·H. 罗森布鲁姆、罗伯特·S. 克拉夫丘克：《公共行政学：管理、政治和法律的途径》，张成福等校译，中国人民大学出版社 2002 年版。

［24］丹尼尔·F. 史普博：《规制与市场》，上海人民出版社、上海三联书店 1999 年版。

［25］邓炜：《国际经验及其对中国争夺稀土定价权的启示》，《国际经贸探索》2011 年第 1 期。

［26］董君：《关于中国稀土定价权回归的理性思考》，《价格月刊》2011 年第 9 期。

［27］杜凤莲、王媛、鲁洋：《中国稀土出口管制政策的理论分析与现实观察》，《稀土》2014 年第 2 期。

［28］杜婷婷：《加快稀土产业由资源优势转化为经济优势》，《宏观经济管理》2011 年第 9 期。

［29］杜晓慧：《全球稀土矿产资源分布、开发现状以及未来发展格局》，《资源与产业》2014 年第 6 期。

［30］樊轶侠：《我国矿产资源税费制度及其整体配套改革研究》，中国财政经济出版社 2012 年版。

［31］范宝学：《矿产资源税费制度的国际比较与启示》，《求索》2013 年第 11 期。

［32］方虹、王红霞：《基于全成本视角的中国稀土贸易代价及战略调整研究》，《财贸经济》2014 年第 3 期。

［33］方建春、宋玉华：《我国在稀有金属出口市场的市场势力研究——以钨矿、稀土金属为例》，《国际贸易问题》2011 年第 1 期。

［34］干勇：《利用资源优势聚集稀土特色产业》，《中国高新区》2009 年第 8 期。

［35］高萍、樊勇：《我国污染排放税设立的必要性与制度设计》，《税务研究》2009 年第 4 期。

［36］葛振华：《国外矿产资源战略储备对我国矿产资源战略储备规划的启示》，《国外地质科技》1999 年第 1 期。

［37］顾学明：《促进稀土工业发展的财税政策建议》，《中国财政》2010 年第 23 期。

［38］国家发改委产业协调司：《中国稀土（2010）》，《稀土信息》2011 年第 3 期。

［39］国家发改委产业协调司：《中国稀土（2013）》，《稀土信息》2014 年第 4 期。

［40］何欢浪：《下游进口国家的稀土储备与我国稀土出口政策》，《财经研究》2014 年第 4 期。

［41］何家凤：《我国稀土价格波动的特点及成因分析》，《价格理论

与实践》2012 年第 2 期。

［42］何洁：《我国稀土产业竞争力分析及发展对策——以江西省为例》，《中国管理信息化》2014 年第 2 期。

［43］何青：《稀土产业的问题与政策措施》，《中国有色金属》2013 年第 23 期。

［44］何维达、刘亚宁：《提高我国稀土产业竞争力的对策建议》，《宏观经济管理》2014 年第 5 期。

［45］何文章、卢福财：《基于价值创造的稀土可持续产业价值链研究》，《云南社会科学》2013 年第 3 期。

［46］洪梅、李莉萍：《2012 我国稀土市场回顾及展望》，《稀土信息》2013 年第 3 期。

［47］胡朋、肖波、刘国平：《未来的稀土资源》，《矿产勘查》2013 年第 1 期。

［48］黄小卫、张永奇、李红卫：《我国稀土资源的开发利用现状与发展趋势》，《中国科学基金》2011 年第 2 期。

［49］黄小卫、庄卫东等：《稀土功能材料研究开发现状和发展趋势》，《稀有金属》2004 年第 4 期。

［50］黄玉：《稀土产业链下游更具投资价值》，《中国金属通报》2010 年第 28 期。

［51］贾根良、刘琳：《中国稀土问题的经济史透视与演化经济学分析》，《北京大学学报》（哲学社会科学版）2011 年第 4 期。

［52］姜辉：《中国稀土出口管制的国际传导机制及效应研究》，《国际商务研究》2015 年第 1 期。

［53］克里斯·巴克利：《中国追逐稀土梦的巨大代价》，《对外传播》2011 年第 1 期。

［54］赖程、吴一丁：《绩效视角下的稀土后端产业资产结构研究——基于中日上市公司的比较》，《江西理工大学学报》2015 年第 2 期。

［55］赖丹、边俊杰：《稀土资源税费改革与资源地的可持续发展——以赣州市为例》，《有色金属科学与工程》2012 年第 4 期。

［56］ 赖丹、曾珍：《中美稀土资源生态税费制度比较》，《财会月刊》
2014 年第 22 期。

［57］ 赖丹、王黄茜：《完全与不完全成本下的稀土企业收益比较研
究：以南方离子型稀土企业为例》，《中国矿业》2014 年第
1 期。

［58］ 赖丹、吴雯雯：《资源环境视角下的离子型稀土采矿业成本收
益研究》，《中国矿业大学学报》（社会科学版）2013 年第
3 期。

［59］ 赖丹、吴一丁、赖程：《政策干预背景下的中日稀土后端产业
效率比较研究》，《江西社会科学》2014 年第 12 期。

［60］ 赖丹、吴一丁、罗翔：《稀土行业的盈余波动、影响因素及政
策调整》，《资源与产业》2014 年第 6 期。

［61］ 赖丹、吴一丁：《我国稀土资源税费存在的问题与改革思路》，
《中国财政》2012 年第 4 期。

［62］ 赖丹、吴一丁：《稀土行业税收现状及对策研究——来自南方稀
土行业的调研》，《会计之友》2012 年第 7 期。

［63］ 赖丹：《基于微观视角的我国稀土采矿业盈利稳定性分析》，
《稀土》2014 年第 3 期。

［64］ 赖兆添、姚渝州：《采用原地浸矿工艺的风化壳淋积型稀土矿
山"三率"问题的探讨》，《稀土》2010 年第 2 期。

［65］ 李国平、周晨：《规制与技术效率：基于中国钨、锑和稀土资
源开采的随机前沿分析》，《中国地质大学学报》（社会科学版）
2012 年第 3 期。

［66］ 李建武、徐海申：《后出口限制时代的中国稀土政策分析》，
《中国矿业》2014 年第 9 期。

［67］ 李岭、安润功：《基于技术创新思考的我国稀土生产企业博弈
分析》，《数学的实践与认识》2014 年第 4 期。

［68］ 李岭：《探析我国稀土价格涨跌背后的科技竞争力问题》，《价
格理论与实践》2013 年第 11 期。

［69］ 李谦锋：《稀土收储意义有多大?》，《中国金属通报》2013 年

第 43 期。

［70］李若馨：《稀土整合之困》，《中国金属通报》2010 年第 8 期。

［71］李文龙、张田华：《稀土产业转型升级的熵机理分析》，《稀土》2014 年第 6 期。

［72］李文龙：《我国稀土产业可持续发展问题研究》，《科学管理研究》2011 年第 1 期。

［73］李永绣、张玲、周新木：《南方离子型稀土的资源和环境保护性开采模式》，《稀土》2010 年第 2 期。

［74］梁志勇：《拍卖理论：基于博弈论和 SIPV 模型的思考》，《江西社会科学》2005 年第 4 期。

［75］廖建求、邓敏：《稀土资源保护法律与政策的缺陷分析》，《国土资源科技管理》2013 年第 1 期。

［76］廖列法、毛克贞：《我国稀土产业环境监管策略研究：国外环境监管政策的启示》，《有色金属科学与工程》2013 年第 1 期。

［77］廖秋敏、曾国华：《从环境保证金到环境税——稀土贸易可持续发展之路》，《有色金属科学与工程》2012 年第 5 期。

［78］林河成：《稀土永磁材料的现状及发展》，《粉末冶金工业》2010 年第 2 期。

［79］林佳：《中国稀土对外政策与国际博弈》，《理论界》2013 年第 3 期。

［80］刘刚：《中国大宗商品定价权缺失问题探析：以国际市场铁矿石与稀土定价为例》，《价格理论与实践》2009 年第 11 期。

［81］刘光华：《稀土材料与应用技术》，化学工业出版社 2005 年版。

［82］刘华涛：《政府激励性规制理论述评》，《行政论坛》2007 年第 2 期。

［83］刘慧芳：《我国稀土资源管理中国内利益相关方博弈分析》，《财贸经济》2013 年第 1 期。

［84］刘尚希：《资源税改革应定位在控制公共风险》，《中国发展观察》2010 年第 7 期。

［85］刘思德：《把稀土资源优势转化为产业链优势》，《稀土信息》

2014 年第 1 期。

[86] 刘新建、卢瑞新、宋之杰、崔冬初：《基于投入产出模型的中国稀土产业关联分析》，《生态经济》2014 年第 4 期。

[87] 龙晓柏、赵玉敏：《世界稀土供求形势与中国应对策略》，《国际贸易》2013 年第 3 期。

[88] 鲁志强：《为什么"稀土卖成土价钱"》，国务院发展研究中心《调查研究报告》2006 年第 216 号。

[89] 罗翔、黄智勇、杨阳：《黄金上市公司经营效率的动态评价——基于 Malmquist 指数方法》，《财务与金融》2014 年第 2 期。

[90] 罗翔、刘婷：《资产结构、资本结构与盈利能力相关性研究——基于我国稀土类上市公司经验数据》，《财政监督》2014 年第 5 期。

[91] 骆沙鸣：《加快我国稀土工业的可持续发展》，《中国产业》2011 年第 5 期。

[92] 马连良：《中国稀土出口配额和关税制度的调整策略——以目前的稀土案为背景》，《科学与管理》2013 年第 6 期。

[93] 马乃云、陶慧勇：《提升我国稀土产业出口定价权的财税政策分析》，《中国软科学》2014 年第 12 期。

[94] 马衍伟：《中国资源税制改革的理论与政策研究》，人民出版社 2009 年版。

[95] 毛克贞、吴一丁：《稀土出口价格与稀土储备》，《有色金属科学与工程》2012 年第 5 期。

[96] 孟庆江、何熹：《亟待解决的稀土问题》，《中国有色金属》2014 年第 17 期。

[97] 民进中央：《尽快提高稀土资源税税率》，《稀土信息》2011 年第 3 期。

[98] 潘安：《关于我国稀土产业整合的思考》，《湖北经济学院学报》（人文社会科学版）2012 年第 10 期。

[99] 乔治·斯蒂格勒：《产业组织与政府规制》，上海三联出版社 1998 年版。

［100］ 让・雅克・拉丰、让・蒂诺尔：《激励理论》，中国人民大学出版社 2002 年版。

［101］ 斯蒂格里茨：《政府为什么干预经济》，中国物资出版社 1998 年版。

［102］ 宋洪芳：《我国稀土产业现状及"十二五"展望》，《稀土信息》2011 年第 6 期。

［103］ 宋文飞、李国平、韩先锋：《稀土定价权的缺失、理论机理及制度解释》，《中国工业经济》2011 年第 10 期。

［104］ 宋之杰、郭燕平、崔冬初：《地方政府监管与稀土上游企业的演化博弈分析》，《科研管理》2014 年第 8 期。

［105］ 苏文清：《中国稀土产业经济分析与政策研究》，中国财政经济出版社 2009 年版。

［106］ 孙泽生、蒋帅都：《中国稀土出口市场势力的实证研究》，《国际贸易问题》2009 年第 4 期。

［107］ 谭旭红、谭明军：《矿业权拍卖定价模型及最优拍卖机制设计》，《中国矿业》2008 年第 12 期。

［108］ 汤姆・泰坦伯格：《环境与自然资源经济学》（第 5 版），经济科学出版社 2007 年版。

［109］ 陶春：《我国稀土资源产业发展问题及其对策研究》，《稀土》2011 年第 3 期。

［110］ 田丽娜、马慧峰：《利用供给——需求模型分析稀土的定价权问题》，《北方经济》2012 年第 7 期。

［111］ 涂敏：《拍卖机制设计的相关思考》，《财会月刊》2007 年第 9 期。

［112］ 汪华春：《稀土：引领全球新材料发展之路》，《中国金属通报》2010 年第 10 期。

［113］ 王辉：《市场与政府监管：美国的经验》，载胡鞍钢等主编《国家制度建设》，清华大学出版社 2003 年版。

［114］ 王惠忠：《开征环境保护税的设想》，《财经研究》1995 年第 2 期。

［115］王健等：《中国政府规制理论与实践》，经济科学出版社 2008 年版。

［116］王俊豪：《政府管制经济学导论》，商务印书馆 2003 年版。

［117］王珺之：《中国稀土保卫战》，中国经济出版社 2010 年版。

［118］王利清、洪梅：《从出口税率变化看我国稀土出口结构调整》，《稀土》2012 年第 2 期。

［119］王书平、胡爱梅、吴振信：《我国稀土出口价格困境博弈分析》，《商业研究》2013 年第 7 期。

［120］王薇：《我国稀土生产、出口现状及对策建议》，《中国金属通报》2010 年第 33 期。

［121］王玉珍：《我国稀土产业政策效果实证研究》，《宏观经济研究》2015 年第 2 期。

［122］王瑷媛：《中国稀土出口落入"比较优势陷阱"的问题分析》，《中国集体经济》2011 年第 6 期。

［123］王珍：《中国稀土资源开发和环境保护问题研究》，《浙江工业大学学报》（社会科学版）2015 年第 1 期。

［124］王正明、余为琴：《中国稀土出口的贸易流向及国际市场势力分析》，《价格月刊》2013 年第 9 期。

［125］王正明、余为琴：《中国稀土贸易定价地位及其成因的实证分析》，《国际经贸探索》2014 年第 5 期。

［126］王正明、张许静：《稀土资源税对"寡头"国出口市场势力的影响研究》，《经济经纬》2012 年第 2 期。

［127］魏龙、潘安：《制度水平、出口潜力与稀土贸易摩擦——基于贸易引力模型的实证分析》，《世界经济研究》2014 年第 10 期。

［128］吴迪、钱贵：《中国稀土产业经济研究现状与发展趋势分析》，《稀土》2014 年第 5 期。

［129］吴一丁、陈成：《基于稀土管制政策变动的稀土企业财务状况分析》，《财务与金融》2012 年第 6 期。

［130］吴一丁、陈成：《有色金属行业财务特征分析及风险源研究》，

《财会通讯》2013 年第 14 期。

[131] 吴一丁、陈成：《政策变化对稀土企业盈利影响的案例分析》，《商业会计》2013 年第 4 期。

[132] 吴一丁、赖程：《产业链视角下的稀土上市公司经营绩效分析》，《资源与产业》2015 年第 1 期。

[133] 吴一丁、赖丹：《稀土资源税：现存问题与改革取向——来自南方稀土行业的调研》，《江西理工大学学报》2012 年第 2 期。

[134] 吴一丁、廖列法：《稀土行业整合的背景、问题及策略》，《有色金属科学与工程》2012 年第 4 期。

[135] 吴一丁、刘婷：《基于资源环境视角的稀土企业盈利趋势分析》，《财会月刊》2013 年第 14 期。

[136] 吴一丁、刘婷：《政策影响下的稀土企业成本特征及盈利分析——以南方 NX 稀土公司为例》，《会计之友》2014 年第 1 期。

[137] 吴一丁、罗翔：《我国稀土产业沿价值链"逆向"发展的解析——基于经营绩效视角》，《江西理工大学学报》2014 年第 2 期。

[138] 吴一丁、罗翔：《稀土上市公司综合绩效评价的实证研究》，《商业会计》2014 年第 2 期。

[139] 吴一丁、毛克贞：《"稀土问题"及稀土产业的政策取向》，《经济体制改革》2011 年第 5 期。

[140] 吴一丁、毛克贞：《应对"稀土争端"的策略选择》，《稀土信息》2012 年第 6 期。

[141] 吴一丁、钟怡宏：《环境成本对稀土企业收益的影响分析》，《会计之友》2014 年第 5 期。

[142] 吴一丁、钟怡宏：《基于完全成本的稀土精矿成本与收益分析——以包钢稀土为例》，《财会通讯》2014 年第 17 期。

[143] 吴志军：《我国稀土产业政策的反思与研讨》，《当代财经》2012 年第 4 期。

[144] 伍红强、尹艳芬、方夕辉：《风化壳淋积型稀土矿开采及分离技术的现状与发展》，《有色金属科学与工程》2010 年第 6 期。

[145] 席卫群:《资源税改革对经济的影响分析》,《税务研究》2009年第7期。

[146] 肖勇、韩胜利:《国内稀土产业发展不对称现象初探》,《稀土》2013年第1期。

[147] 肖勇:《江西稀土产业生态发展的构想》,《企业经济》2011年第10期。

[148] 肖勇:《稀土产业发展不对称现象探析》,《有色金属科学与工程》2012年第5期。

[149] 小贾尔斯·伯吉斯:《管制与反垄断经济学》,冯金华译,上海财经大学出版社2003年版。

[150] 徐栋:《无言的结局——2011年稀土行业总概述》,《中国有色金属》2012年第2期。

[151] 徐光宪:《强烈呼吁国家建立稀土战略元素储备制度》,《中国高新区》2009年第2期。

[152] 徐京西:《中国稀土产业发展的困境及出路》,《人民论坛》2013年第20期。

[153] 徐晓亮:《资源税改革中的税率选择:一个资源CGE模型的分析》,《上海财经大学学报》2011年第1期。

[154] 徐雅萍:《大集团框架对稀土影响几何?》,《中国有色金属》2014年第5期。

[155] 徐毅鸣:《中国稀土产业的国家价值链构建问题研究——基于对俘获型全球价值链治理突破的探讨》,《经济经纬》2012年第3期。

[156] 严小必:《稀土:"土价钱"的根源及其治理》,《中国金属通报》2010年第8期。

[157] 杨大威、郑江淮:《基于出口卡特尔的稀土国际定价权研究》,《现代经济探讨》2014年第11期。

[158] 杨丹辉:《我国稀土产业发展战略与政策体系构建》,《当代经济管理》2013年第8期。

[159] 杨芳英、廖合群、金姝兰:《赣南稀土矿产开采环境代价分

析》,《价格月刊》2013 年第 6 期。

[160] 杨文兰:《中国稀土出口管制纷争中的利益博弈》,《价格月刊》2012 年第 8 期。

[161] 杨小娟:《我国稀土外贸管制实施效果及困境分析》,《国际商务》2014 年第 3 期。

[162] 姚奔、傅春、涂国平:《区域间城市资源开发补偿机制的博弈模型》,《统计与决策》2008 年第 19 期。

[163] 叶仁荪、吴一丁:《中国稀土战略开发及出口产业规制政策研究》,科学出版社 2014 年版。

[164] 于立新、汤婧:《我国稀土开发与出口战略对策研究》,《国际贸易》2012 年第 7 期。

[165] 于左、易福欢:《中国稀土出口定价权缺失的形成机制分析》,《财贸经济》2013 年第 5 期。

[166] 宇燕、席涛:《监管型市场与政府管制》,《世界经济》2003 年第 5 期。

[167] 袁溥、陈少克:《我国增强稀土定价话语权的对策研究》,《价格理论与实践》2010 年第 11 期。

[168] 詹姆斯·W. 费斯勒、唐纳德·F. 凯特尔:《行政过程的政治——公共行政学新论》(第二版),陈振明等译,中国人民大学出版社 2002 年版。

[169] 张安文:《高价稀土将危及下游产业》,《稀土信息》2011 年第 7 期。

[170] 张国栋:《稀土出口配额制度终结》,《经贸实践》2015 年第 1 期。

[171] 张海星、许芬:《促进产业结构优化的资源税改革》,《税务研究》2010 年第 12 期。

[172] 张平:《世界稀土市场现状分析及我国的对策》,《国际贸易问题》2006 年第 10 期。

[173] 张璞、李毅:《稀土产业现状与资源整合重组对策》,《稀土》2013 年第 1 期。

[174] 张群卉：《我国稀土出口配额制度探析》，《对外经贸》2014年第6期。

[175] 张文毓：《稀土磁致伸缩材料的应用》，《金属功能材料》2004年第4期。

[176] 张五常：《经济解释》，商务印书馆2001年版。

[177] 张晓青、毛克贞：《基于静态和动态纳什均衡的我国稀土出口价格分析》，《有色金属科学与工程》2012年第4期。

[178] 张子潇：《我国稀土出口存在的问题及对策措施》，《对外经贸》2011年第12期。

[179] 章洁：《我国稀土产品出口定价权缺失问题与原因分析》，《北方经济》2010年第13期。

[180] 赵娜：《中国稀土管制政策的研究》，《中国管理信息化》2014年第21期。

[181] 植草益：《微观规制经济学》，朱绍文等译，中国发展出版社1992年版。

[182] 中华人民共和国国务院新闻办公室：《中国的稀土状况与政策白皮书》，人民出版社2011年版。

[183] 钟志华：《中国稀土出口措施争端背后的利益博弈》，《资源再生》2012年第7期。

[184] 周城雄：《稀土统一定价不是长久之计》，《稀土信息》2010年第8期。

[185] 周代数、李小芬、王胜光：《国际定价权视角下的中国稀土产业发展研究》，《工业技术经济》2011年第2期。

[186] 周喜、韩晓英：《我国稀土产业现状及发展趋势（上）》，《稀土》2010年第5期。

[187] 周喜、韩晓英：《我国稀土产业现状及发展趋势（下）》，《稀土》2010年第6期。

[188] 周晓唯、孙赟：《稀土资源出口保护度分析》，《华东经济管理》2010年第7期。

[189] 周园园、付水兴：《稀土资源国内外供需状况分析》，《矿产勘

查》2013 年第 1 期。

［190］ 朱迪·丽丝:《自然资源、分配、经济学与政策》,商务印书馆 2005 年版。

［191］ 朱权、张修志:《论我国稀土矿区生态补偿机制的建设与完善》,《有色金属科学与工程》2013 年第 3 期。

［192］ 朱权、张修志:《稀土企业社会责任驱动分析》,《有色金属科学与工程》2012 年第 4 期。

［193］ 祝怡斌、周连碧、李青:《离子型稀土原地浸矿水污染控制措施》,《有色金属(选矿部分)》2011 年第 6 期。

［194］ 邹国良、吴一丁、蔡嗣经:《离子型稀土矿浸取工艺对资源、环境的影响》,《有色金属科学与工程》2014 年第 2 期。

［195］ 邹国良:《离子型稀土矿不同采选工艺比较:基于成本的视角》,《有色金属科学与工程》2012 年第 4 期。

［196］ Alonso E. , Sherman A. M. , Wallington T. J. et al. , Evaluating rare earth element availability: a case with revolutionary demand from clean technologies. American Chemical Society, 2012 (46): 3406 – 3414.

［197］ Baumol. W. J. and W. E. Oates. The Theory of Environmental Policy. England: Addison Wesley Longman Limited, 1988.

［198］ Castor S. B. , Rare Earth Deposits of North America. Resource Geology, 2008, 58 (4): 337 – 347.

［199］ Chamberlin, E. , The Theory of Monopolistic Competition. Cambridge: Harvard University Press, 1962.

［200］ Erdogdu E. , Electricity demand analysis using cointegration and ARIMA modeling: a case study of Turkey. Energy Policy, 2007, 35 (2): 1129 – 1146.

［201］ Estall. R. C. and Buchanan. R. O. , Industrial Activity and Economic Geography. London, Hutchinson, 1980.

［202］ G. Glomm, D. Kawaguchi, F. Sepulveda, Green Tax and Double Dividends in a Dynamic Economy. Journal of Policy Modeling, 2008

(30): 19 – 32.

[203] George J. Stigler, The Theory of Eeonomic Regulation, Journal of Economics and Management Science, 1971, 2 (1): 3 – 35.

[204] Gschneidner K. A. Jr. The rare earth crisis the supply/demand situation for 2010 – 2015. Materials Matters, 2011, 6 (2): 32 – 37.

[205] Haveman, R. H. and Margolis, Public Expenditures and Policy Analysis, Chicago, 1970.

[206] Holmlund B, Kolm A. , Environmental Tax Reform in a Small Open Economy with Structural Unemployment. International Tax and Public Finance, 2000, 22 (7): 315 – 333.

[207] Joseph E. Stiglitz. , Promoting Competition and Regulatory Policy. With Examples from Network Industries, 1999.

[208] Kingsnorth D J. , Rare earths: facing new challenges in the new decade. IMCOA Working Paper, 2010.

[209] Milgrom P R. , Weber R. J. , A Theory of Auction and Competitive Bidding. Econometrica, 1982, 50 (5): 1039 – 1122.

[210] Mohan Munasinghe and Jaffret Mcneely, Key Concepts and Terminology of Sustainable Development, Defining and Measuring Sustainability, The Biogeophysical Foundations, 1996, New York, 19 – 56.

[211] Nieto A, Lannuzzi M. , Supply – and – demand geoeconomic analysis of mineral resources of rare earth elements in the United States. Mining Engineering, 2012, 64 (4): 74 – 82.

[212] Otto J. M. , Legal Approaches to Assessing Mineral Royalties, in Taxation of Mineral Enterprises. Graham and Trotman, 1995 (1): 78 – 79.

[213] Pigou, Welfare Economics, London. Mac Millan, 4th Edition. 1946, pp. 134 – 135.

[214] Richard B. Howarth, Optimal Environmental Taxes under Relative Consumption Effects. Ecological Economics, 2006, 58 (1): 209 –

219.

[215] Robinson J. , Harcourt G. , Kerr P. , Marcuzzo M. , The economics of imperfect competition. London: Macmillan, 1933.

[216] Ross Garnaut, Principles and Practice of Resource Rent Taxation. The Australian Economic Review, 2010, 43 (4): 347 - 356.

[217] Shiro, Takeda, The Double Dividend from Carbon Regulations in Japan. Journal of the Japanese and International Economies, 2007, 21 (3): 336 - 364.

[218] Tietenberg, Thomas. Economic instruments for environmental regulation. Oxford Review of Economic Policy, 1990, 6: 17 - 33.

[219] Ting M. H. , Seaman J. , Rare Earths: Future Elements of Conflict in Asia? Asian Studies Review, 2013, 37 (2): 234 - 252.

[220] USGS (U. S. Geological Survey), Mineral Commodity Summaries, Rare Earths, 2011.

[221] Vickrey W. , Counterspeculation, Auctions and Competitive Sealed Tender. Journal of Finance, 1961, 16 (1): 8 - 37.

[222] Williamson, Oliver E. , The Economics of Governance: Framework and Implications. New York: Cambridge University Press, 1986.

[223] Wübbeke J. , Rare earth elements in China: Policies and narratives of reinventing an industry, Resources Policy, 2013, 38 (3): 384 - 394.